Georg Loidolt

Begehrte Dogmen und ihre unerwünschte Widerlegung

ISBN-13: 978-1532883804

ISBN-10: 1532883803

Für Regina, Lukas und Felix

Inhalt

„Warum willst du dich von uns allen
Und unsrer Meinung entfernen?"
Ich schreibe nicht, euch zu gefallen,
Ihr sollt was lernen!

Goethe
(Zahme Xenien, I, 2.)

Vorwort

Mit zunehmendem Alter stellt sich die Frage, welche Bücher es noch
wert sind, gelesen oder geschrieben zu werden. So will auch ich Gedanken zu verschiedenen Reizworten und Begriffen unters Volk bringen, die mir entweder gar nicht oder zumindest nicht in dieser Form
untergekommen sind und die ich für notwendig halte. Da die Zeit für
mehrere Bücher nicht zur Verfügung steht, habe ich mich entschieden,
aus der Not eine Tugend zu machen und ein Handbuch zu erstellen.
Darin werden aktuelle Dogmen ebenso wie hartnäckige, zum traditionellen Repertoire gehörende Ideologien und Institutionen der bürgerlichen Gesellschaft einer Kritik unterzogen. So erhält man ein Nach-
schlagewerk für einen schnellen Überblick, wenn man sich z. B. auf
Vorträge und Diskussionsrunden vorbereiten oder Anregungen für eigene Forschungen finden will.
Es finden sich daher in diesem Handbuch unübliche Stellungnahmen
und Argumente zu verschiedenen Themenbereichen, welche die bürgerliche Öffentlichkeit bewegen, ganz gemäß dem Titel *Begehrte Dogmen
und ihre unerwünschte Widerlegung*. Begehrt sind diese Dogmen deswegen,
weil man es sich damit leicht machen oder unerfreuliche Einsichten
vermeiden kann, ganz in dem Sinne, in dem Marx Religion als Opium
des Volkes bezeichnet hat. Aus diesem Grund ist auch ihre Widerlegung allgemein unerwünscht, genauso wie der Süchtige den Entzug
seines Suchtmittels nicht wünscht, um in dem Marx'schen Bild zu bleiben. Eine Besonderheit dieser Dogmen besteht darin, dass sie nicht nur
aus falschen Urteilen über ihre Gegenstände bestehen, sondern auch
falsche Einwände gegen diese aufweisen. Sie sind nicht nur in der Apo-
logie, sondern auch in scheinbarer Kritik herrschender Verhältnisse
anzutreffen. Die Bürger ergreifen nicht einfach für die bürgerliche Gesellschaft Partei, sondern machen in ihrer Parteinahme zugleich verschiedene Einwände geltend, die als Wünsche an die Adresse des bür-

gerlichen Staates in Erscheinung treten. Niemand sagt zur bürgerlichen Gesellschaft ohne Vorbehalte und Einwände ja, aber die Einwände offenbaren leider oft nichts weiter als Klagen darüber, dass die Illusionen nicht zutreffen, die man sich so gerne von dieser Gesellschaft machen würde.

Aus diesem Grund werden hier nicht nur politische Positionen der Rechten, sondern auch die völlig begriffs- und haltlosen Vorstellungen linker Tugendwächter einer kritischen „Würdigung" unterzogen. Ich schrecke hier auch nicht vor einer Kritik des Islam und des linken Kniefalls vor diesem zurück, auch wenn dies für manche den Anschein des Rassismus erwecken mag. Obwohl manche Menschen vielleicht aus rassistischen Motiven den Islam ablehnen, bedeutet das umgekehrt noch lange nicht, dass jede Islam-Kritik ein Kennzeichen von Rassismus ist! Es ist vielmehr so, dass es auch rassistische Islamisten gibt, die sich als Muslime für „höhere" und gegen die „Ungläubigen" zu jeder Gewalt berufene Menschen betrachten. Während ich anfangs dachte, dass sich hierzulande für mich nicht viel ändern würde, wenn sich mit dem Islam noch weitere Fehlurteile hier breitmachen, ist es leider so, dass Islamisten das weniger entspannt sehen. Sie geben sich nicht damit zufrieden, dass sie über den rechten Glauben zu verfügen meinen, sondern wollen damit unbedingt alle Menschen zwangsbeglücken, was sie mangels Argumenten logischerweise nur mit Einschüchterung und Gewalt zu erreichen versuchen können. (Vgl. dazu den Artikel „Islam".)

Die knappe Form der Aufbereitung politischer und theoretischer Begriffe in mehr oder weniger kurzen Artikeln bietet vielleicht den Vorteil, dass ein eiliger Leser schneller zufriedengestellt wird. Man kommt hier schneller auf den Punkt und die Argumente werden geradliniger entwickelt. Ein wenig sind auch persönliche Erfahrungen in meine Kommentare eingeflossen, wenn auch nicht in alle Artikel, da vor allem die früher verfassten noch stark von einer akademischen Darstellungsweise geprägt sind. Geschrieben wurde der Großteil dieses Buchs vom Spätsommer 2015 bis ins Frühjahr 2016, es finden sich daher auch einige Reflexionen zu unmittelbaren Anlässen dieses Zeitraumes. So habe ich etwa den Artikel „Refugees Welcome!" im Jänner 2016 verfasst. Eine ausführliche Auseinandersetzung mit den dort aufgeworfenen Fragen fiel mir erst später in die Hände, nämlich ein Buch von Freerk

Huisken, dessen Lektüre ich daher an dieser Stelle empfehle.[1] Nun bleibt mir nur noch zu hoffen, dass dieses Buch vielen Lesern eine anregende und vergnügliche Zeit, aber auch Anregungen zum Weiterdenken bringt, daher wünsche ich viel Vergnügen und Erkenntnisgewinn bei der Lektüre!

Wien, 12. Mai 2016

---

[1] Freerk Huisken: Abgehauen. eingelagert aufgefischt durchsortiert abgewehrt eingebaut – Neue deutsche Flüchtlingspolitik. Eine Flugschrift, Hamburg 2016

Antifa

„Wehret den Anfängen", lautet eine Mahnung, die zur Wachsamkeit gegenüber faschistischen Entwicklungsansätzen aufruft. Dies wirft einige Fragen auf: Woran erkennt man solche Entwicklungen eigentlich? Weshalb besteht überhaupt immerzu die Gefahr faschistischer Anfänge? Warum muss man bereits den Anfängen wehren? Entwickeln sich diese sonst schnell weiter und sind sie dann nicht mehr aufzuhalten? Was ist das für eine Gesellschaft, in der immerzu die Gefahr faschistischer Anfänge und Aufbrüche lauert? Obwohl sich solche Fragen angesichts dieses Diktums aufdrängen, werden diese in der Regel nicht gestellt. Vielleicht liegt diese Ignoranz daran, dass jeder bereits zu wissen glaubt, was es mit den Anfängen auf sich hat, deren man wehren und dagegen wachsam sein muss. Wenn dies aber so ist, dann kann mit den faschistischen Anfängen wohl nur gemeint sein, dass diese eine Art menschlicher Schwäche sind, welcher nachzugeben man sich hüten solle. Eine menschliche Schwäche, eine Unbeherrschtheit der menschlichen Natur, etwas Bestialisches in ihr, die in diesem Zusammenhang gerne zitierten „menschlichen Abgründe" werden dann offensichtlich zur permanenten Gefahr erklärt, gegen die es der Selbstbeherrschung, der sorgfältigen Beobachtung und der wechselseitigen Ermahnung bedürfe.

Genau so scheint das die Antifa zu sehen, die sich darin gefällt, mit erhobenem Zeigefinger auf bereits sichtbare vermeintliche oder tatsächliche faschistische Anfänge hinzudeuten. Ohne sich auch nur irgendeinen Gedanken zu machen, welche politischen Maßnahmen hier zu welchen Zwecken ergriffen werden, wenn z. B. Asylgesetze geändert werden, wenn das Pensionsantrittsalter erhöht oder irgendetwas anderes nicht gerade Menschenfreundliches durchgesetzt wird, sind sie in solchen Fällen vielleicht dann mit antifaschistischen Protesten zur Stelle, wenn Forderungen dieser Art von Parteien erhoben werden, die als rechtsextrem gelten. In der Regel haben sie ihr Genüge daran, vermeintliche oder tatsächliche „faschistische Auswüchse" zu verhindern, damit das normale kapitalistische Geschehen davon unbehelligt seinen Gang gehen kann. Unerträglich sind ihnen daher Burschenschafter in der Wiener Hofburg, früher waren auch die Feiern der Reichen am Opernball ein willkommener Anlass für die Feier des eigenen Widerstands, eine Kritik des stinknormalen kapitalistischen Alltags ist ihnen anscheinend zu mühsam und zu wenig spektakulär. Leuten hingegen, die sich der Mühe solcher Kritik unterziehen, werfen sie vor, dass sie nur kritisieren und nichts tun würden. Ihr leerer Aktionismus aber, worin sie nur sich selbst als die besseren Antifaschisten, also die besseren Menschen inszenieren, gilt ihnen als höchste politische Tat. Die Verkündung ihrer Missbilligung der herrschenden politischen Verhältnisse, die damit noch lange nicht erklärt und kritisiert sind, halten sie für Kritik, daher beschränkt sich ihr politisches Handeln auf diese Demonstration ihrer Abneigung. Sie haben ihre Befriedigung daran, sich selbst als die vortrefflichen Menschen in Szene zu setzen, die es rechtzeitig bemerken, wenn sich in dieser Republik wieder einmal jemand einer faschistischen Unsitte schuldig macht.

Als vermeintliche Elite des antifaschistischen Widerstandes entdecken die Antifas Mängel und Verfehlungen der demokratischen Realität, wogegen sie ihre demokratischen Ideale hochhalten. Anstatt sich zu erklären, wie die demokratische Realität den Prinzipien demokratischer Herrschaft entspricht, konstruieren sie einen Widerspruch zwischen dieser Realität und ihren idealistisch verklärten Prinzipien. Während demokratische Politiker per demokratischer Wahl zu Wahrnehmung staatlicher Führungsaufgaben ermächtigt werden und daher hier keineswegs mit der Verwirklichung bestimmter Anliegen aus der Bevölkerung betraut werden, mahnen Antifas immerzu ein solches sogar per Verfassung verbotenes imperatives Mandat ein, dessen vermeintliche Missachtung ihnen bereits als Missbrauch der Demokratie gilt. Und schon steht wieder statt Gegnerschaft gegen die demokratische Herrschaft deren Ermahnung zur Vorsicht gegenüber faschistischen Anfängen und Versuchungen auf dem Programm, also die Affirmation der herrschenden Gewalt, die sogar noch in ihren vermeintlichen Verfehlungen als Hort antifaschistischen Widerstands gewürdigt wird. So erklärt die Antifa auch, dass kein Mensch illegal sei, meint also einfach, die herrschaftliche Gewalt ignorieren oder vor einer „Verfehlung" bewahren zu können, anstatt gegen den politischen Zweck zu argumentieren, der die Unterscheidung von legaler und illegaler Existenz auf einem bestimmten Staatsgebiet hervorruft. Dem Rassismus gilt ihr ganzer Hass, den sie auch in Schriftzügen auf ihrer Bekleidung zur Schau stellen, die auffordern, Rassismus zu hassen, natürlich auf Englisch, damit es international daherkommt: „Hate racism!" Die Verhältnisse und Vorstellungen, die viele Leute zu einem rassistischen Fehlschluss veranlassen, dürfen also schon sein, nur dieser Übergang soll unterbleiben. Die Antifa will die Unterlassung, nicht aber die Erklärung des

Fehlers, den Rassisten begehen, wenn sie ihre trostlose Existenz nicht dem politischen Zweck zuschreiben, für den sie als Mittel vorgesehen sind, sondern der Mitbenutzung fremden Volkes, das dafür Zutritt auf nationales Territorium erhält.

In ihrer theoretischen Ignoranz treffen sich die Antifas mit den Pazifisten, die ja auch den vielen Kriegen auf dieser Welt lediglich die Aufforderung zum Frieden demonstrativ entgegensetzen. Pazifisten agieren wie eine Oma, die ihre Enkel ermahnt, „brav" zu sein und nicht zu streiten, anstatt ihren Streit argumentativ auszutragen. Sie interessieren sich nicht für die Zwecke kriegführender Parteien, sondern fordern diese auf, schlicht und einfach von ihrer Gegnerschaft abzulassen und sich wieder zu vertragen, als wäre diese Gegnerschaft nur ein kindliches, zurückgebliebenes Verhalten. Wer sich derart ignorant gegen die Kriegsgründe verhält und daher mit seinen Friedensbemühungen notwendigerweise immerzu scheitert, für den ist schließlich die gewaltsame Durchsetzung seiner pazifistischen Gesinnung nur konsequent, um die störrischen Kriegsgegner endlich „zur Vernunft" zu bringen, also mittels kriegerischer Anstrengungen ihrem – dann wohl ewigen – Frieden zuzuführen. Hier treffen sich die Pazifisten wieder mit der Antifa, die ihren antifaschistischen Frieden auf ebensolche Weise durchzusetzen trachtet.

Deswegen gehen Antifas auch nicht auf die Straße, wenn wieder einmal die Bombardierung unerwünschter Staaten durch USA und NATO auf dem Programm steht. Solche Gewalteinsätze halten sie wohl nicht nur für Friedensbemühungen, sondern für die antifaschistischen Maßnahmen, als die sie präsentiert werden, nachdem es heutzutage sehr billig zu haben ist, jeden Kriegseinsatz als Verhinderung faschistischer Gräuel hinzustellen und dafür hemmungslosen Gewalteinsatz zu fordern. Die Antifa würde vermutlich sogar die gewaltsame Beseitigung von staatlichen Herrschaften fordern, die sie als eindeutig sexistisch entlarvt zu haben meint, weil diese die Anwendung des Binnen-i für eine gendergerechte Schreibweise verweigern oder sogar in ihrer Sprache keine solche gendergerechte Modifikation durchführbar ist. Aber wehe, die NPD feiert einen Wahlerfolg, da hört sich für die Antifa der Spaß auf und sind Randale sowie entschlossener Widerstand angesagt. Einen echten Höhepunkt erreicht die antifaschistische Selbstbeweihräucherung in Wien immer dann, wenn wieder einmal der sogenannte Akademikerball in der Hofburg auf dem Programm steht. Ei, was ist das für eine Ekstase, wenn man als Gutmensch einmal auf Menschen trifft, die man aus voller Berechtigung und mit Inbrunst hassen darf, weil sie die schönen Ideale von Kapitalismus und Demokratie „beschmutzen", mit denen man sich als Linker seine Heimat zimmern will! Gebetsmühlenartig werden da antifaschistische Parolen gegrölt und man darf sich größenwahnsinnig als Retter des Abendlands gerieren und der Polizei erklären, dass sie eigentlich ihre Gewalt gegen die Rechten einsetzen müsste, anstatt diese zu schützen. Wenn man ihnen aber vorschlägt, sich einmal ein paar Gedanken darüber zu machen, ob die Rechten nicht ganz gut in die Hofburg passen und sich so grundlegend von der realen Demokratie gar nicht unterscheiden würden, dann bekommt man zu hören, dass man ja „nur" kritisieren würde, wo doch die entschlossene Tat gefragt sei. Man fragt sich, was sie gegen diese Demokratie noch einzuwenden wüssten, wenn sie nicht andauernd die „rechte Gefahr" beschwören würden, die dieser Demokratie so sehr zusetze; vermutlich nichts, denn wer von den herrschenden gesellschaftlichen Verhältnissen Gefahr abwenden will, will diese offensichtlich erhalten und ist daher für diese parteilich. So viel zum revolutionären Selbstbewusstsein dieser alternativen Party-Fraktion, die in ihren antifaschistischen Hasstiraden nichts weiter tut, als ihre eigene Vortrefflichkeit zu feiern und zur Schau zu stellen.

Arbeitslosigkeit

Keiner will sie und andauernd wird sie „bekämpft": die Arbeitslosigkeit. Weshalb eigentlich? Ist üblicherweise nicht deshalb keine Arbeit vorhanden, weil alles erledigt, alles verfügbar ist, was man braucht? Oder ist damit gemeint, dass man nicht genügend Arbeit einsetzen kann, um die benötigten oder gewünschten Güter und Leistungen hervorzubringen? Fehlt es also an Mitteln, wenn Arbeitslosigkeit beklagt wird? Keineswegs! Sowohl Arbeitsmittel als auch willige Hände für deren Gebrauch sind in der Regel vorhanden. Es mangelt hingegen an der Erlaubnis für die Arbeiter, von den Produktionsmitteln Gebrauch zu machen. Dem Zugang zu den Werkshallen und Verwaltungsgebäuden muss von deren Eigentümern stattgegeben werden, die Arbeitslosen können sich dieser nicht nach ihrem Ermessen bedienen. Die Nutzung der Produktionsmittel steht daher unter dem Vorbehalt der Eigentümer, dass dadurch eine Vermehrung ihres Eigentums und ihres Reichtums stattfindet. Sind dafür die Aussichten ihrer Auffassung nach schlecht, so verweigern sie den Arbeitslosen den Zugang zu ihren Produktionsmitteln. Sie stellen sie nicht ein und zahlen ihnen nicht den Lohn, auf den ihr Nutzen aus dem Gebrauch der Produktionsmittel von vornherein beschränkt ist. Werden Gewinne erwartet, so stellen sie auch neue Leute ein, die wieder gekündigt werden, wenn diese Gewinne ausbleiben, im Unternehmen verbleiben, sofern die erhofften Gewinne erzielt und keine Arbeitskräfte dank technologischer Entwicklungen eingespart werden. Es ist auch keineswegs so, dass die Produktion deswegen unterbleibt, weil an den entsprechenden Gütern kein Bedarf mehr bestünde. Gesättigt ist ein Markt lediglich gemessen an den Gewinnansprüchen der Investoren, das hat die Finanzkrise wieder mehr als deutlich gezeigt, die seit 2007 die globale Marktwirtschaft im Griff hat.

Man sieht also, dass es mit dem Mittelcharakter der Arbeit in einer kapitalistischen Gesellschaft eine besondere Bewandtnis hat. Sowohl die Unternehmer als auch die Arbeiter machen Gebrauch von der Arbeit, der Nutzen davon sieht aber bei beiden Parteien ziemlich unterschiedlich aus. Die einen dienen mit ihrer Arbeit dem Gewinn der anderen, Letztere lassen sie nur dann arbeiten, wenn dieser Gewinn eintritt. Den einen nützt die Arbeit, die sie nicht leisten müssen, für ihren Gewinn, oder sie findet nicht statt. Für jene hingegen, welche die Arbeit vollbringen, schaut dabei nicht viel mehr als die Mittel zur Bestreitung ihres Lebensunterhalts heraus und selbst diese Mittel sind fraglich, wenn sie keine entsprechend entlohnte Arbeit erhalten.

Da genügend Arbeitslose vorhanden sind, auf die Unternehmer zurückgreifen können, wenn sich bei ihnen entsprechender Arbeitsbedarf einstellt, ist Arbeitslosigkeit für diese ein Glück, für die davon Betroffenen hingegen ein Pech. An der Beseitigung der Arbeitslosigkeit sind daher diejenigen interessiert, die auf Arbeitslohn angewiesen sind, und der Staat, sofern die Arbeitslosigkeit ein bestimmtes Ausmaß überschreitet und sich nur noch als Belastung seiner Sozialkassen erweist. Umgekehrt ist fehlende Arbeitslosigkeit sowohl für den Staat als auch für das Kapital ein Pech, weswegen dieser misslichen Lage in den 1960er-Jahren in Deutschland und Österreich dadurch Abhilfe verschafft wurde, dass man ausländische Arbeitskräfte aus dem damaligen Jugoslawien und der Türkei angeworben hat. Ohne eine industrielle Reservearmee, wie Marx das Heer der Arbeitslosen genannt hat, ist die Handlungsfähigkeit des Kapitals nämlich sehr eingeschränkt, es kann sich nicht beliebig Ersatz für kranke, ausgemusterte oder aufsässige Arbeiter beschaffen und auch keine neuen Produktionsstätten aus dem Boden stampfen, wenn sich neue Gewinnchancen ergeben. So sehr also die Arbeitslosigkeit einerseits in einem gewissen Rahmen bleiben und nicht zu einem Sockel dauerhaft überflüssig gemachter und entsprechend verwahrloster Massen führen soll, so ist sie andererseits auch erwünscht, um den Arbeitskräftebedarf des Kapitals nach Belieben zu decken. Auch ohne einen Begriff von diesem Zusammenhang zu haben, ist bereits rein empirisch festzustellen, dass Arbeitslosigkeit eine notwendige Erscheinung des Kapitalismus darstellt, denn Kapitalismus ohne Arbeitslosigkeit hat es noch nie gegeben und kann es auch nicht geben. Man stelle sich einmal vor, ein Unternehmen müsste erst einem anderen Unternehmen dessen Angestellte abwerben, um an Arbeitskräfte heranzukommen – undenkbar! Dies ist im Übrigen ein Phänomen, das bei Menschen mit hoher spezifischer Ausbildung sogar noch vorkommen kann und daher als „Facharbeitermangel" beklagt wird, weil man hier nicht wie sonst üblich unter zahlreichen Bewerbern auswählen und der beliebigen Ersetzbarkeit entsprechende Gehälter vereinbaren kann.

Wenn Linke nichts Besseres vorzubringen wissen, als Arbeitslosigkeit zu beklagen, dann ist das ein theoretisches Armutszeugnis. Sie sind offensichtlich nicht bereit, diesen Zusammenhang zwischen Arbeitslosigkeit und unternehmerischer Handlungsfreiheit zu begreifen oder zur Kenntnis zu nehmen. Darüber hinaus landet man mit dem Anliegen der Beseitigung von Arbeitslosigkeit konsequent beim Dienst am Kapital. Schließlich ist dieser Dienst erforderlich, um den Zustand der Arbeitslosigkeit zu überwinden. Man erkennt damit die Interessen des Kapitals als Bedingung dafür an, ein Einkommen zu erlangen. An der Abhängigkeit vom Kapital wird nicht gerüttelt, die auf heuchlerische Weise in der folgenden Aussage einer Werbekampagne der österreichischen Wirtschaftskammer ausgesprochen wird: „Wenn es der Wirtschaft gutgeht, geht es uns allen gut!" Da das gesamte gesellschaftliche Leben vom Erfolg der „Wirtschaft", also des Kapitals abhängig ist, kommt dieses gesellschaftliche Leben nur in dem Ausmaß zur Entfaltung, in dem sich dieser Erfolg einstellt. Aber selbst wenn das Kapital erfolgreich ist, ist damit noch nicht sichergestellt, dass auch diejenigen davon „erfasst" werden, also in irgendeiner Hinsicht dafür in Anspruch genommen werden, die davon abhängig und darauf angewiesen sind. Umgekehrt ist allerdings beim Misserfolg des Kapitals die Arbeitslosigkeit derer garantiert, die bestenfalls für Dienste an dessen Geschäft vorgesehen sind. Die Aussage, dass es allen beim Erfolg des Kapitals gutgehe, trifft also nur auf negative Weise zu, dass es allen bei dessen Misserfolg nämlich sicher schlecht ergeht. Für die Mehrheit der Menschen ändert sich auch mit dessen Erfolg daran nicht viel.

Es ist also ein Fehler zu meinen, dass Arbeitslose nichts dringender brauchen würden als eine Arbeit. Man könnte ja auch einmal auf den Gedanken kommen, dass das Verlangen nach Arbeit eigentlich ein seltsames Bedürfnis ist, da üblicherweise der Arbeitsaufwand zur Befriedigung der Bedürfnisse verringert werden soll, also nicht mehr, sondern weniger Arbeit angestrebt wird. Eine Gesellschaft, die Arbeit „schaffen" statt verringern will, ist keineswegs so selbstverständlich, wie dies heutzutage nahezu jedem erscheint. Dies leuchtet nur dann jedem ein, wenn ihm die Abhängigkeit der Arbeiter vom Gewinn des Kapitals als selbstverständliche Produktionsvoraussetzung gilt. Die Mehrarbeit für das Kapital wird damit zur Voraussetzung dafür, dass Arbeiter die für ihre Reproduktion notwendige Arbeit leisten können anstatt umgekehrt, die Verhältnisse stehen auf dem Kopf. Arbeiter brauchen daher die Abschaffung von Verhältnissen, in denen sie nichts weiter als Arbeiter sind, in denen für sie bestenfalls der Dienst am Kapital vorgesehen ist, weil sie darauf angewiesen sind, um an Güter ihres Bedarfs heranzukommen. Wer sich jedoch die Abschaffung von Arbeitslosigkeit zum Ziel setzt, der kann nur damit enden, sich den Leistungsanforderungen des Kapitals zu unterwerfen. Stellt man sich auf das Interesse des Arbeitslosen, so landet man daher notwendigerweise beim Interesse des Kapitals, für das sich dieser durch bescheidene Lohnansprüche bei gleichzeitiger schrankenloser Leistungsbereitschaft so attraktiv macht, dass es schließlich nicht mehr widerstehen kann, davon Gebrauch zu machen.

In den letzten Jahrzehnten war das Kapital so erfolgreich bei der Steigerung seiner Produktivkraft oder Produktivität, dass es über mehr als genug Ersatzkräfte in den Arbeitslosen verfügt. Eine wachsende Anzahl Arbeitsloser sah sich daher geringerem Bedarf an Ersatzkräften gegenüber, zugleich waren die Mittel der sozialstaatlichen Betreuung für die steigende Beanspruchung nicht ausreichend und es kam daher zu entsprechenden Umstrukturierungen der sozialstaatlichen Verwaltung. In sogenannten Staaten der Dritten Welt gibt es so wenig Arbeitskräftebedarf, dass sich diese Staaten auf die Pflege ihrer Gewaltmittel beschränken, die sie zum Schutz der Produktions- und Transportanlagen für ihre wichtigsten Rohstoffe einsetzen. Mit deren Verkauf an die führenden Nationen kommen sie an die Devisen zum Kauf der Waffen, auf welchen ihre Herrschaft beruht. Dort beschränkt sich der Staat darauf, die Menschen auf den wenigen Grund und Boden zurückzudrängen, den sie noch für ihre Subsistenz gebrauchen können, solange er keinen geschäftlichen Gebrauch davon zu machen weiß. Und in den Elendsvierteln rund um ihre wenigen Produktionsstätten sammeln sich auch ohne sozialstaatliche Betreuung genügend Ersatzarbeitskräfte.

Das Asylrecht

Menschen, nach denen niemand verlangt hat, können versuchen, vom Asylrecht Gebrauch zu machen, um ein Aufenthaltsrecht in einem fremden Staat zu erhalten. Während der gerichtlichen Überprüfung ihres Asylgesuchs haben sie einen Anspruch auf staatliche Versorgung. Das ist für hiesige Nationalisten ein Gräuel, die ihrer Auffassung nach vom Staat viel zu wenig Unterstützung erhalten. Sie betrachten die Mittel, die für Flüchtlinge verwendet werden, als Verringerung, wenn nicht Abzug von Mitteln, die sie gut gebrauchen könnten und die eigentlich für sie verwendet werden sollten. Darüber hinaus widerspricht es dem Imperativ der bürgerlichen Gesellschaft, dass jemand „einfach so" versorgt wird. Jeder hat sich vielmehr um seine Selbsterhaltung zu kümmern, indem er Geld verdient. Hass gegen Asylwerber macht mit diesen Staatsbürgertugenden ernst, man protestiert gegen Asylantenheime oder zündet diese gleich an.
Der Staat hält mit seiner Gewalt dagegen. Er hat seine Gründe dafür, dass er Asyl gewährt. Und wo er seine Gründe hat, dort sorgt er für die Mittel. In seinen Asylverfahren begutachtet der Staat, wem er ein dauerhaftes Bleiberecht zugestehen will und wem nicht. Dies entscheidet er nach seinen nationalen Ambitionen und nicht nach den Vorstellungen seiner Bürger, wonach er ihren Interessen dienen sollte. Was sind nun die Entscheidungskriterien des Asylrechts? Sehen wir uns hierzu einmal die Entwicklungen der letzten Zeit an, die ihren Ausgangspunkt im Arabischen Frühling hatten.

Als zu Beginn des Jahres 2011 der sogenannte Arabische Frühling zu Aufruhr in Tunesien und Ägypten führte, waren die EU und die USA zunächst verunsichert, ob ihnen Vasallen verloren gehen könnten. Erleichtert durften sie jedoch bald feststellen, dass dieser Verlust sich auf die bisherigen führenden Köpfe beschränkte. Mittlerweile ist in Ägypten nach einem kurzen Zwischenspiel der Muslimbruderschaft mit Abd al-Fattah as-Sisi ein ähnlicher Herrscher wie der davor abgesetzte Mubarak an der Macht und regiert das Land mit eiserner Hand. Von Tunesien erfährt man weniger, dort scheint der Islam weniger stark in der Politik zu wirken.

„Erfreulicherweise" breiteten sich die Erhebungen des Arabischen Frühlings schon bald auch auf Herrschaftsgebiete aus, deren Führer den USA und der EU ohnehin nie wirklich recht waren, nämlich auf Libyen und Syrien. Die Rebellen wurden dort daher tatkräftig von den führenden Nationen unterstützt, wodurch es gelang, Gaddafis Herrschaft samt diesem selbst zu beseitigen und Assad in Syrien seit mittlerweile bereits über vier Jahren (Stand August 2015) in einen sogenannten Bürgerkrieg zu verwickeln. Auch in Libyen bekämpfen sich nach wie vor rivalisierende Gruppen und in beiden Ländern gibt es daher massenhaft Menschen, welche die Flucht ergreifen und ärgerlicherweise auch in immer größeren Zahlen bis nach Europa kommen. Nachdem man in Europa jedoch keineswegs weiterer Zuwanderung bedarf, andererseits die unwillkommenen Flüchtlinge auch nicht einfach erschießen kann, wenn man sich noch irgendwie als Mensch begreifen und vom Faschismus unterscheiden will, stehen unzureichende Betreuungseinrichtungen einer wachsenden Zahl schlecht betreuter Flüchtlinge gegenüber. Und wenn nicht der „Skandal" auftritt, dass Flüchtlinge bei ihren Fahrten übers Mittelmeer zu Tode kommen, so folgt mit Sicherheit der nächste „Skandal" einer menschenunwürdigen Unterbringung unerwünschter Menschenmassen an den Zielen ihrer Flucht, den Staaten, wo sie um Asyl ansuchen.

Was die einen hier den Aufnahmestaaten zur Last legen, werfen die anderen den Asylwerbern vor. Während Erstere die mangelnde Unterstützung für Asylwerber in den „reichsten Staaten" der Welt, wie sie bei dieser Gelegenheit immer anmerken, beklagen, sind Letztere empört darüber, dass in diesen Staaten massenhaft Flüchtlinge mit dem Anspruch auf Unterstützung erscheinen. Den hier ansässigen Menschen ist schließlich bekannt, dass Bedürftigkeit üblicherweise keinen Anspruch auf Unterstützung durch den Staat erzeugt, sondern ihnen die Notwendigkeit auferlegt, sich darum zu bemühen, durch Arbeitsleistungen an Geld heranzukommen. Deswegen erscheint ihnen der Status eines Asylwerbers als Privilegierung gegenüber der normalen staatsbürgerlichen Existenz. Von Arbeits- und Obdachlosigkeit bedroht und schlecht entlohnt, müssen sie den Großteil ihres Verdienstes für die Miete ihres Wohnraums, Energie, Heizung, Kleidung und Nahrung ausgeben und sehen in den Flüchtlingen plötzlich Menschen, die das alles ohne Gegenleistung beanspruchen. Sie selbst würden ohne erworbene Versicherungsleistungen keinen Anspruch auf Versorgungsleistungen dieser Art haben, in Griechenland sind zurzeit (2015)viele Menschen sogar trotz solcher Leistungen nicht einmal krankenversichert und auch in Österreich kann z. B. Studenten nach Abschluss oder Abbruch des Studiums dieses Schicksal ereilen, wenn sie nicht sofort eine Arbeit finden. Diesen Menschen erscheint die Versorgung von Asylwerbern mit einem Dach über dem Kopf und mit Nahrung als eine einzige Privilegierung, deren sie selbst nie teilhaftig werden könnten – wo sollten sie auch Asyl erhalten? Wenn nun wegen des großen Ansturms Asylwerber im Freien nächtigen müssen und deren Lebensbedingungen deswegen als Skandal bezeichnet werden, so sehen andere Bürger den Skandal vielmehr darin, dass derart viele Menschen solche scheinbar privilegierte Lebensbedingungen anstreben und fordern.

Nun zeigen Asylwerber auch noch ihre Unzufriedenheit, also Undankbarkeit dadurch, dass sie Sicherheitskräfte mit Essenspaketen bewerfen, wo doch Hunger der beste Koch ist, es mit Hunger bei diesen also nicht weit her sein könne, daher sehen sich diese Bürger in ihrem Hass auf Asylwerber nur bestätigt. Diese gelten ihnen als privilegierte Schmarotzer, die diesen Status auch noch dreist einfordern würden. Angesichts solcher vermeintlicher Frevler kommt es zu unschönen Ausbrüchen dieses Hasses im Internet, worin hiesige Bürger die Konsequenzen ziehen, vor welchen der Staat nach ihrer Auffassung wegen gutmenschlicher Irrwege zurückschreckt. So empfiehlt ein 17-jähriger Lehrling von Porsche angesichts eines sich im Wasser eines Feuerwehrschlauchs erfrischenden sechsjährigen Mädchens einen Flammenwerfer als die bessere Lösung, eine leitende Angestellte der Supermarktkette Spar beklagt den falschen Ort eines Brandes, der sich *vor* einer Betreuungseinrichtung für Asylwerber ereignet hat und doch besser *in* dieser ausgebrochen wäre.

Im Allgemeinen werden knappe Ressourcen für die mangelhafte Versorgung der Flüchtlinge verantwortlich gemacht. Österreich sei eines der reichsten Länder der Welt und könne sich die Aufnahme von Flüchtlingen in größerem Ausmaß leisten, die Nation müsse nur willens sein, entsprechende Ressourcen zu mobilisieren, wenden die einen dagegen ein. Andere erblicken darin nur weitere Belastungen eines Staatshaushalts, der ohnehin durch das Desaster der Finanzkrise, vor allem der ehemaligen Vorzeige-Bank Hypo Alpe Adria bereits mehr Lasten als genug zu stemmen hat. Und so viel ist daran ja auch richtig, dass der österreichische Staat, genauso wie jeder andere bürgerliche Staat, für seine Finanzmittel andere Zwecke vorgesehen hat als die Versorgung von Menschen, an denen er keinen Bedarf hat. Da soll Geld lieber für die Entwicklung des Kapitalstandorts, für Infrastruktur- und Bildungsmaßnahmen, für Forschung und Entwicklung eingesetzt werden, ohne welche man nur gegenüber den konkurrierenden Nationen ins Hintertreffen gerät. Es stellt sich daher die Frage, aufgrund welcher politischer Berechnungen ein Staat manchen Flüchtlingen doch glatt eine Versorgung spendiert, die ihm andere Menschen, egal ob Flüchtlinge oder innerhalb seiner Grenzen geborene Menschen, niemals wert wären.

Prinzipiell behält sich ein Staat vor, welchen Bürgern eines anderen Staates er unter welchen Bedingungen und für wie lange Zugang zu seinem Territorium gewährt. Für Aufenthalte, die über kurze Geschäftsreisen oder Urlaube hinausgehen, ist seine Zustimmung in jedem Fall erforderlich. Auf einen solchen Zugang kann daher nur jemand hoffen, dessen Aufenthalt entweder in wirtschaftlicher oder in politischer Hinsicht als nützlich für die Gastgebernation beurteilt wird. Wie das Sozialrecht ist aber auch das Asylrecht zunächst eine Einrichtung, die zum Prinzip der bürgerlichen Gesellschaft im Widerspruch steht. Weder werden hier Menschen ins Land gelassen, an welchen „die Wirtschaft" Bedarf hat, noch verfügen diese über einen Reichtum, wodurch sie Eigentum erwerben und eine eigenständige bürgerliche Existenz einrichten könnten. Hier trifft man auf Menschen, die sich nicht als freie Subjekte ihres Eigentums betätigen (dürfen), sondern nur mit dem Bedürfnis in Erscheinung treten, sich auf fremdem Territorium einzunisten. Darin gleichen sie den vom Sozialstaat betreuten Menschen, die ebenfalls nichts weiter als ein Bedürfnis vorweisen können, für dessen Befriedigung sie auf die Unterstützung des Sozialstaats angewiesen sind. Auch die Asylwerber sind so lange auf die Betreuung des von ihnen aufgesuchten Staates angewiesen, solange dieser die Rechtmäßigkeit ihres Begehrens prüft, solange also ihr Asylverfahren noch nicht abgeschlossen ist. Erst nach einem positiven Abschluss dieses Verfahrens sind sie den hiesigen Bürgern gleichgestellt und nun berechtigt, ihr „Glück" in der wirtschaftlichen Konkurrenz mit diesen zu suchen.

In der Regel wird Asylwerbern von den bereits über mehrere Generationen hier lebenden Menschen unterstellt, dass sie es nur auf den Wechsel von den Betreuungseinrichtungen für Asylwerber in jene des Sozialstaats anlegen. Diese Leute halten das Asylrecht daher für eine Einrichtung weltfremder Gutmenschen, die sich für das vermeintliche Elend auf aller Welt verantwortlich fühlen und dadurch von jenen ausnutzen lassen würden, die solches Elend bestens vorzutäuschen verstünden oder bestenfalls nur ihrer eigenen Faulheit zuzuschreiben hätten. Wegen dieses weit verbreiteten Irrglaubens sind hier einige grundlegende Anmerkungen zu dem Interesse angebracht, welches die führenden Staaten der hiesigen Weltordnung mit dem Asylrecht zur Geltung bringen.

Staaten, die sich überall auf der Welt für zuständig erklären, weil sie an der Durchsetzung einer Weltordnung zumindest mitzuwirken gedenken, demonstrieren ihren Anspruch auf weltweite Zuständigkeit nicht nur durch friedenssichernde Militärinterventionen, also durch die gewaltsame Herstellung von „Ruhe und Ordnung", sondern auch mit dem Asylrecht. Dieses Recht gewährt Menschen Asyl, also sicheren Aufenthalt, die in ihrer Heimat von der dort herrschenden Staatsgewalt verfolgt werden, sofern diese Verfolgung nicht auf strafbaren Handlungen wie Raub oder Mord, sondern auf der ethnischen Zugehörigkeit oder der politischen Betätigung dieser Menschen beruht. Wenn es sich um entsprechend angefeindete Herrschaften handelt, wird aber selbst bei Flüchtlingen, die sich strafrechtlicher Verfolgung entziehen, nicht so genau nachgeforscht, sondern auch dies nur dem angeblichen Unrecht dieser Herrschaften zur Last gelegt oder als Form der Notwehr gegen diese verbucht.

Der bürgerliche Staat legt also sehr genau fest, wem er das Recht auf Asyl gewährt, denn in der Regel sind es Untertanen von auch ihm nicht genehmen staatlichen Herrschaften, die in den Genuss dieses Privilegs kommen. Solange noch der Eiserne Vorhang Europa in Ost und West trennte, konnte jeder Flüchtling aus dem Osten darauf vertrauen, dass er Asyl erhalten würde, schließlich war er ja eine lebende Anklage gegen ein Regime, dessen Vernichtung dem freien Westen ein Anliegen war, um die bürgerliche Herrschaft als alternativlos zu behaupten. Im Fall der DDR wurde daraus sogar eine permanente Abwerbung ihrer „Volksgenossen", während heutzutage im Fall des Kosovo die heimgesuchten Staaten für die Rückführung sorgen und dadurch den Bau einer Mauer überflüssig machen. Nach dem Fall des Eisernen Vorhangs hatten die ehemaligen „Freiheitshelden" des Ostblocks vielleicht noch mehr Fluchtgründe als vorher, zudem weniger Fluchthindernisse, auf Asyl hatten sie jedoch keinen Anspruch mehr. Schließlich war nun der verhasste Systemgegner durch Herrschaften mit hiesiger Staatsräson ersetzt worden, die sich gegen kapitalistische Benutzung nicht mehr verschlossen.

Nachdem das Asylrecht ohnehin immer nur für Flüchtlinge unliebsamer Herrschaften vorgesehen ist, ist es natürlich geboten und gemäß geltendem Recht unvermeidlich, jenen Flüchtlingen das Recht auf Asyl zu verweigern, die damit nicht als wandelnde Anklage gegen ein gegnerisches Regime von Nutzen sind, sondern vielleicht gar noch aus befreundeten oder wenigstens gefügigen Staaten kommen. Es ist also immer schon gekommen, wie es kommen musste, dass allenthalben der Verdacht des Asylmissbrauchs im Raum steht, dessen sich all jene schuldig machen würden, die nur um ihres eigenen Vorteils willen vom Asylrecht Gebrauch machen wollen – als würden die anderen nicht wegen ihres Vorteils, sondern wegen einer mit ihren Gastgebernationen übereinstimmenden politischen Gesinnung aus den angefeindeten Staaten fliehen. Solche Leute, die aus zumindest nicht-feindlichen Staaten auswandern wollen, wurden und werden daher sofort als „Wirtschaftsflüchtlinge" verunglimpft, was letztlich nichts anderes heißen soll, als dass es diesen um die Versorgung gehe, die ihnen als Asylwerbern geboten werde und die sie sich als anerkannte Asylanten vom hiesigen Sozialstaat erhoffen dürften. Genauso wie der Arbeitslose erhält schließlich auch der Asylwerber die Versorgung mit dem Lebensnotwendigsten. Dies scheint für ihn bereits einen wirtschaftlichen Vorteil gegenüber seinem Herkunftsland darzustellen, wo ihm anscheinend selbst die Erhaltung seiner nackten Existenz kaum möglich war – was ihm offensichtlich als Faulheit, auf keinen Fall jedoch seiner gefügigen Herkunftsnation zur Last gelegt werden darf.

Derzeit erscheinen in Europa Asylwerber, die einer solchen Beurteilung unterliegen, in solchen Massen, dass die hierfür vorgesehenen Einrichtungen diesen Andrang nicht bewältigen und deswegen noch mehr Ressourcen für Unterbringung und Verpflegung mobilisiert werden müssen. Allein aufgrund der Schwierigkeiten der Bereitstellung von Unterbringungsmöglichkeiten erscheint dieser Andrang als unerwünschte Zumutung. Hass-Poster ziehen nur die unverblümte Konsequenz daraus, dass sich hierzulande Menschen breitzumachen versuchen, deren Anwesenheit dem Staat keineswegs ein Anliegen ist. Ob der Staat theoretisch mehr Zuwanderer versorgen könnte, ob er dafür seine Staatsräson ändern müsste, das ist ihnen alles gleichgültig. Sie sehen nur Menschen, die eine Unterstützung fordern, welche diesen nach ihrer Auffassung nicht zustehe und deswegen zu Recht vorenthalten werde, auch wenn weltfremde Gutmenschen dies nicht einsehen wollten. Solange man an solchem Rechtsbewusstsein festhält, für das Asylwerber ohnehin hier nichts verloren haben, weil sie sich ja nur ins gemachte Nest setzen wollten, welches selbst zu errichten sie die Mühe scheuen würden, so lange wird es auch diesen Hass gegen Asylwerber geben. Für Menschen, die einem nur scheinbar durch gutmenschliche Rücksicht gebundenen Staat ein Ärgernis sind, werden daher in Hass-Postings im Internet Vernichtungsmaßnahmen durch Flammenwerfer und Brände empfohlen, deren empörte Verurteilung durch die offizielle Öffentlichkeit zur Wahrung jener Heuchelei geboten ist, die gegen staatlich geprüfte und angeordnete, daher ordentliche Abschiebungen nichts einzuwenden wüsste. Die Kritik der Weltordnung ist hier jedenfalls nicht vorgesehen, einer Weltordnung nämlich, die massenhaft Flüchtlinge hervorruft, sowie einer Staatenwelt, deren Reichtum keineswegs zur Versorgung der Menschen, sondern zur Betreuung ihrer Kapitalstandorte bestimmt ist.

Ausbeutung

„Acht Stunden Arbeit, acht Stunden Freizeit, acht Stunden Schlaf!" So lautete eine wesentliche Forderung der Arbeiterbewegung. Hier von acht Stunden Freizeit zu sprechen, ist jedoch falsch, da ein großer Teil dieser Freizeit eigentlich Zeit zur Reproduktion der Arbeitskraft in Anspruch nimmt. So muss man den Weg zur Arbeit und zurück bewältigen, sich ernähren, also Nahrungsmittel beschaffen und zubereiten, sowie hygienische Maßnahmen wie Körperpflege, die Reinigung der Kleidung und der Wohnung durchführen. Möglicherweise waren einige dieser Erfordernisse den Frauen aufgenötigt, aber den Weg zur Arbeit, die Ernährung und die Körperpflege musste immer noch jeder Arbeiter selbst bewältigen. Es bleibt daher üblicherweise nicht viel von der Zeit übrig, die irreführend zur Gänze als Freizeit bezeichnet wird. Auch der

Schlaf ist ein Erfordernis der Reproduktion, sodass man den Großteil der Zeit jenseits der Arbeit als Notwendigkeit für die Reproduktion der Arbeitskraft verbuchen kann. Darüber hinaus kann die sogenannte Freizeit auch für Erfordernisse der fachlichen Qualifikation benötigt werden, die sich aus den Veränderungen der Arbeitsprozesse und der damit verbundenen Anforderungen ergeben.

Aus diesen wenigen Bemerkungen lässt sich schließen, dass der sogenannte „Traum" der Arbeiterbewegung eher bescheiden war, der in der Formel von acht Stunden Arbeit, acht Stunden Freizeit und acht Stunden Schlaf dargestellt wurde. Viel mehr als der Wunsch, man möge von der Lohnarbeit halbwegs leben können, der Wunsch nach Reproduktion eben, ist hierin nicht zu entdecken. Umgekehrt lässt sich daraus schließen, dass selbst diese bescheidenen Ansprüche mittels Lohnarbeit nicht zu erreichen waren, weswegen es sogar als traumhaft erschien, wenn man dies durchsetzen könnte. Und so war es auch, ein Arbeiter wurde zu Lebzeiten von Karl Marx nicht alt, lebte unterernährt in unhygienischen Verhältnissen, war erschöpft von der Arbeit und daher anfällig für Krankheiten, an denen er auch mangels der Fähigkeit des Erwerbs geeigneter Medizin schnell und früh sterben konnte. Dies führte sogar dazu, dass der Staat erhebliche Mängel in der Eignung seines Nachwuchses für das Soldatenhandwerk feststellen musste. Deshalb stießen die Forderungen der Arbeiterbewegung schließlich bei der höchsten Gewalt auf Gehör und es wurden gesetzliche Beschränkungen des Arbeitstages durchgeführt, die zwar noch nicht jenem „Traum" entsprachen, aber dennoch positive Auswirkungen auf die Erhaltung der Lohnarbeiter und ihrer geschätzten Dienste für Kapital und Staat hatten. Ursprünglich war die Antwort auf die Frage nach der Länge des Arbeitstages nämlich diese: „Der Arbeitstag zählt täglich volle 24 Stunden nach Abzug der wenigen Ruhestunden, ohne welche die Arbeitskraft ihren erneuerten Dienst absolut versagt."[2] Entsprechend war es daher um das Leben eines Arbeiters bestellt:

„Aber in seinem maßlos blinden Trieb, seinem Werwolfs-Heißhunger nach Mehrarbeit, überrennt das Kapital nicht nur die moralischen, sondern auch die rein physischen Maximalschranken des Arbeitstags. Es usurpiert die Zeit für Wachstum, Entwicklung und gesunde Erhaltung des Körpers. Es raubt die Zeit, erheischt zum Verzehr von freier Luft und Sonnenlicht. Es knickert ab an der Mahlzeit und einverleibt

2 Karl Marx: Das Kapital, in: Marx/Engels-Werke (MEW), Bd. 23, S. 280

sie womöglich dem Produktionsprozeß selbst, so daß dem Arbeiter als bloßem Produktionsmittel Speisen zugesetzt werden wie dem Dampfkessel Kohle und der Maschinerie Talg oder Öl. Den gesunden Schlaf zur Sammlung, Erneurung (sic!) und Erfrischung der Lebenskraft reduziert es auf so viel Stunden Erstarrung, als die Wiederbelebung eines absolut erschöpften Organismus unentbehrlich macht."[3]

Gegen dieses unmögliche Leben, durch das sich der bürgerliche Staat um sein Volk und das Kapital um seine Lohnarbeiter gebracht hätte, zog die Arbeiterbewegung zu Felde. Es ist wirklich aufschlussreich, dass es des Widerstandes der unmittelbar Betroffenen gegen ihre Schädigung bedurfte, damit der bürgerliche Staat jenen Maßnahmen zustimmte oder sie selbst ergriff, die für die Aufrechterhaltung der Arbeiterklasse und ihrer nützlichen Dienste erforderlich waren. Damit der bürgerliche Staat sein Herrschaftsverhältnis funktionsfähig erhielt, war sozusagen der Aufschrei der Arbeiter über die absolute Unerträglichkeit ihres elenden Daseins notwendig. Seither und erst recht seit der formellen Einrichtung des Acht-Stunden-Tages als Normalarbeitstag gilt Ausbeutung als überwunden. Sie scheint nur dort zu bestehen, wo sie so weit geht, dass selbst die Reproduktion der Arbeiter als Klasse nicht mehr möglich ist. Dass die Grenzen, die der Ausbeutung zwecks Erhalt der Arbeitskraft gesetzt sind, nicht ihrer Aufhebung, sondern ihrer „Nachhaltigkeit" dienen, wie man heute so schön sagt, das will nach wie vor kaum jemand zur Kenntnis nehmen. Dies geschieht selbst dann nicht, wenn aufgrund einer überdimensionierten Reservearmee arbeitsloser Massen der Normalarbeitstag wieder ausgedehnt wird, da ja ohnehin schnell Ersatz für flexibel eingesetzte und ausgebrannte Kräfte, die nicht zufälligerweise unter „Burn-out" leiden, zu erhalten ist. Verlogene Empörung herrscht lediglich dort, wo sogar die üblichen Formen der Ausbeutung noch übertroffen werden, wenn selbst Kinder zum Unterhalt der Familie beitragen müssen und für geringen Lohn Fußbälle zusammennähen. Besonders erbärmlich sind Appelle gegen den Kauf solcher Waren. Als würde man damit etwas anderes erreichen, als diese Kinder zu noch schäbigeren Arbeiten zu nötigen. Es sind nämlich nicht deren mangelnde Kenntnisse besserer Arbeitsmöglichkeiten oder mit Waffengewalt ausgeübter Zwang, weswegen diese Kinder sich für diese Arbeit hergeben. Dafür genügt das ganz gewöhnliche ortsübliche Elend, der Ausschluss von dem als Privateigentum

---

[3] Ebd.

---

fungierenden Reichtum, an dem man auch durch die Weigerung des Kaufs dieser Fußbälle nichts ändert. Man könnte im Gegenteil sogar zynisch behaupten, dass man mit diesem Kauf geradezu auch eine Spende für die Armen dieser Welt entrichten würde.

Ausbeutung besteht in der Verfügungsgewalt des Kapitals über die Bedingungen und die Resultate der Produktion. Der Reichtum, den die Arbeiter produzieren, obliegt der Verfügungsgewalt des Kapitals und wird nach dem Ermessen der Kapitaleigner entweder für ihren Konsum oder für die Ausgestaltung ihrer Produktion genutzt. Nur in dem Maße, in dem Arbeiter dafür benötigt werden, werden ihre Dienste vom Kapital in Anspruch genommen. Sie müssen Mehrarbeit leisten, also ihren Arbeitgeber reicher machen, um die für ihre Reproduktion notwendige Arbeit leisten zu können, anstatt umgekehrt zunächst notwendige Arbeit und danach für ihre Zwecke bestimmte Mehrarbeit zu verrichten. Es ist aber keineswegs so, dass Ausbeutung ein Betrug wäre, indem dem Arbeiter weniger gezahlt würde, als er tatsächlich leistet. Das Verhältnis ist genau dieses, dass nicht seine Arbeit, sondern seine Arbeitskraft entgolten wird, also das, was er für deren Reproduktion und damit für eine fortgesetzte Ausbeutung benötigt. Man erhält im Lohn daher bestenfalls die Mittel, die zur Reproduktion und gegebenenfalls, in den Sphären höherer Angestellter, für die Weiterentwicklung der Arbeitskraft benötigt werden. Das Mehrprodukt jedoch, in dem der gesellschaftliche Reichtum besteht, unterliegt der Verfügungsgewalt des Kapitals und des sich daran mittels Steuern bedienenden Staates: Hier besteht bereits Ausbeutung, nicht erst dann, wenn der Lohn unter den Wert der Ware Arbeitskraft gedrückt ist und dadurch sogar deren Reproduktion sowie die damit verbundenen Dienste für den kapitalistischen Reichtum gefährdet sind.

Zum Schluss noch eine Bemerkung zum Erscheinungsbild der Ausbeutung: Unterernährte und ausgemergelte Massen, die sich als ungeeignet für die militärischen Belange eines Staates erweisen und diesen zur Einführung gesetzlicher Beschränkungen des Arbeitstages nötigen, erscheinen vielen als eindeutiger Beleg dafür, dass es früher so etwas wie Ausbeutung gab. Inzwischen verhält es sich allerdings eher so, dass übergewichtige Personen diese Erscheinungen abgelöst haben. Dass dieses Übergewicht der Festlegung auf einseitige Tätigkeiten geschuldet ist, für deren Aufrechterhaltung dennoch Energie in beträchtlichem Maße benötigt wird, will niemandem auffallen. Auch aus Zeitmangel schnell im Vorübergehen einverleibte Fast Food spielt hier eine Rolle, sodass heutzutage das Erscheinungsbild der Ausbeutung sich verändert hat. So zeigt sich gegenwärtig die sozialstaatlich regulierte Ausbeutung in scheinbar gut genährten Menschen, die früh mit Diabetes zu kämpfen haben und für ihren ungesunden Lebenswandel gescholten werden. Die oberen Zehntausend scheinen hingegen auf wundersame Weise von solchen Erscheinungen nahezu verschont zu bleiben, an deren Designerroben sich die Seitenblicke-Gesellschaft erfreuen darf.

Ausländer

Die Bezeichnung eines Menschen als Ausländer ist eine negative Bestimmung. Sie besagt, dass dieser Mensch *nicht* Bürger des Staates ist, in dem er sich gerade aufhält. Er ist aus dem Ausland, kommt von außen, aus einem Gebiet, das sich außerhalb des Inlands befindet. Über dieses Inland gebietet ein anderer Staat als jener, von dem dieser Mensch kommt, der deswegen hier ein Ausländer ist. „Sind Sie Ausländer?" – „Aber nur im Ausland!", heißt es daher sarkastisch in einem englischen Film, den ich vor vielen Jahren gesehen habe. Ein Ausländer ist also ein Dahergekommener, jemand, der von anderswo kommt und eigentlich nicht hierher gehört. Solange er sich nur für kurze Zeit hier aufhalten will, etwa als Tourist, erregt ein Ausländer nicht unbedingt Anstoß. Schließlich bezahlt er dafür ein inländisches Unternehmen und bringt Geld ins Land. Je nach den Beziehungen der jeweiligen Staaten zueinander ist daher ein beschränkter Aufenthalt von vornherein oder unter der Voraussetzung einer vorhergehenden Überprüfung des einreisewilligen Ausländers möglich, der in letzterem Fall ein Zertifikat, ein sogenanntes Visum, vorlegen muss. Anders verhält es sich da schon, wenn ein Ausländer einen dauerhaften Aufenthalt in einem anderen Staat anstrebt, wenn er sich hier zumindest länger als ein halbes Jahr niederlassen will. Wie der Bezeichnung „Ausländer" zu entnehmen ist, gehört er ja eigentlich nicht an jenen Ort, in dem er als Ausländer gilt, weswegen sein Aufenthalt im Ausland alles andere als selbstverständlich ist.

Wie kommt es überhaupt dazu, dass jemand sich im Ausland eine neue Existenz aufbauen will? Eines ist gewiss: Dieser Mensch beabsichtigt eine Verbesserung seiner Lebensumstände. Ob er sich darüber täuschen mag, dass dies durch Übersiedlung in ein anderes Land erreicht werden kann, oder nicht, das spielt hier zunächst überhaupt keine Rolle. Wie verhält es sich aber umgekehrt mit der Gemeinschaft, deren Mitglied ein solcher Mensch werden will? Muss diese akzeptieren, dass jeder „Dahergelaufene", wie es so treffend heißt, sich in ihrer Mitte niederlassen kann? Das ist eine Frage, die man prinzipiell weder bejahen noch verneinen kann. Natürlich wäre es denkbar, dass neue Mitglieder sehr schnell einen Beitrag in einer gemeinschaftlichen Arbeitsteilung leisten und umgekehrt Leistungen dieser Gemeinschaft beziehen. Ebenso wäre umgekehrt möglich, dass beschränkte Ressourcen einer Zuwanderung Grenzen ziehen und daher zur Zurückweisung der Zuwanderer führen. Das lässt sich nur in konkreten Situationen entscheiden und ist auch von der Masse der Zuwanderer abhängig. In einer kapitalistischen Gesellschaft verhält sich das einerseits so wie in jeder anderen Gesellschaft, andererseits besteht hier die Besonderheit darin, dass die Voraussetzungen für Zuwanderung weniger an materielle Ressourcen als an Kriterien kapitalistischer Funktionalität gebunden sind. So sollten Zuwanderer über Geld verfügen oder Geld verdienen, wenn sie sich in einem fremden Staat niederlassen wollen. Auf diese Weise kamen auch in den 1960er-Jahren die ersten Zuwanderer aus der Türkei und Jugoslawien nach Deutschland und Österreich. Sie sollten das Angebot an Arbeitskräften erhöhen, das damals nicht jene Masse an Reservearbeitern aufwies, die es den kapitalistischen Unternehmen erlaubt hätte, aus dem Vollen zu schöpfen und je nach Bedarf zu heuern und zu feuern.

Die Nützlichkeit fürs Kapital ist es also, die einem Ausländer einen dauerhaften Aufenthalt und damit eine Übersiedlung in einen anderen Staat ermöglicht. Wenn sich mit ihnen Geld verdienen lässt, sind sie gefragt und erhalten im Lohn den ihnen entsprechenden Anteil, wodurch auch sie Geld verdienen und der nationalen Gemeinschaft nicht nur keine Last, sondern vielmehr von Nutzen sind. Viel mehr jedoch, als zunächst einmal keine Last zu sein, schaut auch nach einiger Zeit für die ausländischen Arbeiter nicht heraus. Sobald der durch ihre Zuwanderung erwünschte Effekt eingetreten ist und mehr Arbeiter dem kapitalistischen Bedarf zur Verfügung stehen, ist der Ersatz der Arbeiter wieder einfacher und man kann deren Löhne und Gehälter drücken. So kommt es dazu, dass die Hoffnungen der zugewanderten Arbeiter auf bessere Lebensumstände bald der Ernüchterung weichen müssen und sich diese auch in der Reservearmee wiederfinden, in der sie auf eine eher spärliche sozialstaatliche Unterstützung angewiesen sind. Hier macht sich der Widerspruch geltend, dass nur Ausländer erwünscht sind, die der kapitalistischen Nation nützen, während diese ihren eigenen Nutzen anstreben. Das zweite Kriterium für den Zuzug von Menschen aus dem Ausland, das in ihrem politischen Nutzen als Flüchtling einer unerwünschten konkurrierenden Macht besteht, können wir hier außer Betracht lassen.

Aufgrund der widersprüchlichen Nutzenansprüche zwischen Ausländern und ihren „Gastgeber"-Nationen entsteht auf beiden Seiten Unzufriedenheit. Die mit subalternen Jobs und entsprechend schlechtem Verdienst ausgestatteten Ausländer sehen ihre Nutzenkalkulationen durchkreuzt und erklären sich dieses Scheitern ihrer beruflichen Ziele durch die Ausländerfeindlichkeit, der sie in ihrer neuen Heimstätte ausgesetzt seien. Umgekehrt betrachten die Nation und ihre autochthonen Bürger geringverdienende Ausländer ebenso rassistisch als einen untergeordneten Menschenschlag, dessen subalterne Jobs nur seine subalterne Natur zum Ausdruck bringen würden. Arbeitslose Ausländer stellen in dieser Sichtweise einen Missbrauch von Sozialleistungen und eine entsprechende Ausnützung staatlicher Großzügigkeit durch parasitäre Naturen dar. Rassistische Übergänge aus den Resultaten der bürgerlichen Konkurrenz finden also auf beiden Seiten statt. Ein keineswegs zufälliges Ergebnis hiervon ist die Kriminalität unter Ausländern, leben sie doch entgegen ihren hoffnungsvollen Erwartungen kaum besser als in ihrer früheren Heimat, schreiben dies vielleicht auch noch hiesigem Rassismus anstatt kapitalistischer Sachgerechtigkeit zu und wähnen sich deswegen im guten Recht, ihren Erfolg nun mit unerlaubten Mitteln nicht nur zu suchen, sondern zu erzwingen. Wenn Ausländer vermehrt in der Kriminalstatistik auftauchen, ist das also keinesfalls zufällig so, hat aber dennoch nichts mit einer vermeintlich kriminellen Natur eines fremden Menschenschlags zu tun. Umgekehrt ist es ist aber ein Selbstbetrug, die Kriminalitätsrate von Ausländern zu relativieren, indem man z. B. Straftaten deswegen nicht Ausländern zuordnet, weil diese vielleicht seit kurzem die hiesige Staatsbürgerschaft besitzen, obwohl sich der sogenannte Migrationshintergrund dieser Menschen nicht leugnen lässt. Während manche dieser neuen Bürger in ihrem wahnhaften Rechtsanspruch sich nehmen zu können glauben, was ihnen die Gesellschaft aus vermeintlichem Unrecht vorenthalte, halten andere den falschen sittlichen Umgang mit den bürgerlichen Gegensätzen für die Wurzel allen Übels und entwickeln sich zu islamistischen Fundamentalisten.

Der Wahn, das vermeintliche Recht auf Erfolg erzwingen zu können, kann sogar dazu führen, dass die „ausländischen Mitbürger" ihren Erfolg nur noch darin sehen, sich an den „Gastgebern" zu rächen, indem sie diese beleidigen, erniedrigen, demütigen und ihrer Gewalt unterwerfen, wo immer dies möglich ist. Wer seine missliche Lage darüber hinaus der gottlosen Gesinnung und Gesittung in einer kapitalistischen Gesellschaft zuschreibt, kennt in seinem Vorgehen gegen solche nach seinem Dafürhalten unsittliche, verkommene Subjekte ohnehin keinerlei Schranken. Es sind daher keineswegs zufällig zahlreiche Pöbeleien und Prügeleien auf Schulhöfen wie etwa im Berliner Stadtteil Neukölln sowie in anderen öffentlichen Bereichen, etwa öffentlichen Verkehrsmitteln und Parkeinrichtungen, berüchtigt geworden. In diesem Zusammenhang sind wohl auch die mittlerweile bereits zu trauriger Berühmtheit gewordenen Vorfälle der Nacht zum Jahreswechsel auf 2016 in Köln und anderen Städten zu sehen. Hier vor „Pauschalisierungen" zu warnen, ist leider auch nur eine Leugnung der eben beschriebenen Realität, dass rassistische Übergänge aus den Konflikten und Drangsalen der bürgerlichen Konkurrenz offensichtlich keine Einbahnstraße darstellen, sondern auf beiden Seiten stattfinden, dass also autochthone Bürger ebenso dem Rassismus von Ausländern ausgesetzt sind wie umgekehrt. Wer hier gegen Pauschalisierung auftritt, macht sich geradezu zum Komplizen solcher Täter, die sich in der Menge derer verschanzen, die sich solcher Handlungen enthalten, gleichwohl sie das darin offenbarte Ressentiment teilen.

Es ist eben angesichts der handfesten und objektiven, weil mit staatlicher Gewalt eingerichteten Interessengegensätze der Bürger eine Illusion zu glauben, diese könnten mit ein wenig Gutwilligkeit, Einfühlsamkeit und Menschlichkeit aus der Welt geschafft werden. In der bürgerlichen Gesellschaft ist leider eine gesunde Portion an Misstrauen, wie es so treffend und entlarvend heißt, eine Notwendigkeit – allerdings nicht nur Ausländern, sondern zumindest jeder fremden Person gegenüber. Nichts ist hier mehr fehl am Platz als Vertrauensseligkeit.

Bestie Mensch

Zur Ideologie von der menschlichen Bestie bzw. der Bestie Mensch habe ich bereits ein Buch verfasst.[4] Darin gehe ich zunächst der Frage nach, wie es Thomas Hobbes entgehen konnte, dass die Herausbildung eines Staates unmöglich die menschliche Bestialität eindämmen kann, die er der menschlichen Natur unterstellt. Wenn nämlich tatsächlich der Mensch dem Menschen ein Wolf sei *(homo homini lupus)*, so ist nicht einzusehen, weshalb von dieser Wolfsnatur ausgerechnet der Staat keinen Gebrauch machen sollte, der doch die überlegenen Gewaltmittel dafür besitzen würde. Warum also ist Hobbes dieser Widerspruch nicht aufgefallen? Liegt es vielleicht daran, dass die Menschen der Staatsgewalt bereits unterworfen sind, sodass gar kein Krieg mehr erforderlich ist, kein Krieg aller gegen alle, der diese Unterwerfung erst herstellen müsste? Dann ist es aber auch nicht Bestialität, was die Menschen gegeneinander aufbringt, sondern bestimmte Interessensgegensätze, deren gewaltsame Austragung der Staat untersagt. Wegen dieses „Dienstes" vermag Hobbes keinen Gegensatz des Staates zu den ihm unterworfenen Bürgern zu erkennen. Daher fällt ihm wohl nicht auf, dass für den Staat der von ihm postulierten Bestialität doch eigentlich erst so richtig Tür und Tor geöffnet wären.

Mit diesem Gedanken beschäftigt sich das vorhin erwähnte Buch ausführlicher im ersten Kapitel. Danach wird dort unter anderem die Frage der Willensfreiheit erörtert, die mit der Vorstellung einer menschlichen Bestialität ja insofern zusammenhängt, als zu klären ist, ob der menschliche Wille von dieser bestimmt ist oder ihr entgegentritt. Immanuel Kant hat sich große Hoffnungen auf die Überwindung der „Bestie" durch die Moral gemacht, deren Wirksamkeit er durch eine philosophische Grundlegung zu untermauern und zu fördern trachtete. Wird die von ihm hier entwickelte moralische Rigorosität eines Handelns aus Pflicht jedoch ernst genommen, so wäre gar kein Handeln mehr möglich, wie bereits G. W. F. Hegel nachgewiesen hat. Schließlich könnte man jedem Handeln nachweisen, dass es doch nur aus Interesse geschehen sei, so sehr es auch pflichtgemäß sein möge. Im demonstrativ pflichtgemäßen Handeln könnte man etwa das Interesse erkennen, die eigene Vortrefflichkeit zur Schau zu stellen. Außerdem käme man mit Kants kategorischem Imperativ auch gar nicht zu einem

---

[4] Ewig lockt die Bestie. Eine Kritik der Moralphilosophie, Wien 2015

Inhalt des Handelns, weswegen Kant diesen aus den bestehenden gesellschaftlichen Bestimmungen aufnehmen muss und an diesen den billigen „Nachweis" erbringt, dass nicht auch ihr Gegenteil gelten kann, solange sie in Kraft sind.

Derartig zur Handlungslosigkeit verdammt, entwickeln sich seltsame Charaktere wie die schöne Seele. Diese bewahrt sich ihre Reinheit, indem sie auf das Handeln verzichtet und zunehmend der Welt entschwindet, also an Schwindsucht leidet. Eine andere Gestalt ist das harte Herz, das jedes fremde Handeln verurteilt und sein eigenes Handeln auf dieses Urteilen beschränkt, also seinerseits ebenso wenig handelt wie die schöne Seele, die daraus entspringende Gewalt aber nicht wie diese gegen sich selbst, sondern gegen andere richtet. Dieser Form entspräche die Existenz eines Richters, die Hegel als beurteilendes Bewusstsein bezeichnet, das auf heuchlerische Weise „eine *andere Manier*, böse zu sein, (…) für das *rechte Bewußtsein* der Handlung ausgibt".[5] Eine andere Manier, böse zu sein, ist diese Bewusstseinsform nämlich deswegen, weil sie ihr eigenes Nicht-Handeln zum Maßstab des Handelns erhebt, diesem sein tatenloses Reden als vortreffliche Wirklichkeit, wie Hegel schreibt, entgegensetzt und es dadurch böswillig herabsetzt und verurteilt. Ausführlicher erklärt werden auch diese Gedankengänge der Moralität in meinem Buch.

Durch Kant vor lauter Rücksichten und Bedenken im Handeln gehemmt, ja in letzter Konsequenz sogar zum Rückzug aus der Wirklichkeit gleich der schönen Seele verdammt, setzt schließlich Nietzsche zum großen Befreiungsschlag an und plädiert für ein fröhliches, unbekümmertes Handeln. Die Kantschen Fesseln möge der Mensch hinter sich lassen und zum Übermenschen werden, an dessen Entfaltung ihn diese Sklavenmoral gehindert habe. Die blonde Bestie ist Nietzsche lieber als ein vor lauter moralischen Skrupeln verkrüppelter, gehemmter Geist und damit kommt es nun zur Rehabilitierung der menschlichen Bestie, deren Überwindung der Ausgangspunkt bei Hobbes gewesen ist. Dabei geht Nietzsche jetzt aber so weit, dass er das Kind mit dem Bade ausschüttet und einer abstrakten Freiheit huldigt, der jede Ordnung als Unterwerfung gilt. Wie sinnvoll eine gesellschaftliche Ordnung auch immer sein möge, indem sie den Menschen einen Rahmen setzt, der ihr Handeln zu einem gewissen Grad festlegt, für Nietzsche ist sie nichts als Herrschaft. Im letzten Kapitel meines Buches über die Moralphilosophie gehe ich auf diese Haltlosigkeiten ein, wie sie etwa im

---

[5] G. W. F. Hegel: Phänomenologie des Geistes, Frankfurt am Main 1973, S. 489

Urteil von Roland Barthes zum Vorschein kommen, dass jede Sprache faschistisch sei. Auch der langjährige Marxist W. F. Haug hält den Marxismus zu Beginn der 1990er-Jahre für die Überforderung eines unvollkommenen Menschen durch ein Übermaß an Selbstkontrolle, als wäre der reale Sozialismus die Verwirklichung der Kant'schen Moralität gewesen.

Der Generalverdacht gegen die menschliche Vernunft beflügelt auch den französischen Poststrukturalismus. Ihm gilt Vernunft als Herrschaft von Logos und Phallus, als „Logozentrismus" und „Pallogozentrismus". So versorgt er das menschliche Handeln wieder ganz prinzipiell mit Skrupeln, da es sich in den Fallstricken seines Logozentrismus verfange und versündige. Dagegen zieht nun wieder in der Manier Nietzsches ein Slavoj Žižek zu Felde, der das Subjekt als Einfallstor für das Unberechenbare und als Ausbruch aus den Zwängen des Seins rehabilitieren will, wie ich dem Bericht Siegfried Königs entnehme[6] – und so findet in der Philosophie tatsächlich eine ewige Wiederkehr des Gleichen statt, nämlich die schlechte Unendlichkeit eines Hin- und Her-Räsonierens.

Das Böse

Das Böse existiert, allerdings nur in der Vorstellung der Menschen. Das bedeutet, dass es in der Wirklichkeit zunächst nichts Böses gibt, auch keine bösen Menschen. Sobald aber andere Menschen als böse betrachtet werden, gibt es das Böse auch, nämlich genau in Gestalt jener Leute, welche die anderen für böse halten. Sie fühlen sich im Kampf gegen das vermeintliche Böse zu jeglicher Handlung nicht nur berufen und berechtigt, sondern sogar verpflichtet. Im Kampf gegen das Böse ist für sie daher jedes Mittel recht, keine Schranken sind hinzunehmen und so kommt tatsächlich das Böse in die Welt. Denn das Böse darf und muss ausgeschaltet und eliminiert werden, ja sogar dessen Schädigung nicht nur zu dem Zweck, es unschädlich zu machen, sondern als

---

[6] Slavoj Žižek: Die Tücke des Subjekts, in: Siegfried König: Philosophie der Gegenwart. Hauptwerke der letzten drei Jahrzehnte, Nürnberg 2014, S. 108 ff.

Rache und Bestrafung scheint geboten. Es erweist sich somit die vermeintliche Bekämpfung des Bösen selbst als das Böse.

Was aber gilt als böse, sodass dagegen alles erlaubt ist? Erscheint eine Handlung als böse, die jemanden schädigt, ohne dass man dafür einen nachvollziehbaren Grund erkennen Könnte? Als in den USA die Anschläge von 9/11 geschahen, rief US-Präsident Bush jr. Sofort den Kampf von Gut gegen Böse aus. Offensichtlich konnte er für diese Anschläge kein nachvollziehbares Motiv ausmachen. Schließlich war damit ja auch nichts weiter als die Schädigung der USA verbunden, ohne dass dadurch irgendein strategischer Gewinn in einem Konflikt auszumachen gewesen wäre. Vermutlich ist aber jede Schädigung der USA oder einer anderen Nation für die Geschädigten nichts anderes als böse. Es ist nichts Persönliches, sondern geschieht nur aus geschäftlichem Interesse – diese Relativierung einer Schädigung, wie sie angesichts ruinöser Konkurrenz in der bürgerlichen Gesellschaft vorgebracht wird, ist hier noch lächerlicher als dort. Im Fall der Anschläge von 9/11 waren es deren Urheber, die in den USA das Böse erblickten, das sie so gut wie nur möglich schädigen wollten. Den USA soll das gar nicht so unrecht gewesen sein, sodass sogar Verschwörungstheorien existieren, die behaupten, diese Anschläge seien von den USA selbst inszeniert worden, um endlich wieder einmal das Böse bekämpfen zu können – als hätten sich die USA bei ihren Kriegen jemals davon abhängig gemacht, dass ihre vorgeschobenen Kriegsmotive und Propagandalügen auch zutreffen würden!

Obwohl mit der Kapitulation der Sowjetunion nicht nur jede Kapitalismuskritik, sondern auch das „Reich des Bösen" erledigt schien, feiert das Böse eine Renaissance als falsches Urteil über die Konflikte, die sich aus den kapitalistischen Interessensgegensätzen ergeben. Die muslimische Welt hat das Böse in Form der Ungläubigen ausfindig gemacht, die nur konsequent beseitigt werden müssten, indem sie konvertieren oder sterben. Aber wehe, man äußert eine solche Kritik am Islam, dann handelt man sich sehr schnell den Vorwurf der Islamophobie und des Rassismus ein. Diese Einstellungen sind dann wohl auch nichts weiter als Repräsentanten des Bösen. Der Vorwurf der Islamophobie ist hier insofern besonders drollig, als er ja nur registriert, was offenkundig ist, aber nicht einmal die Frage danach stellt, ob diese Gegnerschaft vielleicht auf guten Gründen und Argumenten beruht. Auch jemanden als Rassisten zu bezeichnen und dadurch ausreichend kritisiert zu glauben, ist seltsam. Wenn dieses Urteil den Standpunkt einer Person trifft, so ist nicht einzusehen, weshalb diese Person nun davon ablassen sollte. Wieso sollte jemand aufhören, Rassist zu sein, weil man ihn als Rassist bezeichnet? Wenn jemand rassistische Argumente vorbringt, ohne Rassist sein zu wollen, so sind mit dem Vorwurf des Rassismus die Urteile noch nicht widerlegt, die zu seinen rassistischen Positionen führen. Insofern stellen solche Verurteilungen anderer Positionen als rassistisch oder islamophob nichts anderes als Kennzeichnungen dessen dar, was man für böse hält. Seltsamerweise fällt es niemandem ein, antifaschistische Einstellungen als „naziphob" oder „faschismusphob" anzuprangern. Und andererseits ist das auch wieder nicht seltsam, da es sich beim Faschismus um eine allgemein abgelehnte politische Position handelt. Umgekehrt lässt sich aus der Würdigung der Bezeichnung „Islamophobie" als Totschlag-„Argument" gegen Islamkritik die Anerkennung ableiten, die der Islam hierzulande bereits genießt. Ist der Islam deswegen das Böse? Er steht wohl eher für falsche Urteile und für die Dummheit, die nur das Böse kennen will, um sich nicht kritisch mit der bürgerlichen Welt auseinandersetzen und dabei den eigenen Verstand gebrauchen zu müssen. Das ist nämlich nicht so einfach und billig zu haben wie das Böse.

Chancengleichheit

Chancengleichheit erfreut sich hoher Wertschätzung, ihr Mangel wird im Allgemeinen beklagt, Maßnahmen zur Herbeiführung von Chancengleichheit werden angestrebt und begrüßt. Was versteht man eigentlich unter Chancengleichheit?

Mit Chancengleichheit ist gemeint, dass niemand eine bessere Ausgangsposition im Wettstreit um ein Gut haben soll. Damit erweist sich Chancengleichheit als eine Forderung des bürgerlichen Zeitalters, denn hier soll jeder die gleiche Chance haben, an der Vermehrung seines Eigentums zu wirken. Worin dieses Eigentum besteht, ist unerheblich, jeder darf das seine gemäß für alle gültiger und daher gleicher Bedingungen nutzen. In der feudalistischen Gesellschaft war es dagegen von der Geburt abhängig, welche Tätigkeiten man ausüben und was man damit erreichen konnte. Der Sohn eines Bauern war in der Regel dazu verurteilt, in die Fußstapfen des Vaters zu treten und ebenfalls Bauer zu werden. In der bürgerlichen Gesellschaft darf hingegen jeder die Ausbildung seiner Wahl machen – sofern er sich diese leisten kann. Die hier bestehenden unterschiedlichen Voraussetzungen werden auch in der bürgerlichen Gesellschaft beklagt, weil dadurch die Chancengleichheit verhindert werde. Sowohl hinsichtlich der finanziellen als auch der sozialen Voraussetzungen bestünden Unterschiede für die Schullaufbahn und die Ausbildung junger Menschen. Und wo Unterschiede in den Ausbildungsvoraussetzungen vorhanden sind, dort fehlt es auch an Chancengleichheit.

Eines aber kann man dem Begriff der Chancengleichheit damit auch entnehmen: Um die Durchsetzung sozialer Gleichheit geht es hier nicht. Nicht die Ergebnisse sollen einander gleichen, sondern die Chancen, um bestimmte Ziele zu erreichen. Keineswegs soll jeder, auch wenn er die gleiche Chance dazu hat, am Ende Hochschulprofessor oder Manager sein. Schließlich muss ja auch jemand für die unmittelbare Arbeit da sein, der die Anweisungen des Managers ausführt. Das wäre an sich auch kein Problem, wenn damit nicht auch große Unterschiede in den Lebensbedingungen und der Lebensweise der davon betroffenen Menschen verbunden wären. Eben deswegen wird es als „ungerecht" beklagt, wenn nicht die gleichen Chancen dafür vorhanden sind, um den „höheren" Lebensstandard zu erreichen. Wenn man schon schlechte Lebensbedingungen zu ertragen hat, dann soll man sich diese wohl als eigenes Verschulden zurechnen dürfen und nicht „ungerechte" gesellschaftliche Voraussetzungen dafür verantwortlich machen. An die Möglichkeit, auch für jene in den „niederen" gesellschaftlichen Rängen angenehme Lebensbedingungen herzustellen, scheint niemand denken zu wollen – vermutlich wäre das wider ihr „niedrige" Natur.

Wer für Chancengleichheit eintritt, der hält also daran fest, dass die gesellschaftliche Hierarchie mit allen ihren Konsequenzen erhalten bleibt, er will jedoch erreichen, dass nur jene Menschen an den jeweiligen Plätzen dieser Hierarchie landen, die sich das auch verdient haben, und zwar im Guten wie im Schlechten. Gesellschaftliche Arbeitsteilung geht auch für ihn mit einer gesellschaftlichen Hierarchie einher, die über gute und schlechte Lebensbedingungen, gute und schlechte Wohnräume, Reichtum und Armut entscheidet. Wie aber kann man nur für Chancengleichheit sorgen, die unbedingt herrschen muss, wenn schon so viel davon abhängt, ob man die bessere Ausbildung und die bessere Stelle im Beruf erwirbt? Diese Frage treibt diejenigen um, die von Chancengleichheit besessen sind, und deswegen sind sie bemüht, in der schulischen Ausbildung für die erwünschte Chancengleichheit zu sorgen. In diesem Zusammenhang ist ihnen nämlich aufgefallen, dass sich im Allgemeinen die bereits vorhandene gesellschaftliche Hierarchie in den Ergebnissen der Ausbildung reproduziert. Kinder von Akademikern sind in der Regel in den höheren Sphären schulischer Ausbildung anzutreffen, während Arbeiterkinder schlechtere und kürzere Schulkarrieren aufweisen, die mehr schlecht als recht gerade das Nötigste vermitteln, das für die untergeordneten beruflichen Tätigkeiten gebraucht wird, die für sie vorgesehen sind. Daraus haben diese Schulreformer den Schluss gezogen, dass die unterschiedliche soziale Herkunft sich in den Schulkarrieren niederschlage, dass hier also Chancenungleichheit herrsche. Nun quälen sie sich mit der Frage, wie sie diese unterschiedlichen Voraussetzungen in der Schule ausgleichen könnten, indem sie etwa Förderunterricht für die aufgrund ihrer sozialen Herkunft benachteiligten Kinder einrichten. Und das ist reichlich absurd: An den unterschiedlichen sozialen Auswirkungen schulischer Karrieren will man nichts ändern, es soll bloß jeder gleichermaßen die Chance für eine Karriere haben. Daran, dass man ohne eine entsprechende berufliche Karriere ein eher kümmerliches und ärmliches Dasein fristen muss, will niemand etwas ändern, es soll nur jeder die gleiche Chance haben, dieses Schicksal zu vermeiden.

Mit der Chancengleichheit soll daher die Verteilung der Menschen auf die gesellschaftliche Hierarchie unantastbar werden, sie soll in Ordnung gehen, weil ja hier jeder „seines Glückes Schmied" gewesen sei, wie es so schön heißt. Wie absurd diese Vorstellung ist, wird vielleicht an einem Gedankenexperiment deutlich: Nehmen wir an, alle Schüler würden über ein gediegenes Wissen und entsprechende Fähigkeiten verfügen, eine Verteilung auf die verschiedenen Stellen der gesellschaftlichen Hierarchie müsste aber dennoch durchgeführt werden. Was macht also ein Lehrer, der mit solchen Schülern konfrontiert ist und dennoch an ihnen Unterschiede herstellen muss? Er wird einfach besonders schwierige Aufgaben unter enormem Zeitdruck stellen, sodass die jeweilige Tagesverfassung darüber entscheidet, wer diese besser bewältigt. Genauso gut könnte man die Schüler würfeln lassen und die Sieger für ihr Wurfgeschick loben. Der blanke Zufall würde also herangezogen werden, um Unterschiede an den Schülern herzustellen. Da kann man es auch gleich bei den sozialen Unterschieden belassen, denn ob nun diese oder der Zufall über die Schicksale der Menschen entscheiden, ist auch schon einerlei. Und prinzipiell ist diese soziale Herkunft ja auch keine Schranke, sie muss eben durch vermehrtes Engagement kompensiert werden, was auch keinen wesentlichen Unterschied zu dem eben vorgestellten Leistungswettstreit ausmacht.

Ebenso, wie man künstlich Unterschiede herstellen kann, indem man für ein entsprechendes Verfahren sorgt, das der Zufall regiert, kann man Unterschiede auch künstlich beseitigen. Man muss dafür nur die Bedingungen des Wettstreits für alle derartig schlecht gestalten, dass dieser Wettstreit gar nicht durchführbar ist. Die Gleichheit der Teilnehmer besteht dann in ihrem gleichartigen Versagen. Wenn man zwei Fußballmannschaften auf Eis gegeneinander antreten lässt, werden die Fähigkeit der besseren Mannschaft nicht zum Tragen kommen, da Eis für Fußball einfach keine geeignete Spielfläche darstellt. Deswegen ist es angesichts schlechter Platzverhältnisse für mich immer schon ein Ärgernis gewesen, wenn es dann hieß, dass die Bedingungen für alle gleich gewesen seien. Die schlechte Mannschaft spielt vielleicht unter allen Bedingungen schlecht, die kann dann von schlechten Bedingungen nie so eingeschränkt sein wie die gute Mannschaft. Nehmt ihnen am besten gleich den Ball weg und beklatscht das „sensationelle" Unentschieden des Underdogs damit, dass „die Bedingungen für alle Mannschaften gleich" gewesen seien! Und weil wir schon beim Fußball angelangt sind: Torchancen heißen deswegen so, weil sie keine Tore sind. Genauso verhält es sich mit der Chancengleichheit. Sie ist nichts weiter als eine haltlose Ideologie zur Legitimation der gesellschaftlichen Hierarchie mit allen ihren Konsequenzen.

Dem Staat geht es bei der Chancengleichheit jedoch nicht nur um diese Legitimation, nach der jeder seinen gerechten Platz in der gesellschaftlichen Hierarchie erhalte, ihm ist darüber hinaus daran gelegen, die Leistungspotentiale seiner Gesellschaft optimal auszuschöpfen. Da stört es ihn, wenn aufgrund der Zufälle der gesellschaftlichen Verhältnisse, unter denen ein Kind heranwächst, dessen Leistungsfähigkeit leidet. Wenn der Staat hier für Chancengleichheit sorgt, ist der Gedanke seiner Amtsträger, so kann er die Leistungskonkurrenz verschärfen. Auch wenn schließlich, wie vorhin beschrieben, der Zufall darüber entscheidet, wer welchen Platz einnimmt, so sind dadurch immerhin die Leistungsanforderungen dafür gestiegen. Das ist dem Staat eine Schulreform wert und deswegen wird über die Einführung von Gesamtschulen gestritten, in denen die Lehrer durch den unmittelbaren Vergleich der Schüler einen besseren Überblick über die Defizite und den Förderungsbedarf derer erhalten sollen, die sogenannten bildungsfernen Schichten entstammen. Und wem sein Platz in der gesellschaftlichen Hierarchie am Ende nicht passt, dem kann man dann sagen, dass er daran selber schuld sei, schließlich hätte er ja nur seine Chance besser nutzen müssen. Auch der Gladiator im alten Rom ist so gesehen an seinem Tod im Staub der Arena selbst schuld, denn er hätte ja nur den Kampf auf Leben und Tod für sich entscheiden müssen.

Deflation

Seit der um ca. 2007 ausgebrochenen Finanzkrise geht ein bisher ziemlich unbekanntes Gespenst herum, genannt Deflation. Obwohl sich die Banken mittlerweile zinslos Geld bei den Zentralbanken beschaffen können und mit Geld überschwemmt werden, will das Kapitalwachstum nicht in Schwung kommen. Statt der ursprünglich beschworenen Sorge einer dadurch drohenden Hyperinflation sind derzeit Meldungen zu vernehmen, dass die Inflation zu niedrig sei und man sich vor den Gefahren einer Deflation hüten müsse. Niemand scheint es eigenartig zu finden, dass man sich Inflation wünscht, obwohl diese jahrzehntelang immerzu bekämpft werden sollte und diesem Kampf die einzige Sorge galt. Anscheinend soll man sich auch als normaler Bürger wünschen, dass die Preise steigen, obwohl die Folge davon ist, dass man sich weniger leisten kann. Was aber stört wen an niedrigen oder sinkenden Preisen?
Niedrige Preise sind für das Kapital ein Ärgernis, weil sie seinen Umsatz und seinen Gewinn schmälern. Zwar müsste sich ein allgemeines Sinken der Preise auch auf die Kosten für die Ersatz- und Erweiterungsinvestitionen des Kapitals auswirken, auf den Verkauf aber genauso. Da scheint man ein allgemeines Steigen der Preise vorzuziehen, denn diese ermöglichen es dem Kapital, seine Waren teuer zu verkaufen und entsprechende Gewinne einzufahren. Das ist wiederum gut für den Staat, der unter einer Deflation wohl auch deshalb leidet, weil ihm dadurch weniger Mittel zur Schuldentilgung aus seinem Steueraufkommen zufließen.
Die Sorge, dass eine Deflation hereinbrechen könnte, zeigt also ganz deutlich, dass es in der kapitalistischen Wirtschaft nicht um die Bedürfnisse der Menschen, sondern um jene des in Geld bemessenen kapitalistischen Reichtums geht. Darüber hinaus würden bei einer Deflation

den wegen der gesunkenen Preise ebenfalls gesunkenen Umsätzen auch noch Löhne in gleichbleibender Höhe gegenüberstehen und den Gewinn weiter schmälern. Da ist doch eine Inflation viel besser, die das ganze Jahr hindurch die Kaufkraft der Löhne verringert, die danach auch nur um die Inflationsrate erhöht werden, also diesen Kaufkraftverlust nur kurzfristig ausgleichen. Das tut den Gewinnen gut, auch wenn einige das nicht einsehen wollen und daraus einen Schaden für diese wegen einer schrumpfenden Massenkaufkraft ableiten wollen (vgl. auch den Artikel „Mindestlohn"). Dieser Effekt der Inflation lässt derzeit anscheinend zu wünschen übrig, also wird auch nicht eine Deflation, sondern eine zu geringe Inflation beklagt. Ein wenig seltsam könnte diese Klage den Fachleuten des Journalismus schon vorkommen, aber es wird nicht einmal zum Thema gemacht, weswegen man sich plötzlich Inflation wünschen sollte, die doch in den letzten fünfzig Jahren als Schreckgespenst galt. Das sagt einiges über das Selbstverständnis der Angehörigen dieser Zunft aus, die sich für äußerst kritische Geister halten! Ihnen ist die Abhängigkeit des gesamten gesellschaftlichen Lebens vom Kapitalwachstum so selbstverständlich, dass ihnen das Befremdliche dieser Sorge um eine zu geringe Inflation gar nicht in den Sinn kommen will.

Demokratie

Die Demokratie wird dafür geschätzt, dass durch sie die Mehrheit einer Gesellschaft entscheidet, wie sie leben will. So lautet zumindest ihr offizielles Lob und so wird für sie auch in der Schule geworben. Ganz unabhängig davon, was entschieden wird, soll dies dadurch in Ordnung sein, dass es dem Willen der Mehrheit entspreche. Auch wenn diese Mehrheit einen Krieg beschließt oder die Vertreibung, vielleicht gar die Vernichtung einer Minderheit, wüsste man gemäß dieser Regel gar nichts dagegen einzuwenden. Die Scharia würde ebenso in Ordnung gehen, wenn sich eine muslimische Mehrheit dafür fände, worauf einige dieser Figuren ja hoffen und hinarbeiten, die es kaum noch erwarten können und in Stadtteilen mit muslimischer Mehrheit bereits jetzt die Einführung der Scharia vorschlagen. Besonders lächerlich sind in diesem Zusammenhang Linke, die jede Kritik an solchen Leuten für rassistisch halten, obwohl Linke wegen ihres Atheismus für Islamisten auf der Stufe eines gottlosen Tieres stehen und daher mit entsprechender Behandlung rechnen könnten, wenn diese das Sagen hätten.

Bereits wegen dieser Sachlage könnten erste Zweifel an der Güte der Demokratie aufkommen. Gemeinhin wird jedoch unterstellt, dass solche Beschlüsse unter demokratischen Verhältnissen nicht zustande kommen. Diese würden nur den Irrwegen eines Diktators entspringen, dessen abgehobene Fehlurteile eben nicht durch das Korrektiv anderer aufgehoben würden, weil er ja nicht die Zustimmung der Mehrheit zu seinen Urteilen und Beschlüssen erlangen müsste. Exemplarisch dafür stehen die Herrschaft des Faschismus und der von diesem entfachte Weltkrieg. Angesichts der Wirklichkeit demokratischer Herrschaften ist das zwar ein Hohn, schließlich finden in verschiedenen Weltgegenden immer wieder Kriege statt, aber daran stößt sich deswegen niemand, weil diese Kriege in Ordnung gehen und als Bekämpfung undemokratischer Herrschaften gelten.

Eine philosophisch überhöhte Begründung der Güte demokratischer Herrschaft behauptet folgende Gesetzmäßigkeit: Die Fehlbarkeit des menschlichen Urteils sei durch die Notwendigkeit aufgehoben, dass man dafür die Zustimmung einer Mehrheit erreichen müsse. Dadurch sei dafür gesorgt, dass nicht ein Einzelner gemäß seinen beschränkten Vorstellungen das Volk unterjoche, im Gegenteil herrsche auf diese Weise das Volk, da sein mehrheitlicher Wille in der demokratischen Wahl zur Geltung komme. Das Volk bestimme seine Geschicke selbst, indem es seine politischen Führer wähle. Komischerweise scheint dieses Volk nicht recht zu wissen, was für es das Beste ist, nachdem diesem Lob der Selbstbestimmung sogleich die Befürchtung hinterhergereicht wird, dass die politische Führung notwendige Handlungen unterlassen könnten, um ihre Wiederwahl nicht zu gefährden. Daraus lässt sich auch schließen, dass der gesellschaftliche Zusammenhang, den ein Staat herstellt und mittels demokratischer Wahl bestätigen lässt, so harmonisch nicht ist, wenn er auch unpopuläre Maßnahmen erfordert. Deren Notwendigkeit zu leugnen, wird in der Demokratie als Populismus geächtet. Deswegen gibt es auch eine defensive Variante des Lobs der demokratischen Wahl, wonach diese zwar nicht die gesellschaftliche Entwicklung bestimme, aber ein Korrekturverfahren gegen krasse Fehlentwicklungen darstelle.

Während eine Diktatur keiner Überprüfung durch den Wählerwillen ausgesetzt sei, finde diese in der Demokratie durch die Wahlen statt, die durch die Ermächtigung der Opposition oder auch durch massive Wahlverluste der Regierungsparteien politische Veränderungen einleiten würden. Solche Korrekturen sollen aber auch auf die in periodischen Abständen von vier bis fünf Jahren stattfindenden Wahlen beschränkt sein, dazwischen machen sich Korrekturversuche nur als Störung der Regierungsarbeit bemerkbar und werden nicht als Korrektur von „Missverständnissen" des Wählerauftrags gewürdigt. Einem Wählerauftrag darf sich die politische Herrschaft auch nicht unterwerfen, von diesem soll sie sich durch die Wahl vielmehr emanzipieren. Schließlich soll eine demokratische Herrschaft Bürger mit gegensätzlichen Interessen zu einem Volk zusammenzwingen und verbietet daher in ihrer Verfassung ein imperatives Mandat, das nur einen einzelnen politischen Zweck verwirklichen soll. Es ist deswegen unmöglich, dass sich eine Partei z. B. nur zu dem Zweck wählen lassen könnte, die Atomenergie abzuschaffen und durch erneuerbare Energie zu ersetzen. Auch wäre es verboten, nicht das Wohl der gesamten Wirtschaft, sondern nur der unselbständig Beschäftigten anzustreben. Jede Partei, die sich zur Wahl stellt, muss also den herrschenden politischen Zwecken und darf deswegen gar nicht sogenannten partikularen Interessen dienen, die diesen Zwecken unterworfen und ihr Mittel sind. Diese Bevorzugung einer bestimmten Interessensgruppe, die ja auch als Lobbyismus verpönt ist, käme einer Verletzung des „Allgemeinwohls" gleich, welches zu fördern den politischen Parteien in der Verfassung vorgeschrieben ist. Aus diesem Grund sind die Abgeordneten auch keinem Auftrag ihrer Wähler, sondern nur ihrem Gewissen verantwortlich. Weshalb die politischen Führer ihre Bürger mit Wohltaten beglücken sollten, durch welche die Zwänge außer Kraft gesetzt wären, die für deren Leistungsbereitschaft sorgen, ist im Übrigen auch nicht einzusehen. So kann ein Staat beliebig auf Leistungen zugreifen, sei es, dass er diese ankauft oder sich gleich mit neuem Personal für dauerhaften Staatsdienst, also mit Beamten versorgt.

Demonstrationen gelten also nicht als willkommene Korrektur eines Missverständnisses der politischen Herrschaft über die Anliegen der Bürger, sondern als „Druck der Straße", dem man sich keinesfalls beugen dürfe, weil man damit ja nur vor der Tyrannei einer Minderheit in die Knie gehe, wogegen die Demokratie wehrhaft bleiben und vor allem den faschistischen Anfängen wehren müsse. Vor Wahlen wird hingegen zur damit verbundenen Einmischung aufgefordert, weil man hier immerhin etwas bestimmen könne, wobei offensichtlich von untergeordneter Bedeutung ist, worum es sich dabei handelt. Überhaupt irgendetwas bestimmen zu können, wird als Nutzen der Wahl gepriesen, womit auch eingestanden wird, dass man damit seine Zustimmung dazu gibt, außerhalb dieses Angebots nichts bestimmen zu können. Weil man in der Wahl bestimmen darf, wer die politischen Führungsaufgaben für die nächsten Jahre übernehmen soll, hat man auch in dieser Zeit nichts mehr zu bestimmen, sondern der so zustande gekommenen Entscheidung der Mehrheit zu gehorchen. Damit man sich nach der Wahl den Anweisungen der politischen Herrschaft unterwirft, soll und darf man sich im Akt der Wahl als Souverän fühlen und aufführen. Auf diese Zustimmung zur eigenen Ohnmacht legen demokratische Politiker Wert und bekämpfen die geringe Wahlbeteiligung mit Appellen, doch vom Wahlrecht Gebrauch zu machen, wo es doch die Menschen in Diktaturen kaum aushalten sollen, wenn ihnen dieses Recht vorenthalten wird. Vor Wahlen werden auch einige Versprechungen für den Fall des Wahlsieges gemacht, etwa eine Erhöhung des Kindergeldes in Aussicht gestellt, die auf eine bemerkenswerte Armut der solchermaßen geköderten Menschen schließen lässt. In Österreich war man dabei auch so gewitzt, statt eines erhöhten Kindergeldes eine zusätzliche Auszahlungsrate einzuführen, die man später wieder leichter aus dem Verkehr ziehen konnte. Auch mit der Verteilung von Kugelschreibern und anderen beeindruckenden Geschenken wird vor Wahlen geworben, sodass sich die Frage ergibt, für wie arm eigentlich eine Bevölkerung gehalten wird, die man damit bestechen zu können meint.

Es gibt allerdings auch ein staatsbürgerliches Interesse an der Demokratie, das sich nicht auf die Durchsetzung partikularer Interessen beschränkt. Dies entspricht der verantwortungsbewussten Sorge um die wirtschaftliche Entwicklung der Nation, weil davon der Erfolg des geschäftlichen Interesses in dieser abhängig ist. So interessieren sich Bürger, die vom Erfolg ihres Unternehmens abhängig sind, für dessen wirtschaftliche Voraussetzungen und damit auch für die Wirtschaftspolitik des Staates sowie schließlich für den Erfolg der Nation im internationalen Wettbewerb. Bürger, die ihren Erfolg als Privatleute anstreben und sich für ihre Selbstbehauptung in der Konkurrenz verantwortlich wissen, erweitern dieses Verantwortungsbewusstsein. Sie wollen sich auch in die Gestaltung der staatlichen Ordnung einbringen, die den Rahmen ihrer bürgerlichen Geschäftstätigkeit bestimmt. Nicht nur ihre, sondern die allgemeine Geschäftstätigkeit soll dadurch gefördert werden, dem so bestimmten Allgemeinwohl gilt daher ebenso ihr Interesse. Für die affirmative Stellung zur politischen Herrschaft in diesem staatsbürgerlichen Engagement stellt die Demokratie ein Angebot dar.

Die Demokratie entspricht damit auch dem Erfordernis, sich dem Problem der Ungewissheit hinsichtlich der gesellschaftlichen Auswirkungen politischer Entscheidungen zu stellen: „Freiheitsgrade weist das politische Handeln insofern auf, als es verschiedene Einschätzungen geben kann, was ökonomisch und politisch förderlich ist und was nicht; nicht nur aufgrund der Prognoseprobleme, sondern auch, weil ,das' einheitliche Verwertungsinteresse sozial nicht existiert, sondern nur als ,in sich widersprüchliches Konglomerat von Einzelinteressen'."[7] Dieser Unwägbarkeit politischer Maßnahmen aufgrund des widersprüchlichen Zusammenwirkens der miteinander konkurrierenden Bürger zollen das demokratische Verfahren und die demokratischen Organisationsformen ihren Tribut: Der „vorfindliche, auf den ersten Blick chaotische Entscheidungsprozess", worin sich auch voneinander unabhängige Institutionen teilweise blockieren, ist die „Bewegungsform, mit der ,einigermaßen sichergestellt werden kann, dass genug Raum für die Berücksichtigung widersprüchlicher Interessen gelassen wird'."[8]

Es sind daher auch weniger die Unternehmer, die sich durch Politikverdrossenheit bemerkbar machen, sondern eher die weniger erfolgreichen und entsprechend ernüchterten Bürger in subalternen Positionen. Trotz widersprechender Erfahrungen sollen auch diese Bürger weiterhin dem Staat vertrauen und werden daher vor Wahlen dazu motiviert, das hierin bestehende Angebot der Mitbestimmung anzunehmen. Der bürgerliche Staat macht seine Herrschaft zwar nicht von der Wahlbeteiligung abhängig, dennoch ist ihm die Politisierung seiner Bürger ein Anliegen, die sich für die Belange ihres Gemeinwesens interessieren und dieses damit bestärken sollen.

Mit diesen wenigen Aussagen über die demokratische Wirklichkeit sind die Ideale bereits verblasst, die zu Beginn dieser Darstellung präsentiert worden sind. Ihren hohen Idealen könne die demokratische Wirklichkeit auch bestenfalls annähernd gerecht werden, denkt nun vielleicht mancher, denn man kann sich sehr schön mit der Wirklichkeit aussöhnen, wenn man das kritische Urteil über sie den eigenen Ansprüchen

---

[7] Meinhard Creydt: Der bürgerliche Materialismus und seine Gegenspieler. Interessenpolitik, Autonomie und linke Denkfallen, Hamburg 2015, S. 71 f., darin ein durch einfache Anführungszeichen ausgewiesenes Zitat von Margaret Wirth, Zur Theorie des staatsmonopolistischen Kapitalismus, in: Prokla, Nr. 8/9, S. 38

[8] Meinhard Creydt: Der bürgerliche Materialismus und seine Gegenspieler, a. a. O., S. 72; auch hier hat der Autor ein Zitat von Margaret Wirth aus dem erwähnten Artikel eingebaut, das durch einfache Anführungszeichen gekennzeichnet ist.

zur Last legt. Zwar kann man auf diese Weise mit nahezu jeder Wirklichkeit seinen Frieden machen – man tröstet sich einfach damit, dass sie ja noch schlimmer sein könnte –, aber ein solcher Einwand gilt nun als kleinlich. Schließlich hat ein Staat vielmehr Großzügigkeit in seiner Beurteilung verdient, wenn er der offensichtlich gewiss vorhandenen Unzufriedenheit mit seiner Herrschaft einen Raum zuweist, in dem sie sich betätigen darf, aber auch dort bleiben soll, nämlich die Zelle für die geheime Wahl!

Das hat der demokratische Staat sehr praktisch eingerichtet. Jede Regung von Unzufriedenheit wird nun auf das Angebot verwiesen, sich bis zur Wahl zu gedulden und dann das Wahlrecht zu nutzen, das gar nicht dafür vorgesehen ist, die Beseitigung dieser Unzufriedenheit in Auftrag zu geben, denn dies käme ja dem bereits erwähnten imperativen Mandat gleich. Obwohl für nichts als für die Ermächtigung von politischen Führern zur Wahrnehmung feststehender Aufgaben staatlicher Herrschaft geeignet, sollen die Bürger die demokratischen Wahlen als ihr Mittel begreifen. Wenn sie daran festhalten, sind sie natürlich verdrossen, das Schöne für die politische Herrschaft ist daran aber, dass in dieser Verdrossenheit auch daran festgehalten wird, diese Herrschaft als eigentlich für ihre Zwecke vorgesehene Einrichtung zu betrachten. Denn wer über ein Versagen verdrossen ist, der unterstellt den politischen Führern einen Zweck, bei dem sie versagen – auch wenn sie diesen gar nicht haben.

Die demokratische Öffentlichkeit hierzulande, die bei Widerstand gegen die demokratisch ermächtigte Herrschaft sofort nach der wehrhaften Demokratie zur Abwehr solcher „Terroristen" verlangt, sieht solche Gegenwehr in unerwünschten Staaten als Zeichen mangelnder Demokratie. Dort muss dann ihrem Urteil zufolge die wehrhafte Demokratie gegen den Staat durchgesetzt werden, indem man die demokratischen Bestrebungen der Straße unterstützt und schließlich diese „Rebellen" und „Freiheitskämpfer" mit Waffen zum Kampf gegen ein „despotisches Regime" versorgt. Auch gegen die eigenen politischen Führer wird diese Öffentlichkeit kritisch, wenn sie ihrer Auffassung nach in solchen Auseinandersetzungen zu wenig Engagement zeigt. Der Vorwurf lautet dann, bei der Unterstützung demokratischer Volksaufstände gegen missliebige Diktaturen nicht entschlossen genug gewesen zu sein. Je nach Belieben kann staatliches Einschreiten gegen Demonstranten als zu lasch oder als unverhältnismäßig brutal ausgegeben werden, selbst wenn es sich dabei um Demonstrationen gegen bestimmte Vorhaben hierzulande handelt, wie in Österreich gegen das

Kraftwerk Hainburg in den 1980er-Jahren oder in Deutschland gegen das Bahnprojekt Stuttgart 21 in jüngerer Zeit.

Das ist ein wesentlicher Unterschied der demokratischen zur faschistischen Herrschaft: Während im deutschen Faschismus dem Führer für sein aufopferungsvolles Führungswerk gar nicht genug gedankt werden konnte, werden demokratische Politiker dafür kritisiert, dass sie der Güte der demokratischen Herrschaft nicht gerecht werden und bei ihrer Durchsetzung zaghaft sind. Ein Pressewesen, das sich zum Anwalt des Gelingens demokratischer Herrschaft macht, hat daher alle Freiheiten bei der Kritik des Herrschaftspersonals, dem es nach seiner Auffassung an dem nötigen Nachdruck hierbei mangelt. Schließlich entspricht dieser Kritik des Herrschaftspersonals die Affirmation der Herrschaft, für die es tätig ist.

Wer Kritik an der Demokratie äußert, wird in der Regel als jemand betrachtet, der für eine autoritäre Herrschaft ist, wobei man üblicherweise an Faschismus und Diktatur denkt. Nur wenigen Außenseitern kommt es in den Sinn, die Demokratie ebenfalls als Herrschaft zu betrachten, die sich vor allem in ihren äußeren Formen, in ihrem Selbstverständnis und ihrer Selbstdarstellung von sogenannten Gewaltherrschaften unterscheidet. Diese Staatsform legitimiert sich anders als der Faschismus, sie ist allerdings, gestützt auf diese Legitimation, in keiner Weise zurückhaltender als dieser, wenn ihr der Einsatz von Gewalt zur Durchsetzung ihrer Zwecke geboten scheint. Die demokratische Herrschaft kämpft dann für die Beglückung anderer Völker mit Demokratie und Menschenrechten, während der deutsche Faschismus aus seinem nationalen Zweck kein Hehl machte und der Nation zu mehr Raum verhelfen wollte. Dem Widerstand ihrer Bürger begegnet sie ebenso mit ihrer Gewalt und beruft sich dabei auf die Mehrheit, die sie gegen potentielle Diktatoren verteidige.

Wie bereits erwähnt wurde, stellt sich die Demokratie gerne als Lösung des Problems dar, wie man zu Erkenntnissen gelangen könne. Die Mehrheit sei für Irrtum weniger anfällig als ein Einzelner, im demokratischen Wettbewerb würden die Einzelnen sich mit ihren Argumenten relativieren, bis schließlich ein mehrheitsfähiger und deswegen wahrscheinlich richtiger Schluss zustande käme. Zur Ausgestaltung dieses Gedankens hält sich der demokratische Staat die Geisteswissenschaften, insbesondere die Philosophie, die ihren Pluralismus stolz vor sich herträgt, weil sich an diesem die Mannigfaltigkeit, aber auch die Beschränktheit des menschlichen Daseins offenbare, welchem die Demokratie im Unterschied zur Diktatur gerecht werde. Dass handfeste Interessensgegensätze für unversöhnliche Standpunkte sorgen und einer staatlichen Beschränkung bedürfen, eine solche Einsicht würde die Einfältigkeit dieses Gedankens nur stören, wonach menschliche Unzulänglichkeit zu keiner Erkenntnis, sondern nur zu beliebigen Vorstellungen und Meinungen führen könne. Diese Meinungen bedürfen daher ebenso des Schutzes, nämlich des Schutzes vor der eigenen Anmaßung, mehr als nur eine Meinung zu sein, wie vor den Anfeindungen jener, die auf der Grundlage dieser Anmaßung eine Meinung mit Argumenten behelligen und heimsuchen. Näheres dazu enthält der Artikel über Meinungsfreiheit.

Man könnte auch sagen, dass sich für den Gebrauch ihres Wahlrechts vor allem Nationalisten interessieren, denen der Erfolg ihrer Nation wichtig ist, und dass es der politischen Herrschaft auf diesen nationalen Schulterschluss in den Wahlen ankommt und sie deswegen an ihre Bürger appelliert, zur Wahl zu gehen. Wenn es bei diesem staatsbürgerlichen Engagement jedoch zu Eigenmächtigkeiten kommt und etwa gegen Ausländer vorgegangen wird, deren Aufenthalt auf heimischem Territorium man einfach keinen nationalen Nutzen, sondern sogar eine nationale Schädigung entnehmen zu können meint, dann sieht sich die Staatsgewalt zu erzieherischen Maßnahmen genötigt. Hier meint ihr anscheinend Otfried Höffe als verantwortungsbewusster Professor mit dogmatischen Geboten zur Seite springen zu müssen. Er vermag zwischen einer Kritik der Demokratie und Aufhetzung zur Gewalt gar nicht mehr zu unterscheiden, vermutlich weil ihm beides nahezu als dasselbe gilt: „Verlangen darf man jedoch, dass keine Überzeugungen öffentlich vertreten werden, die den Grundlagen des demokratischen Rechtsstaates widersprechen oder gar zu Gewalt aufrufen."[9] Wenn dort von den Grundlagen des sozialistischen Staates die Rede wäre, würde jeder hierzulande sofort „Diktatur" und „Totalitarismus" rufen. Man möchte beinahe fragen, wie es überhaupt zu Einsprüchen gegen den demokratischen Rechtsstaat kommen könne, wenn dieser doch so eine vortreffliche Einrichtung sei. Vermutlich wird er hier an seinem angeblichen faschistischen Widerpart gemessen und gegen dessen übermäßige Gewalt erscheint die demokratische Gewalt als „besonnen", weil der rechtsstaatlichen Beschränkung unterworfen, mit der dieser Staat für die Zweck- und Verhältnismäßigkeit seiner Gewalt sorgt, solange er sich solche Rücksichten leisten kann und seine Lage nicht als Notstand

---

[9] Otfried Höffe: Gerechtigkeit. Eine philosophische Einführung, München 2010[4], S. 96

begreift. Hier erweist sich schließlich die Wertschätzung der Demokratie darin, dass sie als Negation eines größeren Übels gilt, nämlich der Diktatur. Was wäre die Demokratie nur ohne diese!

Kritik an der Demokratie ist für Höffe anscheinend nur als Parteinahme für deren vermeintliches Gegenteil denkbar, also für eine Diktatur und damit für Gewalt, daher fällt ihm bei Kritik an der Demokratie auch sofort ein Aufruf zur Gewalt ein. Den „Grundlagen des demokratischen Rechtsstaats" dürfe daher nicht widersprochen werden, womit Höffe wohl das Prinzip der Ermächtigung der politischen Führung durch die Mehrheit der Wähler meint. Es kommt ihm gar nicht in den Sinn, dass diese Grundlagen in Verhältnissen mit grundlegenden Interessenskonflikten bestehen, die vom Staat eingerichtet und beschränkt zugleich werden. Nach dem Schutz des Staates verlangen die Bürger daher, obwohl sie erst durch den Staat in diese schutzbedürftige Lage kommen. Die Gegensätze der Bürger zueinander führen damit zur Spaltung von Staat und Gesellschaft, worauf wiederum der Staat mit der Einrichtung der demokratischen Wahl reagiert. Diese soll immer wieder von neuem einen Zusammenschluss von Staat und Gesellschaft herstellen, offenbart in diesem Anliegen jedoch zugleich auch deren unüberbrückbaren Gegensatz. Das Handwerk der Philosophie ist es nun, diesen Gegensatz als Kennzeichen des in sich zerrissenen und in der Welt herumirrenden, schwankenden menschlichen Geistes darzustellen. Dafür wird die Zunft der Philosophen vom bürgerlichen Staat geschätzt, gefördert und sogar mit ein paar staatlichen Ämtern versehen.

Desserteure

Desserteure im Zweiten Weltkrieg sollen für ein Verdienst gewürdigt werden, das Desserteuren üblicherweise nicht zugesprochen wird, nämlich für den Ungehorsam gegen eine Obrigkeit, die im Unterschied zu den gegenwärtigen Staaten auch keinen Gehorsam verdient gehabt hätte. Dieser Ungehorsam hätte die Ehrung als Widerstand gegen eine ungehörige, weil faschistische Staatsgewalt verdient, meinen einige Menschen, während andere der Verweigerung des Wehrdienstes diese Leistung absprechen. Desserteure wollten doch bloß ihre Haut retten, hätten daher nur aus persönlichen Motiven, nicht aber aus Verantwortung für das Schicksal „ihrer" Nation gehandelt, lautet der Einspruch. Um als Widerstandsleistung gegen das Regime des Nationalsozialismus anerkannt zu werden, müsste man demnach zumindest ein Attentat auf Hitler vorweisen können, wofür ja exemplarisch die Gruppe um Stauffenberg mit dem bekannten Anschlag vom 20. Juli 1944 steht.

Man hätte demnach aktiv und vor allem aus den richtigen Motiven gegen die NS-Herrschaft vorgehen müssen, um sich der Anerkennung als Widerstandskämpfer in unserer vortrefflichen Gegenwart zu erfreuen. Wie Stauffenberg hätte man also zu einer Zeit, als die militärische Lage Nazi-Deutschlands bereits aussichtslos war, ein Attentat auf Hitler durchführen müssen, keineswegs aber vielleicht vor dem Zweiten Weltkrieg, als der „Führer" noch Anlass zu „Hoffnungen" gab. „Bloß" den Dienst mit der Waffe zu verweigern, gilt dagegen als Versuch, nur die eigene Haut zu retten, obwohl jedem klar war und ist, dass Wehrdienstverweigerung mit dem Tode bestraft wurde, es also mit dieser „selbstsüchtigen" Rettung nicht weit her sein konnte.

Meines Erachtens ist es bemerkenswert, dass solche Diskussionen geführt werden. Selbst bei der Aufkündigung des Gehorsams gegen eine Staatsführung soll noch moralische Verpflichtung am Werk sein und nur ja nicht die Sorge um das eigene Wohlergehen im Mittelpunkt stehen. Es sagt viel über Staaten aus, wenn man es Menschen zur Last legt, dass sie nicht bereit sind, ihre Haut für ihre Obrigkeit zu Markte zu tragen, ihr Leben zu opfern und andere Menschen zu töten. Wenn man es darauf anlegt, kann man allerdings jedem Handeln einen Selbstbezug nachweisen, denn von welchen Überzeugungen es auch immer geleitet sein mag, das eigene Wohlergehen wird in letzter Instanz wohl immer ein Motiv dabei sein, so sehr es auch hinter berechnender Diensteifrigkeit verborgen sein mag. Selbst Masochisten handeln für ihren Zweck, der nur in einer unüblichen Erscheinungsform besteht, indem Qualen für sie zur Quelle der Lust werden.

Was nun die Frage angeht, ob man Desserteuren die „Ehre" einer Anerkennung als Widerstandskämpfer gewähren soll oder nicht, so halte ich mich aus dieser Diskussion heraus. Weder halte ich es für erstrebenswert, von den Staaten unserer Tage eine solche Anerkennung zu erhalten, noch betrachte ich diese Anerkennung für ein so wertvolles Gut, dass diese Staaten damit sehr wählerisch umgehen sollten. Das ist tatsächlich nur das Problem demokratischer Staaten, die einerseits sehr viel Wert auf den Gehorsam ihrer Bürger legen, diesen Gehorsam jedoch andererseits auf Herrschaften beschränkt sehen wollen, die ihrer Auffassung nach dessen würdig sind. Nur deswegen wälzen die für staatliche Auszeichnungen zuständigen Abteilungen demokratischer Staaten bis heute das Problem, ob Gehorsamsverweigerung als Verdienst um das nationale Wohl gewürdigt oder doch eher als Pflichtverletzung beurteilt werden soll, die nur zufälligerweise nachträglich ins unverdiente und daher auch keine Auszeichnung verdienende Recht gesetzt worden sei. Es kommt ihnen nicht in den Sinn, opferbereiten Gehorsam zu kritisieren, weil ohne diesen kein Staat zu machen ist. Umgekehrt fällt es ihnen deswegen schwer, in Gehorsamsverweigerung etwas anderes als ruchlose Staatszersetzung zu erblicken.

Diskriminierung und Gendern

Die bürgerlichen Staaten verbieten bekanntlich die Diskriminierung ihrer Bürger nach ethnischen, geschlechtlichen oder religiösen Kriterien. Niemandem soll eines der vom Staat beschlossenen Rechte vorenthalten werden, weil er einer bestimmten Volksgruppe oder Religion angehört. Auch die Geschlechtszugehörigkeit soll keinen Einfluss auf die Gleichheit vor dem Gesetz haben, sowohl Frauen und Männer als auch Transgender dürfen nicht wegen ihres Geschlechts benachteiligt werden. Kommunistische Gleichmacherei will der bürgerliche Staat damit natürlich nicht durchsetzen, weswegen er auch nichts gegen jene Diskriminierung einzuwenden hat, die sich aus den unterschiedlichen Formen des Eigentums ergibt. In der schulischen Ausbildung legt der Staat sogar Wert darauf, Leistungsunterschiede unter seinem Nachwuchs herzustellen. (Vgl. die Artikel „Schule" und „Chancengleichheit".) Gerade weil es ihm auf die tatsächlichen Leistungsunterschiede ankommt, ist es ihm wichtig, dass alle die gleichen Chancen haben, ihre Leistungsfähigkeit unter Beweis zu stellen, und nicht aufgrund rassistischer oder sexistischer Urteile von diesem Leistungsvergleich ausgeschlossen werden.

Vom Kriterium der kapitalistischen Leistungsfähigkeit sind die Frauen insofern betroffen, als ihr durchgehender Gebrauch für die Dienste eines Unternehmens wegen des „Risikos" einer Schwangerschaft nicht gewährleistet ist. Da muss zwar nicht das Wochengeld während des Mutterschutzes gezahlt werden, weil dies in der Regel die Krankenkassen übernehmen, aber es müssen Ressourcen für die Beschaffung von Ersatz aufgewendet werden, also fallen eventuell Ausgaben für Stellenanzeigen an, Personal für Bewerbungsgespräche muss bereitgestellt werden etc. Ausbildungskosten werden vielleicht neuerlich fällig, die sich bei der werdenden Mutter womöglich noch gar nicht amortisiert haben. Auch muss ihr Ausfall bis zur Beschaffung einer Ersatzarbeitskraft durch Überstunden wettgemacht werden, sodass sich durch all diese Maßnahmen ein höherer Kostenaufwand ergeben kann, auch wenn das Unternehmen keine Lohnfortzahlung leisten muss. Darüber hinaus unterliegen Frauen nach der Karenz einer längeren Kündigungsfrist, sodass man sie gar nicht so leicht wieder loswird, obwohl man sie mittlerweile ersetzt hat. Dies alles bedeutet für Kapitalisten eine eingeschränkte Nutzung weiblicher Arbeitskräfte, wofür sich diese anscheinend eine Risikoprämie genehmigen, die sich in niedrigeren Löhnen zur Kompensation dieses Mehraufwands niederschlagen. Wegen der Kinderbetreuung sind Frauen zudem an der Aufrechterhaltung oder gar Erweiterung ihrer Qualifikation gehindert und können sich daher auch nach ihrem „Karenzurlaub" der schlechter bezahlten Jobs sicher sein. Da die Frauen schlechter als ihre Männer verdienen, kann sich eine Familie meistens kaum erlauben, dass der Mann seine Arbeit nur zum Teil leistet und entsprechend weniger verdient. Die Kinderbetreuung bleibt daher der Frau vorbehalten, deren beruflicher Wiedereinstieg somit in einer schlechter bezahlten Teilzeitbeschäftigung besteht. Dieses Einkommen wird konsequenterweise „Zuverdienst" genannt, weil eine Familie davon allein gar nicht leben könnte. Dadurch werden auch die Pensionsansprüche der Frauen geschmälert und so schließt sich der Kreis.

All dies schlägt sich in den bekannten geringeren durchschnittlichen Einkommen von Frauen gegenüber Männern nieder. Weil aber die kapitalistische Folgerichtigkeit solcher Diskriminierungen zur Kenntnis zu nehmen darauf hinausliefe, den Kapitalismus kritisieren zu müssen, wird lieber ein irrationaler sexistischer Wahn männlicher Führungskräfte für diese Sachlage verantwortlich gemacht. Dieser „Diskriminierung" soll dadurch abgeholfen werden, dass mehr Frauen in Führungspositionen kommen, auch wenn entsprechend beglückte Frauen in der Regel nicht berichten können, dass der Dienst unter einer Chefin angenehmer wäre als unter einem Chef. Von karrierebewussten Frauen wird daher eine Frauenquote gefordert, und damit diese ins allgemeine Bewusstsein dringt, wird eine solche Quote auch der Sprache abverlangt. Seither ist die bürgerliche Öffentlichkeit ohne Rücksicht auf Verluste zur Heuchelei des politisch korrekten Genderns angehalten.

Bereits vor ungefähr 20 Jahren wurde man mit der Forderung konfrontiert, in der Sprache das weibliche Geschlecht sichtbar zu machen und so der vermeintlichen Männerherrschaft zu trotzen. Es ist zwar überhaupt nicht einzusehen, was das grammatische Geschlecht mit dem natürlichen zu tun hat – schließlich gibt es ja auch mit dem Wort „Mädchen" ein sächliches Geschlecht –, wenn man sich die Welt aber schon einmal als Geschlechterkampf zurechtgelegt hat, dann leugnet man am besten gleich die Existenz eines natürlichen Geschlechts und erklärt dieses zu einem herrschaftlichen Konstrukt. Ein solches Konstrukt sei auch die Sprache und daher muss nun das weibliche Geschlecht, das zugleich nur eine Erfindung der Männerherrschaft sei, überall deutlich gemacht werden. Dem müsste man natürlich auch da nachkommen, wo es weniger vermisst wird, und von „MörderInnen, BetrügerInnen, VersagerInnen, TerroristInnen, FaschistInnen" etc. schreiben. Wie dem auch sei, mittlerweile wird vor allem Studenten haltloses Gendern abverlangt, wenn dies unterbleibt, so schmälert dies die Beurteilung einer schriftlichen Abhandlung. Ja selbst Neutra werden bereits von diesem Wahn erfasst und so fand sich vor kurzem in einer Mitteilung der Schule meines jüngeren Sohnes die Anrede „Liebe MitgliederInnen!". Die Albernheit geht hier sogar so weit, dass ernsthaft darüber diskutiert wird, wie die Weiblichkeit in der Sprache angemessen darzustellen sei. Das wirft knifflige Fragen auf, etwa diese, ob nicht das Binnen-i zu undeutlich und stattdessen eine Abstand mit Klammer zu setzen sei, vermutlich weil dadurch auch das bei allem Unterschied Gemeinsame dargestellt wird, wenn man etwa nicht „VerliererInnen" schreibt, sondern „Verlierer_innen". Auch bei mündlichen Vorträgen soll man die Zuhörer mit der permanenten Erwähnung beider Geschlechter ermüden, in Wien scheint es dafür extra WächterInnen[10] zu geben, die auch weibliche Redner auf ihr „Versäumnis" aufmerksam machen, wenn sie dies unterlassen.

Ich habe ja bereits in meinem Buch über Zusammenhang und Unterschied zwischen Faschismus und Demokratie geschrieben, dass dem Feminismus unserer Zeit nichts Besseres eingefallen wäre, als eine Frauenquote für SS und Gestapo zu fordern, wenn es ihn schon zur

---

[10] Hier müsste man wohl heutzutage ein Emoticon setzen, da kaum jemand noch für sprachliche Ironie empfänglich zu sein scheint, wenn man nicht extra darauf hinweist.

Nazizeit gegeben hätte.[11] Schließlich beklagen diese Feministinnen die geringe Anzahl weiblicher Führungskräfte und Manager, als würde es den Leuten besser gefallen, wenn ihre Kündigungszeugnisse von einer Frau statt von einem Mann unterschrieben wären. Selbst an religiösen Institutionen wie der katholischen Kirche haben sie nichts anderes zu bemängeln als den Umstand, dass es dort nie eine Päpstin geben wird. Das muss man sich einmal vorstellen, dass jemand auf die Idee käme, den Faschismus dafür zu „kritisieren", dass in diesem Herrschaftssystem eine Führerin unmöglich gewesen wäre! Wem es allerdings so sehr um die Anerkennung seiner Leistungen für das große Ganze der bürgerlichen Gesellschaft geht, der wird auch kaum eine kritische Distanz zu dieser aufweisen. Es ist daher nur konsequent, wenn Frauen z. B. in Österreich schließlich das dringende Bedürfnis verspüren, auch im Text der Bundeshymne für die weiblichen Beiträge zu Pracht und Herrlichkeit der Nation gewürdigt zu werden und den großen Söhnen unbedingt die großen Töchter zur Seite zu stellen. So erhält man zwar auch nichts anderes als eine symbolische Anerkennung, ähnlich den zu Hitlers Zeiten mit einem Mutterkreuz ausgezeichneten Frauen, aber auf die kommt es einer Frau eben an, die sich von Männerherrschaft umzingelt wähnt und meint, dass der Kapitalismus ja unter der Führung der Frauen auch seine Härten verlieren würde.

Feminismus

In der erfolgreichen US-Fernsehserie *Married … with Children* – deutscher Titel: *Eine schrecklich nette Familie* – stiftet Al Bundy seinen Nachbarn Steve dazu an, sich mit ihm Sport im Fernsehen anzusehen. Dies war ihm eigentlich von seiner Frau Marcy nicht gestattet, da Sport den Sieg um jeden Preis verlange und dadurch rücksichtsloses, herrisches Verhalten bei den Männern fördere. Al Bundy sagt nun zu Steve: „Wir sind Männer. Seit wann müssen wir uns dafür entschuldigen?" – „Ich glaube, seit den Siebzigern, Al", lautet Steves Antwort. Treffender kann man es nicht sagen. Seit den 1970er-Jahren werden Männer für alles

---

[11] Von Nutzen und Nachteil des Faschismus für die Demokratie, Wien 2013, S. 66, Fußnote 44

Mögliche angefeindet, auch Kriege sollen nichts mit der Herrschaft von Nationen und deren Konkurrenz zu tun haben, sondern auf der Affengleichheit des primitiven männlichen Geschlechts beruhen. Vom Affen emanzipiert hätten sich nur die Frauen, der Mann sei dagegen der Beweis dafür, dass der Mensch nicht nur vom Affen abstamme, sondern in der Gestalt des Mannes sich noch immer auf dessen Entwicklungsstufe befinde.

Im Zuge der 1968er-Studentenbewegung kam es auch zur Kritik an der traditionellen Familie und ihrer geschlechtsspezifischen Arbeitsteilung. Da gab es schließlich allerhand zu kritisieren, etwa die Abhängigkeit der Frauen von den Männern, die sich ganz ihrer Arbeit widmen konnten, weil die gesamte Hausarbeit ihren Frauen oblag, die dafür jedoch kein Entgelt von ihren Männern erhielten, sondern vielleicht sogar noch um jenes Geld bitten mussten, das sie zur Durchführung dieser Hausarbeit benötigten. Der Mann galt als „Haushaltsvorstand", wie es so verräterisch hieß, die Frau war also dessen Untergebene und wurde daher auch wie jemand behandelt, der wegen seiner „Hilfsdienste" eine nur untergeordnete gesellschaftliche Position einnahm. Es gab also tatsächlich unangenehme Lebensbedingungen für die Frauen, obwohl auch fraglich ist, ob jene der Männer nicht auch nur dann besser waren, wenn sie einer entsprechenden Gesellschaftsklasse angehörten. Um derartige Dinge ging es dem Feminismus aber schon bald nicht mehr, der sich aus der Studentenbewegung entwickelt hatte. Anstatt die kapitalistische Funktionalität der vom Staat „geschützten", also zusammengezwungenen Familie zu untersuchen, wurde plötzlich eine davon unabhängige Herrschsucht des männlichen Geschlechts zur Ursache allen Übels erklärt. Das ging sogar so weit, dass der männlichen Anatomie eine Gewaltförmigkeit angedichtet wurde, die im Sexualakt mittels Penetration ausgeübt werde. Die Männer wurden daher in den 1970ern allen Ernstes dazu angehalten, auf den „Schwanzfick"[12] zu verzichten und davon unabhängig ihren Orgasmus zu erreichen. Der Penis galt per se als eine Waffe und die sexuelle Vereinigung daher als Vergewaltigung mit dieser Waffe. Deswegen musste man sich seit den 1970er-Jahren dafür entschuldigen, dass man ein Mann war, zumindest in Deutschland. Am besten sollte man als Mann permanent im Büßerhemd herumgehen, um Verzeihung dafür zu erlangen, was für ein unwürdiges Tier man als Mann doch war.

---

[12] Vgl. Ulrike Heider: Vögeln ist schön. Die Sexualrevolte von 1968 und was von ihr bleibt, Berlin 2014, S. 138 ff.

Wie Ulrike Heider in ihrem oben zitierten Buch so schön zeigt, dreht sich das in den 1980er-Jahren bereits wieder ins Gegenteil und der wilde Mann, den man als Frau erst zähmen muss, ist plötzlich wieder viel interessanter als der Softie, bei dem man sich darüber ausweinen kann, wie sehr sich diese Macho-Schweine den weiblichen Disziplinierungsversuchen widersetzen.[13] Während es für einen Mann daher kaum ein schlimmeres Kompliment geben kann als die Aussage, dass er nett sei, wird dennoch genau diese langweilige Nettigkeit offiziell eingefordert und in Frauenrunden hebt bis in unsere Tage das Rätselraten an, weshalb der nette Softie-Freund, bei dem man sich so herrlich ausquatschen und ausweinen kann, noch immer keine Freundin habe – ohne auch nur im Traum daran zu denken, selbst die Freundin eines solchen „Weicheis" oder „Waschlappens" zu werden. Widerspruch oder Einspruch vorzutragen, ist für einen Mann allerdings völlig ungehörig, offenbaren sich doch darin nur seine patriarchalische Prägung und seine machohafte Attitüde, die sogleich den feministischen Missionierungseifer herausfordern. Solch ein „pöbelhaftes" Verhalten kommt in der Wahrnehmung verbohrter Feministinnen der Weigerung gleich, eine Frau als Persönlichkeit wahrzunehmen, womit umgekehrt die Reduktion der Frau auf ein Sexualobjekt verbunden sei. Diese Reduktion besteht nun aber bereits darin, eine Frau überhaupt in irgendeiner Weise als sexuell begehrenswert zu betrachten. Deswegen wird von Feministinnen auch kein Unterschied zwischen einer zum Sexualobjekt in einer Zeitschrift „degradierten" Frau und einer Vergewaltigung gemacht, womit man immerhin konsequent die Linie fortsetzt, die ja in jeglicher männlicher Sexualität bereits einen Gewaltakt sieht und sich im Verbot des „Schwanzficks" kundtut. Dabei ist eine Frau, die ihren Körper zu Markte trägt, keinem anderen Zwang ausgesetzt als jede andere Frau oder auch männliche Person, die über nichts als ihre Person als Eigentum verfügt und sich daher mit ihren mehr oder weniger bescheidenen Möglichkeiten für fremdes Eigentum nützlich machen muss, um an Geld heranzukommen. Auch die rassistisch motivierten Attacken arabischer Männer auf europäische, unverschleierte Frauen in mehreren deutschen Städten zum Jahreswechsel 2015/16 wurden von manchen Feministinnen relativiert und mit anderen Formen tatsächlicher oder vermeintlicher Gewalt gegen Frauen in Europa gleichgesetzt, wobei Alice Schwarzer hier eine rühmliche Ausnahme darstellt. So wurden

---

[13] Vgl. Volker Pispers: Der mutierte Softiemacho, in: Ders.: Volkerkunde, Düsseldorf 2008[4], S. 15 f.

etwa Vergleiche zu sexuellen Belästigungen auf dem Münchner Oktoberfest bemüht, die dort vereinzelt von betrunkenen Männern ausgegangen sein mögen. Es ist aber etwas anderes, sich mit anderen Männern zusammenzurotten und gezielt auf Frauen deswegen Jagd zu machen, weil sie einer anderen, einer nicht-muslimischen Kultur angehören, die zu vergewaltigen jeder Muslim ohnehin das gute Recht habe. Nur Feministinnen, die einen Mann per se als Feind betrachten, wollen keinen Unterschied zwischen solchem Verhalten und jenen Männern erkennen, die das Binnen-i als alberne Verkomplizierung des Schreibens betrachten. Das Feindbild „Mann" erscheint ihnen ja bereits im unpersönlichen „man", das unbedingt durch „frau" ergänzt, wenn nicht ersetzt werden müsse. Dasselbe gilt für jeden Mann, der ihnen zu widersprechen wagt oder sich nach einer Scheidung dagegen zur Wehr setzt, zu einer dauerhaften bequemen Versorgungseinrichtung für seine Exfrau versklavt und zu Unterhaltszahlungen selbst dann noch genötigt zu werden, wenn er selbst nur noch unter einer Brücke ein Dach über dem Kopf finden würde.

Eine letzte Bemerkung ist noch zu den Klagen über die mangelhafte Repräsentation von Frauen in Führungspositionen angebracht, wogegen immer wieder die Durchsetzung von Frauenquoten gefordert wird. Das soll ein besonders schlimmes Defizit sein, völlig egal, was hier für welchen Zweck an Führungsaufgaben existiert. Man stelle sich einmal vor, man würde die Mafia nicht für die Zwecke, denen sie sich widmet, kritisieren, sondern dafür, dass die Paten immerzu männlich sind. Auch militärische Karrieren hat man ja mittlerweile für Frauen zugänglich gemacht, denn das ist wahrlich entsetzlich, dass man als Frau vom Kriegshandwerk ausgeschlossen sein soll. Interessanterweise stoßen sich dieselben Frauen, die das so schlimm finden, keineswegs daran, dass Männer massenhaft gegen ihren Willen zur Erlernung des Kriegshandwerks gezwungen werden, sie lehnen einen solchen Zwang sogar für Frauen dezidiert ab. Schließlich würden Frauen ja bereits natürlichen Zwängen unterliegen, wenn sie die Last von Schwangerschaft, Geburt und Kinderaufzucht zu tragen hätten. Keinem Zwang unterliegt in dieser Sichtweise nur jemand, der sich ohne jegliche Ablenkung ganz den beruflichen Zwängen widmet und dort als konkurrenztüchtiges Subjekt beweisen kann – und wehe dem Mann, der dabei unterliegt oder von der Frauenquote um seine Karriere gebracht wird, der hat mit seinem Erfolg auch jegliche „Ausstrahlung" verwirkt!

Bei Müllabfuhr und Straßenreinigung sowie auf Baustellen finden sich zwar auch keine Frauen – ich habe dort zumindest niemals auch nur eine einzige gesehen –, dort wird aber erstaunlicherweise keine Diskriminierung der Frauen festgestellt und daher auch keine Frauenquote gefordert. Darüber hetzen, dass diese Männer nach ihrer schweren Arbeit nicht auch noch zumindest die Hälfte der Hausarbeit auf sich nehmen, ist hingegen schon üblich. Aber es geht auch noch dümmer: Man kann auch der Sprache eine Frauenquote vorschreiben und darauf drängen, dass in jeder Bezeichnung das weibliche Geschlecht zum Vorschein kommen möge. Der Wahn dieser Sprachhygiene mittels Gendern erschwert die Lesbarkeit von Texten zwar enorm, dafür darf man sich als Frau glücklich darüber schätzen, überall und bei jeder Gelegenheit extra gewürdigt zu werden sowie als Sexisten jeden anzuprangern, der diese Heuchelei unterlässt. Dabei soll ja die Unterdrückung der Frau bereits darin bestehen, als Frau identifiziert zu werden, die Identifizierung einer Person sei ohnehin ein Herrschaftsakt, obwohl gleichzeitig auch über Identitätsverlust geklagt wird. Deswegen soll man sich heutzutage einerseits im Genderismus überall als Frau angesprochen fühlen, andererseits aber gerade die Festlegung auf Weiblichkeit als Repression betrachten. Das treibt so schöne Blüten wie den Streit um den Text der Bundeshymne in Österreich, wo sich zu den großen Söhnen der Heimat unbedingt die Töchter hinzugesellen sollen. Das nimmt zwar weder den Söhnen noch den Töchtern irgendeine Last ab, die ihnen für den Erfolg in der nationalen Konkurrenz auferlegt ist, aber es soll wenigstens der symbolische Lohn dafür her, wenn schon mit keinem anderen zu rechnen ist. Statt einer Kritik nationaler Herrschaft ist also eine Würdigung der Leistungsträger der Nation gefragt, die dieser zu ihrer unübertrefflichen Pracht verhelfen. Zu Zeiten der NS-Herrschaft hätten Feministinnen demnach wohl beklagt, dass mit Horst Wessel nur ein Mann in einem Heldenlied verehrt wird.

Der Wahn, dass die Geschlechterdifferenz von vornherein einen Gegensatz konstituiere, entspricht der Vorstellung, dass Individuen einander immer nur als Feinde im Krieg aller gegen alle begegnen. Dagegen hat bereits Hegel die Liebe als Gegenbeispiel vorgebracht, in der man sich im anderen Menschen zugleich verliert und auch wiederfindet, auch wenn er in seinen *Grundlinien der Philosophie des Rechts* gleich alle gesellschaftlichen Beziehungen auf diese Weise schönzureden versuchte. Für Marx ist es die Herrschaft des Privateigentums, die den Gegensatz der Individuen hervorbringt: „Sie läßt jeden Menschen im andern Menschen nicht die Verwirklichung, sondern vielmehr die Schranke seiner Freiheit finden."[14] Genauso verhält es sich in der bürgerlichen Gesellschaft mit der Differenz der Geschlechter, die vom Genderismus zu einem universalen Gegensatz überhöht wird.

Flüchtlinge

Die Staaten der EU sind mit einem Ansturm von Flüchtlingen aus Syrien und anderen Krisenherden konfrontiert. Zunächst etwas unschlüssig darüber, wie mit diesen zu verfahren sei, erklärt sich schließlich Deutschland zumindest für alle Syrer zuständig. Darüber hinaus strebt Deutschland einen Verteilungsschlüssel an, um seinen Anspruch auf Führerschaft in der EU zu bekräftigen und auf alle EU-Staaten die Last zu verteilen, die Menschen darstellen, an deren Anwesenheit eigentlich kein Bedarf für die hierzulande herrschenden Zwecke besteht. Irgendeine Bedeutung haben diese Menschen für den Staat also schon, wenn auch nicht die übliche, als Arbeitsvolk für jederzeitiges Heuern und Feuern verfügbar zu sein. Mit ihrer Betreuung will Deutschland sein „humanes" Streben in Szene setzen, denn auf einen guten Ruf legt dieser Staat bei seinem weltweiten Wirken Wert, um dessen Berechtigung zu untermauern. Und dazu gehört es auch, dass man zwar für die Fluchtgründe sorgt, indem man den Krieg in Syrien fördert, um das missliebige Regime Assads zu stürzen, nun jedoch einen humanen Umgang mit den Flüchtlingen demonstrieren will, um nicht Zweifel an den angeblich „humanitären" Motiven des Kriegs gegen Assad zu säen. Der humane Umgang mit Flüchtlingen besteht hier darin, dass man das Eindringen dieser Menschen nicht als den Kriegsakt ahndet, den üblicherweise die Bemächtigung fremden Territoriums gegen den Willen der Staatsgewalt darstellt. Die Flüchtlinge werden nicht an der Grenze zurückgetrieben, nur vorübergehend gewaltsam am Zutritt gehindert, schließlich in Flüchtlingsquartiere geleitet oder weitergeschickt, Schusswaffengebrauch steht derzeit nur theoretisch im Raum. Der Umgang mit den Flüchtlingsmassen schwankt zwischen Internierung und Durchwinken, wofür sich vor allem Ungarn jede Menge hämische

---

[14] Karl Marx: Zur Judenfrage, in: MEW, Bd. 1, S. 365

und heuchlerische Kommentare, vor allem aus Österreich, anhören muss.

Den Bürgern der zumindest vorläufig und vorübergehend Asyl gewährenden Staaten stößt dies sauer auf. Plötzlich verfügt der Staat über gar nicht so geringfügige finanzielle Mittel zur Versorgung und Unterbringung dahergelaufenen Volks, das dafür keinerlei Gegenleistung oder Berechtigungsnachweis außer einem staatlich anerkannten Grund für seine Flucht zu erbringen, zunächst sogar nur zu behaupten hat. Menschen drängen somit ins Land, die nichts als ihre Bedürftigkeit vorzuweisen haben, und sie werden tatsächlich versorgt, wenn auch häufig mehr schlecht als recht. Mit den Bedürfnissen der Bürger wird üblicherweise nicht auf diese Weise verfahren, um diese zu befriedigen, müssen sie Geld verdienen, was ein nicht gerade einfaches Unterfangen darstellt, wie allein die große Zahl der Arbeitslosen beweist. Und auch jene, die das zweifelhafte Glück haben, sich an einem Arbeitsplatz betätigen zu dürfen, werden dafür in der Regel keineswegs üppig entlohnt. Die gängige Erfahrung ist hier eher, dass möglichst viel Leistung gegen möglichst geringes Entgelt verlangt wird. Für jene, die in diesem Verhältnis in ihrer Reproduktion gefährdet sind, hat der Staat nur sehr spärliche Unterstützungsleistungen im Angebot, die in der Regel eine Existenz an und unter der Armutsgrenze zur Folge haben. Und für die Flüchtlinge hat dieser Staat plötzlich Geld, das man doch selbst gut gebrauchen könnte, lautet daher das durchaus nachvollziehbare und dennoch falsche Urteil der normalen Bürger, der sogenannten „Kleinen Leute".

Falsch ist dieser Gedanke deswegen, weil er unterstellt, dass der Staat eine Einrichtung für die Zwecke seiner Bürger sei. Einen ersten Hinweis darauf, dass dem nicht so ist, hätte man zur Hand, wenn man sich der zumindest früher üblichen Bezeichnung des Staates als „Obrigkeit" erinnerte. Anstatt sich jedoch zu fragen, weswegen der Staat plötzlich für Flüchtlinge Geld aufbringt, das er auch dann nicht für seine Bürger übrig hätte, wenn keine Flüchtlinge damit zu betreuen wären, wird nun der Vorwurf einer Privilegierung von Flüchtlingen gegenüber den Einheimischen erhoben. In der Regel neidet man den Flüchtlingen die „unverdiente" staatliche Alimentierung und sieht diese als Ursache für den Zuzug dieser „Wirtschaftsflüchtlinge". Die Staatsführer hält man umgekehrt für Verräter am eigenen Volk, die sich in gutmenschlichem Wahn zu Wohltaten an Fremden hinreißen lassen, welche sie für die Einheimischen niemals vollbringen würden. Leider kommen diese Einheimischen nicht auf die Idee, dass diese scheinbar privilegierten

Fremden genauso wie sie nichts anderes als die Manövriermasse des Staates darstellen, die in diesem Fall zur Pflege seines Rufes als einer weltweit berechtigten Ordnungsmacht auch einmal Geld wert sind, das er wie gesagt auch dann nicht plötzlich für seine Bürger zur Verfügung stellen würde, wenn ihm die Bewältigung des Zustroms von Flüchtlingen kein Anliegen wäre. Es wäre daher vernünftiger, sich diese vermeintliche Verfehlung des Staates zu erklären, anstatt diesen weiterhin als ein eigentlich den Bürgern dienendes Gemeinwesen zu betrachten, das nur von „Volksverrätern" zweckentfremdet werde.

Auf diese Weise könnte man auch auf den Gedanken kommen, dass ein Staat immer dann Geld zur Verfügung hat, wenn ihm eine Sache wichtig ist, sofern er nicht kurz vor der Pleite steht. Und wenn gemeinhin behauptet wird, dass „alternativlos" gespart werden müsse, obwohl für unvorhergesehene Flüchtlinge plötzlich doch Geld da ist, dann könnte man sich vielleicht einmal mit der Frage beschäftigen, ob diese Alternativlosigkeit nicht an der Staaträson liegt, die von diesem Staat in Kraft gesetzt ist – also an den Zwecken, die dieser Staat betreibt. In diesen ist Geld für die Entwicklung und Betreuung des Kapitalstandortes vorgesehen und nur in seiner Notwendigkeit dafür ist auch der normale Bürger das Objekt dieser Betreuung. Ob ihm das passt oder nicht, das hat dieser Bürger mit den unerwünschten Fremden gemeinsam, deren Betreuung derzeit zur Pflege des Anspruchs notwendig ist, als EU weltweit zu Recht als Ordnungsmacht zu fungieren und ein grundsolides „humanes" Wirken zu entfalten.

Den Bürgern aber, die sich in ihrer Herrschaft unbedingt aufgehoben sehen wollen, anstatt sich den unversöhnlichen Gegensatz zu dieser einzugestehen, ist vielleicht sogar klar, dass dieser Staat nie und nimmer die Finanzmittel für sie bereitstellen würde, die er jetzt für die Flüchtlingsbetreuung aufbringt. Ihnen würde es auch völlig genügen, wenn er seine schäbigen Unterstützungsleistungen für sie reservieren würde, und dafür reicht es, vermeintlich Unwürdige und Unberechtigte davon auszuschließen.

Mit der Bereitschaft, zumindest alle Flüchtlinge aus Syrien aufzunehmen, stellt Deutschland auch klar, dass es an der Beendigung des Krieges in Syrien zumindest nicht übermäßig interessiert ist. Es wäre ja auch ein Leichtes, einfach die Unterstützung der sogenannten Rebellengruppen und Freiheitskämpfer einzustellen, wie die Dschihadisten angesichts eines genehmen Gegners wieder einmal genannt werden sollen, inzwischen mit Ausnahme jener, die als IS durch besondere Grausamkeit auffallen. So aber siedelt man lieber jede Menge Volk an, dessen Gebrauch für das Kapital von eher geringer Bedeutung ist, auch wenn sich dieses dadurch eine Behebung des angeblichen Facharbeitermangels erhofft, der ja nur darin besteht, bei Personal mit speziellen Fähigkeiten nicht aus dem Vollen schöpfen und entsprechend geringe Löhne zahlen zu können. Da diese Leute über kein nennenswertes Eigentum verfügen, sind sie auf den Dienst am Kapital angewiesen, um an Geld heranzukommen und nicht mehr von staatlicher Betreuung abhängig zu sein. Auch beim Wohnraum ist alles dem Eigentum unterworfen und es denkt daher kein Mensch daran, die großen Zweit- und Drittwohnsitze der Reichen am Wörthersee oder in Kitzbühel für die Wohnbedürfnisse der Flüchtlinge bereitzustellen. Insofern ist es wahrlich ein gutmenschlicher Wahn, wenn man sich auf den Standpunkt stellen zu können meint, mit ein wenig gutem Willen ließen sich die Übel dieser Weltordnung abstellen, auch wenn die hochgelobten und den Staat blamierenden Leistungen der Zivilgesellschaft unter Beweis stellen, was alles möglich ist und wäre, wenn sich die Leute einig sind.

Für die Flüchtlinge bleibt genau wie für die bereits ansässigen Menschen die trostlose Perspektive, dass sie ohne Eigentum auf staatliche Zuwendung angewiesen sind, die sie nur so lange und in dem Ausmaß erhalten, in dem dies dem Staat für seine Zwecke nützlich erscheint. Diese Zwecke bestehen vor allem im Wachstum des kapitalistischen Reichtums, an dem er mit seinem nationalen Reichtum partizipiert. Die Flüchtlinge dienen dem Staat zur Demonstration seiner guten Gesinnung mittels sogenannter humanitärer Aktionen, die deswegen so heißen, weil sie im Widerspruch zur Staatsräson stehen. Ohne Eigentum bleibt auch den Flüchtlingen nichts anderes übrig, als die Existenz einer mehr oder weniger nützlichen Armut zu fristen, diese Wahrheit zeigt sich im Streit um die Aufnahme von Flüchtlingen in der EU wieder einmal deutlich. Für die Aufnahme von Flüchtlingen unabhängig von solchen Berechnungen wie den hier besprochenen müsste sich die Staatsräson ändern, ohne die es allerdings auch nicht die Fluchtursachen gäbe, die dem weltweiten, mehr oder weniger kriegsträchtigen Wirken genau dieser Staatsräson entspringen. Den Flüchtlingen, die derzeit in Deutschland ankommen und demnächst auf die EU per Quote verteilt werden sollen, droht daher ein Leben zwischen humanitärer Duldung und der Abschiebung als Wirtschaftsflüchtlinge.

Freiheit

Der Begriff „Freiheit" hat nur eine negative Bestimmung, auch wenn das den wenigsten Menschen bewusst ist, die dieses Wort bei jeder mehr oder weniger passenden Gelegenheit in den Mund nehmen. Freiheit bedeutet nur die Abwesenheit von Zwang. Deswegen ist mit Freiheit allein auch nichts anzufangen und ergibt sich in der Regel die Frage, von welchem Zwang man denn gerne befreit wäre und zu welchem Zweck man diese Freiheit gebrauchen will. Es fragt sich also, wovon und wofür oder wozu man frei sein will. Diese negative Bestimmtheit hat der Begriff „Freiheit" mit den Begriffen „Frieden" (vgl. den Artikel „Frieden und Pazifismus") und „Gesundheit" gemeinsam. Frieden bezeichnet nichts weiter als die Abwesenheit von Krieg, Gesundheit die Abwesenheit von Krankheit. Insofern sind damit Bedingungen für menschliche Tätigkeit genannt, denn sowohl Knechtschaft als auch Krieg und Krankheit schränken menschliche Tätigkeit ein oder machen sie vollkommen unmöglich.

Da Freiheit nichts weiter als eine Bedingung für menschliche Tätigkeit ist, ist mit ihr allein auch überhaupt nichts anzufangen. Nur frei zu sein, bringt nichts, wenn man mit dieser Freiheit nichts anzufangen weiß. Daher kommt es nun darauf an, wie man von seiner Freiheit Gebrauch macht und welche Zwecke man sich setzt. Davon hängt es ab, ob man diese Bedingung sinnvoll nutzt und ob man dabei anderen Menschen in die Quere kommt. Deren Freiheit kann dadurch schließlich eingeschränkt werden, was andererseits ja auch wünschenswert ist, wenn diese ihrerseits durch ihr Handeln anderen Menschen Schaden zufügen. Man sieht auch hier wieder, dass man mit dem Freiheitsbegriff allein nicht recht weiterkommt, denn auch ein Gewalttäter könnte die Einschränkung seiner Freiheit beklagen, wenn man ihn an der Ausübung seiner Gewalttätigkeit hindert.

Mit der Freiheit hat es noch eine besondere Bewandtnis: Jede Zwecksetzung, jedes Handeln erscheint als Einschränkung, wenn man Freiheit nicht als *Bedingung* von Handlungen, sondern als eigenen *Zweck* auffasst. Indem man die Notwendigkeiten berücksichtigt, ohne die eine Handlung nicht durchgeführt werden kann, gehorcht man diesen und ist ihnen damit unterworfen. Für die absolut gesetzte, abstrakte Freiheit ist es so, als würde man sich durch den Bau eines Hauses sein eigenes Gefängnis errichten. Will man einen Baum fällen, so sind dafür bestimmte Anstrengungen und sachliche Notwendigkeiten wie eine Säge erforderlich, diesen Notwendigkeiten muss man sich beugen, wenn man den Zweck durchführen will, einen Baum zu fällen. Nur hat man diesen Zweck ja selbst gesetzt, man hat sich selbst zu diesem Handeln bestimmt. Man setzt einen bestimmten Zweck fest, man legt dadurch bestimmte Handlungen zu dessen Verwirklichung fest. Man bestimmt sein Handeln – und diese Bestimmung erscheint nun plötzlich als Einschränkung der Freiheit, man ist dann durch seinen Zweck bestimmt, also fremdbestimmt, besessen, so der falsche Gedankengang. Dies ist die Folge einer zur Wirklichkeit erhobenen Abstraktion, die Freiheit als einen eigenständigen Zweck hochhält, an dem sich jede konkrete Zwecksetzung als Relativierung dieser Freiheit darstellt. Jedes bestimmte Tun – und es gibt kein anderes – erscheint damit als Einschränkung des abstrakt freien Daseins, das sich in der Zurückweisung dieser vermeintlichen Einschränkung erschöpft. Leeres Dasein entspricht der abstrakten Freiheit.

Erhebt man Freiheit von einer Bedingung zum Zweck des Handelns, so wird damit die eingangs erwähnte Negativität des Freiheitsbegriffs wirksam. Dann werden die mit jeglichem Handeln verbundenen Notwendigkeiten als Zwang und Einschränkung abgelehnt bzw. negiert. Die Negativität abstrakter Freiheit wird hier bis zur letzten Konsequenz zur Geltung gebracht. Als Prinzip der bürgerlichen Gesellschaft bringt diese abstrakte Freiheit wahnhafte Auswüchse hervor. Dazu gehört heutzutage die Bewegung der *Freemen*, die sich in ihrer Apotheose der Freiheit gegen jeden gesellschaftlichen Zusammenhang sträuben und daher zwischen staatlicher Herrschaft und vernünftiger Arbeitsteilung nicht zu unterscheiden vermögen.

In Wirklichkeit sind Notwendigkeit und Freiheit ebenso wenig Gegensätze, wie Notwendigkeit und Zwang keineswegs identisch sind: Zwang verhindert in der Regel, dass man jene Handlungen durchführen kann, die für bestimmte Zwecke notwendig wären. Ein Sklave ist gezwungen, seinem Herrn zu gehorchen und kann daher nicht jene Handlungen ausführen, die für ihn nützlich und notwendig wären. Ein Lohnarbeiter unterliegt dem Zwang des Geldverdienens und kann daher nicht die für seine Bedürfnisse notwendige Arbeit durchführen. Die Erfüllung der Bedürfnisse seines Arbeitgebers ist die Bedingung dafür, dass er an Geld zur Befriedigung seiner eigenen herankommt, und wird er dafür von keinem Arbeitgeber benötigt, so werden seine Bedürfnisse bestenfalls nach Ermessen des Sozialstaats erfüllt. Der Arbeitgeber bestimmt, ob jemand in seinem Unternehmen arbeiten darf, welchen Ertrag ihm dies in Form des Lohns bringt und welche Arbeit in welcher Form und in welchem Ausmaß zu verrichten ist. Ist ein Lohnarbeiter nicht in der Lage, einen Unternehmer zu finden, der seine Dienste in Anspruch nehmen will, so muss er sehen, wo er bleibt. Marx hat das in den Worten zusammengefasst, dass die Mehrarbeit die Voraussetzung für die notwendige Arbeit ist, während in einer vernünftigen Gesellschaft es sich genau umgekehrt verhielte und die notwendige Arbeit die Voraussetzung der Mehrarbeit wäre. Die Mehrarbeit, die Arbeit, die das Unternehmen reicher macht, ist die Voraussetzung dafür, dass vom Lohn abhängige Menschen, wie es so treffend heißt, einen Arbeitsplatz erhalten. Nur mit einem Arbeitsplatz können sie jene Arbeit verrichten, die für ihre bloße Fortdauer, ihre Reproduktion notwendig ist. Dieser Zwang schiebt sich zwischen die Arbeiter und ihre notwendige Arbeit, er vereitelt und beschränkt deren Durchführung. Solchen Zwang mit der Notwendigkeit, deren Durchsetzung er gerade behindert und beschränkt, gleichzusetzen, ist das Resultat des haltlosen Denkens abstrakter Freiheit.

Wäre jede Bestimmung des Handelns mit dessen Determiniertheit gleichzusetzen, so bliebe nur der Verzicht auf jegliche Handlung zur Wahrung abstrakter Freiheit übrig. Wer nichts begehrt und daher nicht handelt, wäre das Ideal dieses Freiheitsbegriffs. Auch der Knecht, der nichts als seinem Herrn zu gehorchen begehrt, wäre gemäß diesem Denken freier als ein Mensch, der in der Verfolgung seiner Zwecke von diesen getrieben scheint. Das Ideal abstrakter Freiheit ist daher der asketische Mensch, der nichts weiter als seine nackte Existenz bezweckt, möglichst bar jedes Bedürfnisses. Im Grunde müsste man sich fragen, ob ihm nicht auch diese Existenz als Einschränkung seiner Freiheit erscheinen würde – ein Gedanke, der im Begriff des Nirwana seine Vollendung erhalten hat.

Die Notwendigkeit, seinem Dasein einen bestimmten Zweck zu setzen, hat Schopenhauer in seiner Abhandlung über die Freiheit des Willens sehr anschaulich vorgestellt:

„Es ist 6 Uhr abends, die Tagesarbeit ist beendigt. Ich kann jetzt einen Spaziergang machen; oder ich kann in den Klub gehen; ich kann auch auf den Turm steigen, die Sonne untergehn zu sehn; ich kann auch ins Theater gehn; ich kann auch diesen oder aber jenen Freund besuchen; ja, ich kann auch zum Tor hinauslaufen, in die weite Welt, und nie wiederkommen. Das alles steht allein bei mir, ich habe völlige Freiheit dazu; tue jedoch davon jetzt nichts, sondern gehe ebenso freiwillig nach Hause, zu meiner Frau."[15]

Diese Entscheidung der Heimkehr zur Ehefrau mag nun eine schlechte oder gute Gewohnheit sein, sie hat in jedem Fall ihre ganz bestimmten Motive. Irgendeine Entscheidung muss ja getroffen werden und dies wird in der Regel nicht beliebig geschehen. Im Vergleich zur Vorstellung einer Freiheit ohne Grund und Motiv, im Vergleich also zur Beliebigkeit einer Entscheidung erscheint diese Motiviertheit auch Schopenhauer als Determiniertheit. Er setzt die oben vorgestellten Optionen daher mit jenen des Wassers gleich, das ebenso meinen könnte, es hätte die Freiheit, hohe Wellen zu schlagen oder schneller und langsamer zu fließen, obwohl dies durch äußere Umstände, etwa stürmisches Wetter, hervorgerufen wird. Es stimmt zwar, dass es kein von bestimmten Motiven freies Handeln gibt, deswegen muss es aber noch lange nicht von vernünftiger Überlegung und Beurteilung frei sein, auch wenn dies häufiger so ist, als es wünschenswert wäre. Auch Schopenhauer würde wohl für sein Handeln und für die Verfassung seiner Schriften diese Freiheit in Anspruch nehmen, die er ja auch als relative oder komparative Freiheit anerkennt.[16]

Frieden und Pazifismus

Die Begriffe „Freiheit" und „Frieden" haben die Gemeinsamkeit, negative Bestimmungen zu sein. Während Freiheit die Abwesenheit von Zwang und Knechtschaft bedeutet, ist mit Frieden die Abwesenheit von Gewalt und Krieg bezeichnet. Zu mehr sind diese beiden Begriffe eigentlich nicht zu gebrauchen, so bedeutungsvoll sie auch gerne ausgesprochen werden.

---

[15] Arthur Schopenhauer: Über die Freiheit des menschlichen Willens. Über die Grundlage der Moral, herausgegeben von Philipp Theisohn, Stuttgart 2013, S. 81; vgl. dazu auch ausführlicher mein Buch: Ewig lockt die Bestie. Eine Kritik der Moralphilosophie, Wien 2015, S. 33 f.
[16] Arthur Schopenhauer: Über die Freiheit des menschlichen Willens. Über die Grundlage der Moral, a. a. O., S. 74

Frieden ist als Abwesenheit von Zerstörung und Gewalt die Voraussetzung dafür, dass Menschen ihr Leben nach ihren Bedürfnissen einrichten und gestalten können. Gleichzeitig ist Frieden auch das Resultat des Gelingens dieser Einrichtung und Gestaltung des gesellschaftlichen Lebens. Es käme also darauf an, die Vorstellungen und Zwecke abzuklären, die Auswirkungen auf das Zusammenleben haben bzw. ein Zusammenwirken erfordern. Frieden als eigenen Zweck zu verfolgen, ist hingegen eine Reaktion auf gewaltsame Konflikte, die nicht deren Ursachen, sondern deren gewaltsame Folgen beseitigen will und daher gewaltsam Frieden schafft. Deswegen ist es einerseits ein Widerspruch, von Kriegseinsätzen für den Frieden zu sprechen – schließlich handelt es sich dabei um Kriegsakte –, andererseits auch wieder nicht, da Frieden aufgrund des eben erwähnten Sachverhalts immer nur auf einer Gewalt beruht, die derart stark und überlegen ist, dass sie Frieden gewaltsam herzustellen vermag.

Pazifisten stellen sich auf den Standpunkt, man müsse nur konsequent der Gewalt entsagen und auf diese verzichten, um für Frieden zu sorgen. Daran lässt sich bereits erkennen, dass ihnen genügend Motive bekannt sind, die zur Anwendung gewaltsamer Mittel führen würden. Hier fordern sie Standhaftigkeit gegen die in diesen Motiven vorhandenen Versuchungen zur Gewaltanwendung. Irgendwann ergibt sich jedoch in der Regel der Umschlag vom Gewaltverzicht zur Forderung nach Gewalt, um dadurch jene in die Schranken zu weisen, die diesen Verzicht einfach nicht aufbringen wollen. Die häufig beobachtete Wandlung eines Pazifisten zu einem Befürworter militärischer Einsätze zur Friedenssicherung ist daher alles andere als erstaunlich, sie ist vielmehr in der Logik des pazifistischen Denkens angelegt. Diese Entwicklung des Pazifismus hat gewiss auch mit der banalen nationalistischen Logik zu tun, die Bertolt Brecht in schlichte Worte gefasst hat: „Nach einer Niederlage waren sogar die Oberen eine Zeitlang Pazifisten, nach einem Sieg sogar die Unteren Kriegsanhänger, wenigstens eine Zeitlang, bis sie merkten, daß für sie Sieg und Niederlage nicht so verschieden waren."[17]

Nur wenige bleiben dem Prinzip des Gewaltverzichts unbeirrt treu, um nur ja selbst ihre Hände in Unschuld waschen zu können. Damit handeln sie sich den Vorwurf der Verantwortungslosigkeit ein, da sie es um ihrer persönlichen Unbeflecktheit willen unterlassen würden, das Not-

---

[17] Bertolt Brecht: Der verwundete Sokrates, in: Ders.: Kalendergeschichten, Berlin 2013, S. 109

wendige zu tun. Diejenigen, die sie der Verantwortungslosigkeit bezichtigen, meinen damit jedoch nicht, dass sie sich um die Kritik der Verhältnisse bemühen sollten, die immer wieder Kriege herbeiführen. Ihnen geht es vielmehr darum, sich der Verantwortung der Friedenssicherung mit kriegerischen Mitteln zu stellen, wodurch genau jene Verhältnisse gesichert werden, die diese „Sicherungsmaßnahmen" immerzu von neuem erfordern.

Die vitalen Interessen der nationalen Selbstbehauptung gebieten diese Gewalteinsätze. Dennoch will kein Mensch etwas davon wissen, dass Nationen der gewaltsame Zusammenschluss von Klassengesellschaften sind, die nicht nur die inneren, sondern auch die äußeren Verhältnisse für die Prosperität ihrer kapitalistischen Gesellschaft herzurichten bestrebt sind, dabei jedoch auf die gegensätzlichen Interessen anderer Nationen stoßen. Diese Gegensätze nehmen des Öfteren einen derartig unversöhnlichen Charakter an, dass der zukünftige Bestand der Nation nach kriegerischen Auseinandersetzungen verlangt. Und da Frieden immer auf die Befriedung eines Konfliktes abzielt, ist es jeder Nation ein Leichtes, ihre Kriegsakte als Schutzmaßnahmen zur Friedenssicherung darzustellen.

Es wäre also angebracht, anstatt abstrakt Frieden zu fordern, der gemäß dieser Abstraktheit ja nur eine gewaltsame Befriedung sein kann, sich damit zu beschäftigen, weswegen gesellschaftliche Verhältnisse kriegsträchtig sind und welche falschen Urteile daran mitwirken. Es wären daher genau jene guten Gründe zu erforschen, aus deren Vorhandensein Kant den Schluss zog, die Menschen wären auf dem besten Weg zur Einschränkung ihrer Kriege, da sie diese ja nicht aus beliebigen, willkürlichen oder nichtigen, sondern nur aus vermeintlich berechtigten Gründen vom Zaun brechen würden: „Diese Huldigung, die jeder Staat dem Rechtsbegriffe (wenigstens den Worten nach) leistet, beweist doch, daß eine noch größere, ob zwar zur Zeit schlummernde, moralische Anlage im Menschen anzutreffen sei, über das böse Prinzip in ihm (was er nicht ableugnen kann) doch einmal Meister zu werden, und dies auch von andern zu hoffen."[18] Mit ihren Rechtsbegriffen bemänteln die Nationen nämlich nicht einfach ihre Kriege, um gut dazustehen, wie Kant meint und daher hofft, man werde künftig sogar auf Kriege verzichten, um als Nation gut dazustehen. Diese Rechtsbegriffe

---

[18] Immanuel Kant: Zum ewigen Frieden. Ein philosophischer Entwurf, in: Digitale Bibliothek: Philosophie von Platon bis Nietzsche, vgl. Kant-Werke, Bd. 11, herausgegeben von Wilhelm Weischedel, Frankfurt am Main 1977, S. 210

sind vielmehr Ausdruck der Überzeugung von der absoluten Berechtigung des nationalen Waffengangs. Und diese Überzeugungen hängen wiederum mit dem Rechtsbewusstsein einer Gesellschaft zusammen, die das Privateigentum zum Prinzip des gesellschaftlichen Lebens erhoben hat. Die Selbstbehauptung der Nationen erstreckt sich eben auch auf die Berechtigung kriegerischer Maßnahmen bei Strafe des Untergangs jener Staaten, die davor zurückschrecken. Näheres zu diesen Rechts- und Moralvorstellungen findet sich in meinen beiden bisher erschienenen Büchern.[19]

Fassen wir noch einmal zusammen: Es ist nicht die Lust an der Gewalt, die zu Kriegen führt, sondern die Staaten würden sich gerne auch ohne kriegerischen Aufwand durchsetzen. Staaten sind vielmehr von der Berechtigung ihrer Forderungen derartig überzeugt, dass sie dem Rechtsbegriffe nicht nur dem Worte nach huldigen, wie Kant meinte. Deswegen ist aus dem Vorhandensein dieses Rechtsbegriffes auch nicht mit Kant darauf zu hoffen, dass eine entsprechende Entwicklung der hierin schlummernden moralischen Ansätze zur Einstellung der Kriege führen könnte. Es verhält sich genau umgekehrt so, dass die moralischen Ansätze in diesem Rechtsbegriff nicht schlummern, sondern zu der Entfaltung gelangen, aus der die Staaten die Berechtigung ihrer Kriege ableiten. Die in diesen Rechtsbegriffen verallgemeinerten staatlichen Interessen sind daher außer Kraft zu setzen, wofür zunächst einmal die Kritik dieser Rechtsbegriffe notwendig ist.

Ebenso wenig darf man auf Kants Hoffnung vertrauen, dass die republikanische Staatsform zur Verhinderung von Kriegen führen würde. Dies ist zwar ohnehin offensichtlich durch die vielen Kriege widerlegt, die von demokratischen Republiken geführt werden, es ist aber auch das Argument nicht schlüssig, das Kant hier vorbringt. Er behauptet nämlich, dass in einer republikanischen Verfassung die Zustimmung der Staatsbürger zum Krieg erforderlich sei, die jedoch gewiss ausbleiben würde, da diese auch die ganze Last des Krieges zu tragen hätten. Den Gegensatz hierzu bilde eine „Verfassung, wo der Untertan nicht Staatsbürger, die also nicht republikanisch ist".[20] In diesem Fall sei das Staatsoberhaupt nämlich „nicht Staatsgenosse, sondern Staatseigentümer", der „an seinen Tafeln, Jagden, Lustschlössern, Hoffesten u. d. gl.

[19] Von Nutzen und Nachteil des Faschismus für die Demokratie, Wien 2013; Ewig lockt die Bestie. Eine Kritik der Moralphilosophie, Wien 2015
[20] Immanuel Kant: Zum ewigen Frieden. Ein philosophischer Entwurf, in: Kant-Werke, Bd. 11, a. a. O., S. 206

(sic!) durch den Krieg nicht das mindeste einbüßt, diesen also wie eine Art von Lustpartie aus unbedeutenden Ursachen beschließen"[21] könnte. Es ist eine reichlich alberne Vorstellung, dass ein Fürst mit einem Krieg nicht seine ganze Macht riskieren und diesen deswegen leichtfertig vom Zaun brechen würde. In Wirklichkeit sind daher auch Fürstentümer und Fürstengeschlechter in Kriegen untergegangen. Umgekehrt verhält es sich keineswegs so, dass demokratische Republiken nicht zu Kriegen bereit, weil auch die Entscheidungsträger davon betroffen wären. Diesen würde dann vielmehr geboten erscheinen, dass gerade wegen dieses „Privilegs" der republikanische Staat zu verteidigen und Krieg einem Leben in Knechtschaft vorzuziehen sei. Genau mit diesen Argumenten werden daher heutzutage Kriege als Maßnahmen zur Durchsetzung von Demokratie und Menschenrechten gerechtfertigt.

Generalstreik

„Jedes Rad steht still, wenn dein starker Arm es will", so lautet es in einem Liedtext der Arbeiterbewegung. Inzwischen hat sich hier der Staat eingemischt und so muss es der lange Arm des Gesetzes gestatten, wenn alle Räder stillstehen sollen. In der „guten alten Zeit" gab es eine solche staatliche Einmischung nicht, damals stellte man sich mit einem Streik vielmehr von vornherein außerhalb der Gesetze, während es heute gesetzliche Bedingungen für die Zulässigkeit eines Streiks gibt. Ein politisch motivierter Streik, also ein Streik zur Durchsetzung politischer Ziele, ist hier verboten. Ein Generalstreik zur Herausforderung der Staatsgewalt kann daher nicht stattfinden, es sei denn, man würde es wieder wagen, sich außerhalb der Gesetze zu stellen. Ist ein Generalstreik zur Umwälzung gesellschaftlicher Verhältnisse aber überhaupt sinnvoll? Was geschieht bei einem Generalstreik?
Ein Generalstreik bedeutet, dass der Gehorsam gegenüber der Staatsgewalt flächendeckend gekündigt wird, nicht nur in einzelnen, sondern in allen Arbeitsbereichen. Das gesamte gesellschaftliche Leben steht dann still. Da der Staat auf die Nutzung der Dienste seiner Bürger an-

---

[21] Ebd.

gewiesen ist, stellt dies für ihn eine beträchtliche Schädigung dar. Die gewohnten Dienste stehen seiner Macht für die Dauer des Generalstreiks nicht zur Verfügung. Beteiligen sich auch die mit dem Einsatz seiner Gewaltmittel betrauten Personen am Generalstreik, so sind dem Staat sogar die Grundlagen seiner Macht entzogen. Wäre dieser Entzug dauerhaft, so wäre es um die Staatsmacht geschehen. Da er aber nur auf eine bestimmte Zeit angelegt ist, wollen die Untertanen der Staatsmacht mit einem Generalstreik nur bessere Bedingungen für die Fortsetzung ihres Gehorsams abringen. Sie wollen bessere Lebensbedingungen ertrotzen, das schon, aber zugleich zeigen sie damit an, dass sie bereit sind, unter geänderten Bedingungen ihrer Herrschaft wieder zur Verfügung zu stehen und daran prinzipiell nicht rütteln zu wollen. Sie wollen ihre Lage innerhalb der bestehenden Herrschaft verbessern, dieses Herrschaftsverhältnis jedoch nicht aufheben. Wäre dem nicht so, so wäre gar kein Nutzen eines Generalstreiks einzusehen. Würde man für die eigenen Zwecke produzieren, so ergäbe eine Unterbrechung der Produktion gar keinen Sinn. Dieser ist nur dann gegeben, wenn man anderen Zwecken Dienste leistet und an diesem Verhältnis nichts außer den Umständen ändern will, unter welchen diese Dienstleistungen erbracht werden müssen.

Wer mit Streiks operiert, ändert also an den Herrschaftsverhältnissen nichts außer den Bedingungen, denen er dabei unterworfen ist. Hat man die Arbeiter allerdings einmal davon überzeugt, dass ein kollektives Vorgehen gegen die Staatsmacht erforderlich ist, könnte man auch gleich dazu übergehen, sich der Produktion zu bemächtigen und diese den Händen der Eigentümer zu entreißen. Statt zu streiken, wäre es dann sinnvoller, die Produktion fortzusetzen, aber der Verfügungsgewalt von Staat und Kapital zu entziehen. Es könnten dann Güter produziert werden, die nicht der Verfügung eines Unternehmers unterliegen und daher nicht nur für zahlungsfähige Kunden zugänglich wären. Es wären nicht mehr Zahlungsfähigkeit und Eigentum, worum sich die Produktion dreht. Diese Güter wären nicht für die Ausnutzung zahlungsfähiger Nachfrage zwecks Bereicherung der Unternehmenseigentümer bestimmt, zu der sich diese gerne genötigt sehen, solange dies ihrem Eigentum dient. Damit wäre natürlich auch kein Anlass mehr für solche Absurditäten wie die Vernichtung zwar benötigter, aber nicht profitabel verkäuflicher Güter oder die planmäßige Verkürzung ihres Verschleißes (geplante Obsoleszenz) gegeben. Der Zugang der Menschen zu Produktionsmitteln wäre nicht in der Macht von Eigentümern, die diesen nur dann gestatten, wenn sie dadurch reicher werden.

Diese Verfügungsgewalt bleibt jedoch bestehen, wenn gestreikt wird, es sollen nur deren Auswirkungen auf das Leben der Arbeiter verändert werden, also z. B. die Folgen davon für Dauer, Intensität und Ertrag der Arbeit.

Ein Generalstreik macht daher sichtbar, dass die Produktionsverhältnisse nicht zum Nutzen der Streikenden eingerichtet sind, da er sonst überflüssig wäre wie ein Kropf. Da ein Generalstreik allerdings nicht darauf aus ist, die Herrschaftsstruktur dieser Produktionsverhältnisse aufzuheben, ändert er nur die Verteilung des Nutzens innerhalb des Verhältnisses von Herrschern und Beherrschten. Er hebt den Nutzen der herrschenden Mächte nicht auf, sondern schränkt ihn höchstens ein. Das ist nur konsequent, da ein Generalstreik doch zur Durchsetzung der Bedingungen dienen soll, unter denen man sich weiterhin für die Staatsgewalt nützlich zu machen bereit ist, auch wenn diese die damit verbundene Einschränkung ihres Nutzens noch so sehr zurückweist und bekämpft. Verweigern in diesem Kampf die willfährigen Helfer dem Staat ihren Dienst, so ist es auch mit dessen Herrschaft schnell vorbei, denn ohne Menschen, die seine Gewaltmittel zum Einsatz bringen, ist der verbleibende Rest der Staatsführung zu gering an Zahl, um mit diesen Mitteln seine Herrschaft zu behaupten.

Heutzutage gibt es selbst die Herausforderung eines Generalstreiks für die Staatsgewalt nicht mehr, da die Arbeiter nun meinen, dabei etwas zu verlieren oder zumindest nichts zu gewinnen zu haben. Um dies zu demonstrieren, haben die imperialistischen Mächte ja das Sowjetreich in einem ruinösen Rüstungswettlauf aufgerieben. Die Sorge um ihre erbärmlichen Pensionsansprüche werden kaum dazu taugen, die Arbeiter für die Aufrechterhaltung ihres Gehorsams zu ködern, auch wenn man damit vielleicht gerade noch vermeiden kann, wie zu Marx' Zeiten als alter Bettler das Bild einer Großstadt zu prägen. Heutzutage ist die Arbeiterklasse rundum staatlich betreut und damit der Staat auch von wilden Streiks nicht überrascht werden kann, hat er ein Streikrecht geschaffen, das genau festlegt, unter welchen Bedingungen und für welche Zwecke das Mittel des Streiks eingesetzt werden darf. So kann auch kein Mensch mehr behaupten, der Staat würde die Anliegen seiner Arbeiter nicht ernst nehmen und hätte dafür nur Verbote zur Hand! Streik wird sogar ausdrücklich erlaubt, um dadurch festzulegen, wie er stattzufinden hat. Auf diese Weise hat sich der Staat dieser Waffe bemächtigt und ihr die Stacheln gezogen, die sie in vergangenen Zeiten zu bieten hatte.

Gewalt

In Österreich erfreut sich eine Kampagne gegen Gewalt an Frauen prominenter Unterstützung, vom Bundespräsidenten Heinz Fischer über den Fußballstar Hans Krankl bis zum Popstar Christina Stürmer. Anscheinend ist diesen Persönlichkeiten des öffentlichen Lebens nicht bewusst, dass sie sich damit auch für Gewalt aussprechen, bloß Frauen wollen sie von deren Anwendung ausgeschlossen wissen. Das widerspricht doch wohl dem Gleichheitsgrundsatz, oder etwa nicht? Gegen Kinder – sofern nicht weiblichen Geschlechts (?) – und Männer wäre demnach Gewalt durchaus zulässig, ebenso gegen Tiere? Weshalb aber sollte man Gewalt unterlassen, wenn diese etwa zur Verteidigung von Kindern gegen gewalttätige Frauen notwendig ist? Auch Mädchengangs fallen über weibliche Außenseiter her, die zunächst auch nur mittels Gegengewalt verteidigt werden können. Weshalb sollte wiederum Gewalt angewendet werden, wenn sie nicht bloß zur Abwehr von Gewalt notwendig ist? Sollten Frauen vielleicht von einer strafenden oder rachsüchtigen Gewalt ausgenommen werden, die bei allen anderen Lebewesen aber geboten wäre?

Aus diesen Fragen ist bereits ersichtlich, dass Gewalt in der bürgerlichen Gesellschaft keineswegs eine Randerscheinung darstellt. Das ist auch nicht weiter erstaunlich, schließlich wäre ohne Gewalt kein Staat zu machen, da die Interessensgegensätze der bürgerlichen Gesellschaft ohne eine übergeordnete staatliche Gewalt zum permanenten Krieg aller gegen alle führen würden. Deswegen leuchtet ja vielen die Ableitung der Notwendigkeit des Staates bei Thomas Hobbes[22] ein, der zufolge sofort allseitiger Krieg eintritt, wenn man sich den Staat von den Verhältnissen wegdenkt, die er selbst geschaffen hat. Der Fehler dieser Auffassung besteht jedoch darin, diese Verhältnisse nicht als Einrichtung des Staates, sondern als naturwüchsige Entwicklung zu betrachten. Da dies aber kaum jemand so sehen will, hat man in der bürgerlichen Öffentlichkeit viel für Gewalt übrig, vor allem dann nämlich, wenn diese so überlegen ist, dass ihre unmittelbare Präsenz oder Androhung ausreicht, um für „friedliche" Verhältnisse zu sorgen. (Vgl. dazu auch den Artikel „Frieden und Pazifismus".)

---

[22] Vgl. auch mein Buch: Ewig lockt die Bestie. Eine Kritik der Moralphilosophie, Wien 2015

Als in den 1970er-Jahren die Rote Armee Fraktion (RAF) bestimmte Einrichtungen mit Bombenanschlägen attackierte, die in Deutschland dem Krieg der USA gegen Vietnam dienten, sah sich die staatliche Gewalt natürlich herausgefordert und verurteilte diese Aktionen als Terrorismus. Die RAF war dabei von der völlig irrigen Annahme geleitet, dass die Mehrheit des Volkes nur ein mutiges Vorbild brauchte, eine Avantgarde des revolutionären Kampfes, um sich mit dieser gegen die staatliche Herrschaft und den Vietnam-Krieg zu erheben. Ihr das menschliche Leid vorzuwerfen, das ihre Anschläge hervorgebracht haben, ist natürlich nichts weiter als die Heuchelei eines Staates gewesen, der die USA zu dieser Zeit in ihrem Krieg gegen Vietnam unterstützte und zur Durchsetzung seiner Herrschaft jede Gewalt billigte. Dennoch ist es ein Fahler der RAF gewesen zu meinen, man könne es mit der Staatsgewalt aufnehmen, wenn diese darüber hinaus auch noch von der Mehrheit ihrer Bürger anerkannt und unterstützt wird. In der ORF-Diskussionsveranstaltung Club 2 vom 13. Juni 1978 stellt Günther Nenning daher in Frage, dass der Kampf gegen strukturelle Gewalt zur Rechtfertigung von Terror herangezogen werden könnte.[23] Dabei fällt ihm selbst die „Erfolglosigkeit" dieses Unterfangens als Argument dagegen ein, nicht aber, dass diese eigentlich das einzige Argument gegen diese Gewalt ist. Von den Terroranschlägen der Islamisten, die ja reiner Selbstzweck sind und nicht die militärischen Einrichtungen eines Staates schädigen, sondern Angst, Schrecken und Leid verbreiten wollen, ist in diesem Zusammenhang ohnehin abzusehen. Auch richten sich diese nicht gegen staatliche Herrschaft und Gewalt, sondern treten für eine islamistische Ausrichtung der Staatsgewalt, für den bedingungslosen Kampf gegen die „Ungläubigen" ein.

Widerstand gegen strukturelle Gewalt rechtfertigt also keinen Terror, da dieser zur Niederlage verdammt ist. Was aber rechtfertigt strukturelle Gewalt? Was soll strukturelle Gewalt überhaupt sein? Die Frage ist ganz einfach zu beantworten, sie ist nichts weiter als überlegene Gewalt und darin besteht auch ihre Rechtfertigung. Diese Gewalt erzeugt und überwacht Verhältnisse, die für viele Menschen schädlich sind. Die herrschenden Gewaltstrukturen sorgen dafür, dass Menschen Lebensbedingungen hinnehmen, die von zumindest fragwürdigem Nutzen für sie sind. Der Schutz des Privateigentums ist ein solches Gewaltverhältnis, in der Regel werden aber nicht nur Aufwand und Risiko zu seiner

---

[23] https://www.youtube.com/watch?v=XdfGiDpHzGU, ab Minute 4,25, zuletzt aufgerufen am 7. 4. 2016

Beseitigung gescheut, sondern falsche Urteile darüber gefällt. Wenn man etwa sein gesamtes Leben so einzurichten hat, dass man die Leistungsanforderungen kapitalistischer Unternehmen bewältigt, kann man daraus natürlich auch den Arbeiterstolz auf solche Leistungsfähigkeit ableiten, der Schaden in Form entsprechender „Berufskrankheiten" oder anderer Verschleißerscheinungen wird dadurch aber auch nicht geringer. Freilich hilft dagegen keine Gewalt, vor allem keine vereinzelte und entsprechend ohnmächtige, sondern es ist erforderlich, gegen die falschen Urteile zu argumentieren, die sich z. B. in dem eben erwähnten Arbeiterstolz manifestieren.

Es ist also immer der Erfolg der Gewalt, der ihre Rechtfertigung ausmacht, und das spricht weder für die erfolgreiche Staatsgewalt noch für die schließlich erfolglose RAF. Erfolgreiche Gewalt wird in der Regel jedoch gar nicht mehr als Gewalt wahrgenommen, da man sich an sie gewöhnt hat und meistens die Demonstration der Gewaltmittel zur Befriedung von Konflikten ausreicht, wenn etwa eine entsprechende Anwesenheit von Polizisten für den nötigen Respekt sorgt, dass diese ihre Gewaltmittel kaum zum Einsatz bringen müssen. Darüber hinaus vermag der bürgerliche Sachverstand sehr gut Formen der Gewalt zu unterscheiden, die äußerlich keinerlei Unterschied aufweisen. Das ist am Beispiel der Ukraine deutlich geworden, wo die bürgerliche Öffentlichkeit hierzulande in den Gewaltakten des Euromaidan nur friedliche Demonstrationen wahrnehmen konnte, während die Verteidigungsmaßnahmen der ukrainischen Sicherheitskräfte unverhältnismäßige Gewalt offenbart hätten. Wer für eine Sache eintritt, die ins Programm der imperialistischen Ordnungsmächte EU und USA passt, dem wird ja in deren Auffassung bereits dadurch Gewalt angetan, dass dieser Sache nicht stattgegeben wird. Wenn hier Gewalt zu beobachten ist, dann nur wegen der Böswilligkeit des verkommenen Gegners dieser friedliebenden Menschen, deren Gewalt dann auch nur Gegengewalt sein kann und sich gewiss keiner Unverhältnismäßigkeit schuldig macht. Für diejenigen, die ihre Ziele teilen, befindet sich die Gewalt derartig im Recht, dass sie gar nicht mehr als Gewalt wahrgenommen wird, sondern nur als berechtigte Notwehr gegen jemanden, dessen Gewalt natürlich nur ein schreiendes Unrecht ist, weil er diesen Zielen Widerstand leistet. Wer für des Gegners Anliegen Verständnis äußert, wird daher als Putin-Versteher verunglimpft, weil jedes Verständnis verwirkt hat, wer sich nicht in die Machtlosigkeit fügt, welche die imperialistischen Ordnungsmächte für ihn vorgesehen haben.

Gewinnstreben

Die einen verdammen es als Profitgier, die anderen würdigen es als gesundes Erwerbsstreben: das Gewinnstreben. Je nach Erfolg können es auch dieselben sein, welche die Gier denunzieren, wenn der Erfolg ausbleibt, und das gesunde Erwerbsstreben preisen, wenn es ertragreich ist. Dies konnte man anlässlich der um 2007 einsetzenden Finanzkrise beobachten, als eben noch profitable Geldanlagen plötzlich wertlos waren. Als Schuldiger dafür wurde die Gier nach immer mehr Geld ausgemacht, für dessen Vermehrung neue Anlagesphären geschaffen wurden, indem man bisher einer Kreditvergabe für unwürdig befundene, weil beschränkt zahlungsfähige Personen mit Immobilienkrediten versorgte. Als hätten Banken in ihrem Geschäftsgebaren gegen einen staatlichen Auftrag verstoßen und eine gesellschaftliche Verpflichtung auf den Erfolg ihrer Gewinnrechnungen missachtet, wurde ihnen das Platzen ihrer Kredite zur Last gelegt. Kapitalistische Gesetzmäßigkeiten will hier niemand feststellen, da können Krisen noch so häufig und regelmäßig auftreten. Da es am Kapitalismus nicht liegen darf, muss es an den Menschen liegen, wenn sich unerwünschte Entwicklungen ergeben. An die Stelle der Ursachenforschung tritt daher die Suche nach Schuldigen, die natürlich erfolgreich ist: Gierige Menschen haben mit ihrem übertriebenen Gewinnstreben die Geschäfte in den Abgrund getrieben.

Die Rede vom Gewinnstreben suggeriert eine natürliche Neigung, die sich in diesem Streben offenbaren würde. Noch deutlicher wird dies in der Bezeichnung „gesundes Erwerbsstreben". Mit dem Adjektiv „gesund" wird darauf hingewiesen, dass dies der menschlichen Natur eigentümlich und es daher ungesund sei, wenn sich dieses Streben nicht betätigen könne. Dieses scheinbar natürliche menschliche Bestreben gilt anderen als Kennzeichen eines speziellen Charakters, der sich durch rücksichtslosen Eigennutz auszeichne und als Wurzel allen Übels zu bekämpfen sei. In diesen Kreisen wird daher nicht vom gesunden Erwerbsstreben, sondern vom Gewinnstreben oder von der Profitgier gesprochen. Eigenartig ist hier allerdings, dass sie weniger die staatlich eingerichtete Notwendigkeit kritisieren, die in der Vermehrung des privaten Reichtums und damit des Gewinns als Zweck der wirtschaftlichen Tätigkeit besteht. Vielmehr stoßen sie sich an jenen Menschen, die ihr ganzes Streben danach ausrichten und diesem Zweck alles unterordnen. Nicht dem wirtschaftlichen Gewinn, sondern dem rücksichtslosen, „übertriebenen" Streben danach gilt ihre Kritik. Nicht dass Gewinn bezweckt wird, sondern dass dieser Zweck im Mittelpunkt steht und mit allen Mitteln angestrebt wird, gilt als anstößig. Während es in Ordnung und vernünftig sei, Gewinne zu machen, sei dabei dennoch Mäßigung angebracht und das maßlose Gewinnstreben sei daher zu verdammen. Statt die Einrichtung von Privateigentum und Gewinn zu kritisieren, wird hier deren unsachgemäßer oder eigennütziger Gebrauch angeprangert. Nicht spezifische gesellschaftliche Verhältnisse, sondern vermeintliche individuelle Verfehlungen sollen demnach abgestellt werden. Nicht die Herrschaft des Privateigentums, sondern das davon scheinbar unabhängig bestehende Gewinnstreben der falschen, weil eigennützigen und gierigen Eigentümer soll beseitigt werden, wobei manche diese Beseitigung sogar als „Ausmerzung" bezeichnen – das Umerziehungslager ist hier nicht weit (vgl. auch den Artikel „Linke Moral"). Wer so denkt, dem gilt das Gewinnstreben der bürgerlichen Gesellschaft als Herrschaft von Egoismus und Eigennützigkeit, die sich in einer materialistischen Lebenseinstellung und in Maßlosigkeit niederschlagen würden. Die bürgerliche Gesellschaft mit ihren Interessengegensätzen wird hier als Resultat einer eigennützigen Menschennatur betrachtet, die eingeschränkt und gemäßigt werden müsse, um zumindest die Auswüchse zu beseitigen, die zu Krisen, Konflikten und wechselseitigen Übervorteilungen führen würden.

Wie aber verhält es sich in Wirklichkeit mit dem Verhältnis von Gewinnstreben und Privateigentum? In der bürgerlichen Gesellschaft steht es jedem frei, mit seinem Privateigentum seinen Nutzen zu verfolgen, allerdings unter Einhaltung der dafür vorgesehenen gesetzlichen Bestimmungen. Es herrscht nur der eine Imperativ, sich mit seinem Eigentum behaupten zu dürfen, aber auch zu müssen und dabei die Grenzen zu beachten, die der Staat dieser Selbstbehauptung gesetzt hat. Damit sind die Menschen dieser Gesellschaftsordnung jedoch auch auf ihr Privateigentum als Mittel zur Durchsetzung ihrer Interessen festgelegt. Sie dürfen und müssen unter Wahrung bestimmter Grenzen ihren Erfolg suchen, darin besteht ihre Freiheit, da ihnen der Ort ihres Wirkens nicht vom Staat zugewiesen oder vorgeschrieben wird Die Grenzen, die ihrem Streben nach Erfolg gesetzt sind, bestehen in der Regel im Respekt des Privateigentums, das man sich nicht gewaltsam aneignen darf, das daher nur durch vertragliche Vereinbarung den Besitzer wechseln kann. Dieses Angebot des bürgerlichen Staates an den freien Willen seiner Bürger wird nun damit verwechselt, dass der Staat dem Willen seiner Bürger diene. Erst mit diesem Fehlschluss kommt man auf die Idee, nicht die Einrichtung des Privateigentums und des Gewinns zu kritisieren, sondern ein vermeintlich natürliches Gewinnstreben, das in diesen Einrichtungen nur zur Geltung komme. Anstatt die Festlegung des Eigennutzes auf die Vermehrung seines Privateigentums als sein einziges Mittel zu kritisieren, wird mit dem Eigennutz das Einzige angeprangert, was allen Menschen gemeinsam ist, nämlich das Bedürfnis des eigenen Wohlergehens.

Es ist allerdings ein Fehler zu glauben, dass dieses Bedürfnis unzertrennlich mit Gewinnstreben verbunden und immer nur auf Kosten anderer Menschen zu erreichen sei. Es ist umgekehrt auch widersinnig, von den Menschen in der bürgerlichen Gesellschaft den Verzicht auf ihren Eigennutz zu verlangen und sie aufzufordern, sich in gemeinnützigen Einrichtungen ehrenamtlich zu engagieren. Darunter leidet möglicherweise ihr wirtschaftlicher Erfolg und das kann damit enden, dass sie selbst auf die Betreuung solcher Einrichtungen angewiesen sind, für die sie sich eingesetzt haben. Man denke nur an Menschen, die sich z. B. bei einer Freiwilligen Feuerwehr betätigen und dabei Verletzungen zuziehen, die zur Invalidität führen. Ich gehe jede Wette ein, dass diese Menschen trotz ihres gemeinnützigen Engagements nur die übliche geringe Invaliditätsrente erhalten würden und einem ärmlichen Dasein ausgeliefert wären. Ebenso ist es widersinnig, die Menschen zum Verzicht auf ihr Privateigentum aufzufordern und dieses z. B. für die Armen zu spenden. Das einzige Ergebnis, das sie sich damit sicher einhandeln werden, besteht darin, dadurch selbst arm zu werden und auf wohltätige Zuwendungen angewiesen zu sein.

Nicht das Gewinnstreben ist zu kritisieren, sondern die Nötigung, Gewinn zu erzielen, auch wenn eine gewisse Minderheit mit dieser Nötigung bestens zurechtkommt, weil sie daraus den Nutzen zieht, dass andere genötigt sind, sich für ihren Gewinn nützlich zu machen. Auch wenn es hier Einzelnen möglich ist, die Seite zu wechseln und zu einem Nutznießer dieses Verhältnisses zu werden, so gelingt ihnen dies nur zum Schaden derjenigen, die sich ihres Entgelts dadurch würdig erweisen müssen, dass sie deren Reichtum vermehren. Ist man einmal unter den Nutznießern dieses Systems, so scheint man sich in seinem Gewinnstreben recht bequem einrichten zu können und gar nicht besonders strebsam sein zu müssen, wenn man den Worten der Herren Sonnleitner und Muhr glauben darf: „Niemand wird abstreiten wollen, dass auch Unternehmer arbeiten, manche mehr und manche weniger – manche auch eher seltener – aber immerhin, sie arbeiten."[24] Man stelle sich einmal vor, dass auf diese Weise jemand für Arbeiter einträte, vielleicht noch der Chef: „Ja, er arbeitet eher weniger und eher selten, aber immerhin, er arbeitet." Vermutlich weiß jeder, dass sich ein Arbeiter solchen Luxus nicht leisten könnte, da in diesem Fall die Konsequenzen im Verlust von Arbeit und Einkommen bestehen würden. Es ist also sehr gut nachvollziehbar, dass die Unternehmer nach Gewinn streben, wären sie doch sonst in der Notlage, für den Gewinn anderer zu Werke gehen zu müssen. Und dank der Nötigung seiner Bürger, sich um Erhalt und Erweiterung ihres Eigentums zu kümmern, erspart es sich der Staat, diesen ihre Tätigkeitsbereiche zuzuweisen, an deren somit eigenständig hervorgebrachten Resultaten er sich dann mittels Steuern und Anleihen bedienen kann. Auf Basis dieser Gedanken kann vermutlich jeder selbst entscheiden, ob das Gewinnstreben eine dem Staat nützliche Einrichtung oder eine davon unabhängige Erscheinung menschlicher Eigennützigkeit darstellt.

Gorbatschow

Die Linken waren großteils hellauf begeistert, als Gorbatschow die Führung in der Sowjetunion übernahm; einer der Paradelinken in Westdeutschland, Wolfgang Fritz Haug, verfasste sogar ein ziemlich langweiliges Buch[25] über dessen Reformen. Endlich sollte wieder Leben in einen durch staatliche Kontrolle erstarrten Sozialismus kommen, war die Hoffnung. Welches Leben hier gegen welche Erstarrung aktiviert werden sollte, schien von geringerem Interesse, Hauptsache war wohl eher, dass sich endlich wieder irgendetwas tat.

Ein genauerer Blick auf Gorbatschows politische Vorstellungen hätte diese Begeisterung wohl getrübt. Da hätte man herausfinden können, dass Gorbatschows Programm an Inhaltsleere kaum zu überbieten war,

---

[24] Karlheinz Muhr/Walter Sonnleitner: Wie funktioniert Wirtschaft wirklich. Ein Sachbuch für mehr Durchblick, Wien 2004, S. 89
[25] W. F. Haug: Gorbatschow. Versuch über den Zusammenhang seiner Gedanken, Hamburg 1989

weswegen der vorhin erwähnte Haug sich ja des Problems annehmen zu müssen meinte, einen Zusammenhang in Gorbatschows Gedanken ausfindig zu machen. Ein solcher Zusammenhang war wegen der Inhaltslosigkeit der berühmten Prinzipien *Glasnost* (Offenheit, Transparenz) und *Perestroika* (Umbau, Umgestaltung) schwer auszumachen, denn diese bezeichneten ja nichts weiter als Verfahrensweisen, von denen sich Gorbatschow endlich eine sozialistische Umgestaltung der gesellschaftlichen Beziehungen erhoffte. Wie dies konkret zu bewerkstelligen sei, war Gorbatschow selbst nicht klar, daher kam er über verschiedene Ansätze nicht hinaus, um deren Zusammenhang sich Haug in der erwähnten Schrift bemühte. Der Umbau der Gesellschaft sollte durch offene Kritik und transparente, also auf Einsicht beruhende und nicht den unerforschlichen Ratschlüssen einer politischen Elite vorbehaltene Entscheidungsprozesse geschehen. Es ist ohnehin bezeichnend, wenn eine sozialistische Gesellschaft endlich Transparenz erreichen will, denn man sollte meinen, Sozialismus besteht in den „durchsichtig einfachen Verhältnissen", von denen Marx sprach. Insofern stellte Gorbatschow den Anspruch, endlich eine sozialistische Gesellschaft zu erschaffen, die diesen Namen auch verdiente. Anstatt als Gefahr für den sozialen Zusammenhalt betrachtet, sollte Kritik als Produktivkraft für diese Umgestaltung genutzt werden. Mit Glasnost wollte Gorbatschow daher Mut zur Kritik machen, die am besten auch sofort praktische Wirkung in Form der Perestroika zeitigen sollte. Völlig egal also, wie schlüssig und treffend die verschiedenen kritischen Äußerungen der Genossen des sowjetischen Großreichs waren, sollte ihnen nicht nur formal stattgegeben, sondern auch praktisch gefolgt werden. Da kommt man natürlich in Verlegenheit, wenn den diversen Kritikern nichts Besseres einfällt, als sich selbst als Leistungserbringer mit wenig bis kaum Nutzen, alle anderen dagegen als reine Nutznießer der sozialistischen Arbeitsteilung zu betrachten. Die Folge davon waren entsprechende Anfeindungen untereinander, die schließlich in diversen nationalistischen Unabhängigkeitsbestrebungen mündeten und zum Zusammenbruch der sozialistischen Arbeitsteilung sowie zu anarchistischen Auflösungserscheinungen führten.

Weil dem Standpunkt der Kritik ganz prinzipiell Recht gegeben wurde, egal, wie unsinnig und verkehrt diese auch immer sein mochte, waren gegenseitige Anfeindungen der ehemaligen Genossen bis hin zur Auflösung ihrer sozialistischen Arbeitsteilung das Resultat. Eine Kritik wegen ihrer Argumentationsmängel und Fehlschlüsse abzuweisen, das kam für Gorbatschow allerdings der alten Zensur gleich, die ihm als

Gegenteil der von ihm propagierten Offenheit galt. Und so hat Gorbatschow mit seinem Aufruf zur Umgestaltung der sozialistischen Gesellschaft gemäß den verschiedenen Vorstellungen ihrer Kritiker dazu geführt, dass Widersprüche der realsozialistischen Arbeitsteilung nicht benannt und beseitigt, sondern gewaltsam ausgetragen, ja vielleicht sogar erst geschürt wurden. Der Widerspruch, die Genossen mittels Profit und Prämiensystemen für die sozialistische Planung zu instrumentalisieren, mittels staatlich genutzter kapitalistischer Techniken also,[26] wurde so aufgelöst, dass man nicht diese Techniken, sondern deren Instrumentalisierung aufhob. Die sozialistischen Rückbindungen und Rücksichten dieses Systems wurden nun als Behinderung seiner segensreichen Wirkungen betrachtet und aus dem Verkehr gezogen. So kamen endlich jene Versorgungsengpässe zustande, die man den realsozialistischen Staaten schon immer nachsagte.

Gorbatschows Reformwerk setzte die Widersprüche der realsozialistischen Planung frei, die davor durch staatliche Eingriffe an dieser Entfaltung immer wieder gehindert worden waren. Er befreite das Wertgesetz von den Fesseln der staatssozialistischen Regulierung und erklärte die staatliche Anwendung des Wertgesetzes zu dessen Behinderung. Anstatt die Widersprüche einer mit monetären Kennziffern geplanten Wirtschaft abzustellen, beendete er deren staatliche Einschränkung. Ohne diese „Bevormundung" würden sich die segenreichen Wirkungen unternehmerischer Freiheit entfalten, war seine Hoffnung, geerntet hat er schließlich Chaos und Anarchie. Er dachte, er könne ganz einfach den Kritikern freie Hand bei der Durchsetzung ihrer Vorstellungen lassen, ohne dabei zu beachten, dass diese durchaus unterschiedlich, falsch und gegensätzlich sein konnten. Einmal zur praktischen Umsetzung ermuntert, kamen diese Gegensätze natürlich auch in der Praxis zur Geltung, aber das zu unterbinden, wäre für Gorbatschow ja die Rückkehr zur alten Politik der „Stagnation" gewesen. Darüber hinaus betrachtete er es wohl auch als anmaßend und tyrannisch, erst die Schlüssigkeit der kritischen Urteile zu prüfen, die aus unterschiedlichen Praxisbereichen stammten. Dennoch wäre es der einzig sinnvolle Weg gewesen, sich erst über den Gehalt einer Kritik zu verständigen, ehe man diese in die Praxis umsetzt. Stattdessen gab Gorbatschow jeder

---

[26] Vgl. zu diesem Widerspruch einer mittels Profitanreizen geplanten Wirtschaft, die zugleich sozialen Zielsetzungen dienen sollten, die Ausführungen bei Renate Dillmann: China. Ein Lehrstück über alten und neuen Imperialismus, Hamburg 2009, S. 72–93, insbesondere S. 90.

Kritik Recht, ermunterte sie zur praktischen Umsetzung und lastete das dadurch angerichtete Chaos dem bereits zu großen „Reformstau" der Vergangenheit an. Wer sich ausführlicher über die Auswirkungen dieser blindwütigen Perestroika informieren will, dem sei die Lektüre des von Karl Held herausgegebenen Buches zu Gorbatschows Lebenswerk hier nachdrücklich ans Herz gelegt.[27]

Gutmenschen

Auf den ersten Blick mutet es absonderlich an, wenn Menschen als Gutmenschen beschimpft werden. Während üblicherweise über die Schlechtigkeit der Welt und der Menschen gejammert wird, ist nun der gute Mensch auch wieder nicht recht und wird zum Gegenstand der Klage oder des Spottes. Daraus lässt sich schließen, dass diese Gutmenschen zumindest für ihre Lästerer keine guten Menschen sind. Nicht ihnen tun sie Gutes und sind sie von Nutzen, sondern denen, die es nicht verdient haben, ist ihr Gedanke. Die Verspottung der Gutmenschen macht sich daher über deren Weltfremdheit und Heuchelei lustig. Weltfremd seien die Gutmenschen, indem ihre Hilfsbereitschaft den Falschen nütze und sie sich von diesen ausnützen ließen oder – schlimmer noch – sich mit Forderungen hervortun würden, deren Last nicht sie, sondern der Staat zu tragen hätte. Heuchlerisch seien sie, weil es ihnen auf die öffentliche Demonstration ihrer Gutmenschlichkeit ankomme und ihr Engagement daher nur Gegenständen öffentlichen Interesses gelte, etwa den Migranten der von Angela Merkel propagierten Willkommenskultur, keineswegs aber denjenigen, die als übliche Arme der bürgerlichen Gesellschaft auch keine besondere Aufmerksamkeit genießen.

Tatsächlich schließen Gutmenschen die Augen vor der kapitalistischen Realität, wenn sie dieser mit ein wenig Wohltätigkeit und Menschlichkeit zu Leibe rücken zu können glauben, von der es ihrer Ansicht nach nur zu wenig gäbe. Mit der Bezeichnung „Gutmenschen" machen sich hartgesottenere Zeitgenossen über diese Realitätsblindheit lustig, erklä-

---

[27] Karl Held (Hrsg.): Das Lebenswerk des Michail Gorbatschow. Von der Reform des ‚realen Sozialismus' zur Zerstörung der Sowjetunion, München 1992

ren aber zugleich die kapitalistische Realität zum Wesen der menschlichen Natur. Insofern stehe ich wieder einmal zwischen den Fronten.[28]

Gutmenschen weigern sich die Interessens- und Klassengegensätze zur Kenntnis zu nehmen, die in der bürgerlichen Gesellschaft eingerichtet sind. So behaupten sie, dass die Reichen nur aus Dummheit lieber Maßnahmen zum Schutz ihres Privateigentums als Sozialprogramme einrichten würden, obwohl Letztere den Schutz dieses Privateigentums doch überflüssig machen würden. Nachgerechnet haben sie hier sicherheitshalber lieber nicht. Auch die Forderung nach Lohnerhöhungen, um mit der dadurch bewirkten Massenkaufkraft den kapitalistischen Unternehmen Gewinn einzubringen, gehört zum Repertoire dieses Denkens, das wenigstens gedanklich jeden Gegensatz eliminieren will. Als könnten jemals als Kosten verbuchte Löhne mehr leisten, als diese Kosten wieder hereinzubringen, wenn mit diesen Löhnen bei jenen eingekauft wird, die sie gezahlt haben! Bevor man sich dieser Einsicht beugt, zieht man es als Gutmensch jedoch vor, an der mit ein wenig gutem Willen doch erreichbaren Vereinbarkeit von Lohn- und Gewinninteresse festzuhalten. Weil dies immerzu unterbleibt, beklagen Gutmenschen den Egoismus und das Gewinnstreben der Menschen sowie die daraus entspringende Rücksichtslosigkeit und treten für mehr Rücksichtnahme und Nächstenliebe ein, um dadurch die Welt besser zu machen, wie sie meinen. Damit ähneln sie den Pfaffen, die den Kapitalismus dafür schätzen, dass er ein niemals versiegendes Betätigungsfeld für ihre Nächstenliebe bietet, da er immer für genügend Armut und Elend sorgt, bei deren Betreuung sie ihre Nächstenliebe zur Schau stellen können.

Mit ein wenig gutem Willen, so denken die Gutmenschen, ließen sich auch die Konflikte und Kriege aus der Welt schaffen, die für die kapitalistische Weltordnung charakteristisch sind. Und falls Kriege oder Verelendung in den Ländern der imperialistischen Peripherie zu Massenmigration führen, sei ebenfalls nur ein wenig guter Wille in den sogenannten reichen Ländern gefragt, um die hereinströmenden Menschenmassen angemessen zu versorgen. Mit bloßer Willenskraft meint man sich über all jene kapitalistischen Gesetzmäßigkeiten hinwegsetzen zu können, die man in keiner Weise begriffen hat oder angreifen will und die jenes Elend hervorbringen, dessen auch noch so viel Einsatz- und Opferbereitschaft niemals Herr werden können. Ohne sich auch nur einen Gedanken darüber zu machen, worin die Ursachen des an-

---

[28] Vgl. dazu auch mein Buch: Ewig lockt die Bestie. Eine Kritik der Moralphilosophie

dauernden Elends bestehen, wissen sie immer schon von vornherein Bescheid, dass es einfach am guten Willen der Menschen mangelt, sich für die „Bekämpfung der Armut" zu engagieren.

Auch bei der Durchsetzung der Menschenrechte vermissen Gutmenschen das erforderliche Engagement. Ihre Wertschätzung der Menschenrechte besteht darin, dass hier die Menschen endlich erhalten würden, was ihnen zustehe. Eine genauere Kenntnis der Bestimmungen dieser ach so prächtigen Menschenrechte wäre für eine solche Verehrung natürlich eher ein Hindernis, daher trifft man diese bei Gutmenschen auch nicht an. Sie wollen es daher auch nicht hören, wenn darin vermerkt ist, dass z. B. das Recht auf Versammlungsfreiheit keine absolute Geltung hat, sondern bestimmten Bedingungen unterliegt, an denen sich auch dann nichts ändert, wenn sie als einzige zulässige Einschränkungen bezeichnet werden.[29] Nie beschäftigen sie sich mit den Ursachen von Konflikten, weil sie immer bereits Bescheid wissen, dass sich hierin nichts als die Schlechtigkeit der Welt und „des Menschen" offenbare, der man nur mit gutem Willen entgegenwirken könne, also mit der Demonstration und Expansion der eigenen guten Gesinnung. Dafür wurden in den 1980er-Jahren Friedensdemonstrationen durch Ostermärsche inszeniert, heute muss man als Antifa permanent den Anfängen des Faschismus wehren, von denen man sich daher umzingelt wähnt und wohl deswegen meint, auch ein wenig energischer dagegen auftreten zu müssen. Da sie von den vielen schlechten Menschen um sie herum an ihrer Durchsetzung gehindert werden, geraten Gutmenschen auch nie in die Verlegenheit, die Verantwortung für ihre Vorstellungen übernehmen zu müssen, und können sich an der Demonstration ihrer guten Gesinnung berauschen. „‚Verantwortlich' fühlt sich der Gesinnungsethiker nur dafür, daß die Flamme der reinen Gesinnung, die Flamme z. B. des Protestes gegen die Ungerechtigkeit der

---

[29] „Die Ausübung dieser Rechte darf keinen anderen Einschränkungen unterworfen werden als den vom Gesetz vorgesehenen, die in einer demokratischen Gesellschaft im Interesse der nationalen und öffentlichen Sicherheit, der Aufrechterhaltung der Ordnung und der Verbrechensverhütung, des Schutzes der Gesundheit und der Moral oder des Schutzes der Rechte und Freiheiten anderer notwendig sind." (https://www.ris.bka.gv.at/Dokument.wxe?Abfrage=Bundesnormen&Dokumentnummer=NOR12016942; abgerufen am 10. 2. 2016, Hervorhebung von mir): vgl. auch mein Buch: Von Nutzen und Nachteil des Faschismus für die Demokratie, a. a. O., S. 46 f.

sozialen Ordnung, nicht erlischt",[30] spottet daher Max Weber über diese abstrakte Gesinnungsethik. Ein bekanntes Beispiel für dieses Verfahren ist der Papst, der unermüdlich dazu aufruft, der Gewalt zu entsagen und den Weltfrieden zu beschließen, und sich damit leicht tut, schließlich muss er ja keinen einzigen Gedanken daran verschwenden, wie dies hinzukriegen sei. Man müsse sich ja nur für das Gute entscheiden und dabei ist es eher hinderlich, sich mit den gesellschaftlichen und politischen Verhältnissen zu beschäftigen, oder gar mit den Urteilen, die immer wieder den Einsatz von Gewalt gebieten.

Wie sehr Gutmenschen ihre Genüge in der Demonstration ihrer guten Gesinnung haben, zeigt sich an den Demonstrationen der Antifa. Da berauscht man sich, wenn man die Stadt zum Beben bringt, indem man antifaschistische Parolen donnert, wenn man etwa auf Italienisch, weil es sich so viel besser anhört, den Schlachtruf ertönen lässt: „Siamo tutti antifascisti!" Gegen die alltägliche Normalität der bürgerlichen Gesellschaft hat man ja nichts einzuwenden, da muss man schon eine faschistische Gefahr beschwören, um sich richtig in Szene zu setzen. Dafür taugen auch Dorfgemeinschaften, die sich gegen Asylunterkünfte zur Wehr setzen, die mehr Menschen beherbergen sollen, als ihr Dorf Einwohner hat. Mit deren Sorgen hat man sich nicht auseinanderzusetzen, sind diese doch nur Vorurteile, die auf die faschistische Gesinnung dieser Bewohner verweisen. So einfach wird die Welt, wenn man über die rechte gutmenschliche Gesinnung verfügt! Auch Kritik am Islam ist dann nichts anderes, denn Kritik ist nur an „hausgemachten" Religionen zulässig, in allen anderen Fällen gilt sie nur als Vorwand für Fremdenhass! So bleiben die Gutmenschen ihrer Ignoranz, die sie mit Kritik verwechseln, bis zur letzten Konsequenz treu. (Vgl. dazu auch die Artikel „Ausländer" und „Refugees wellcome!")

Die Tour, gutmenschliches Engagement in selbstgefälligen Inszenierungen von Wohltätigkeit und Charity scheinbar nutzloser Kapitalismuskritik gegenüberzustellen, ist nicht erst in neuerer Zeit aufgekommen. Ein schönes Beispiel dieser Heuchelei offenbarte sich dem italienischen Schriftsteller und Filmregisseur Pier Paolo Pasolini schon vor Jahrzehnten, nachdem er in seiner wöchentlichen Kolumne der italienischen Zeitschrift *Tempo* den Husten eines Arbeiters als Symptom des

---

[30] Max Weber: Politik als Beruf, in: Digitale Bibliothek Band 58; vgl. Max Weber: Gesammelte politische Schriften. Hrsg. von Johannes Winckelmann. 5. Auflage, Tübingen: J. C. B. Mohr (Paul Siebeck), 1988 (1. Auflage 1921), S. 552; vgl. auch meine Kritik der Moralphilosophie: Ewig lockt die Bestie, a. a. O., S. 101

Elends der Arbeiterklasse[31] geschildert hatte. Er erhielt daraufhin einen Leserbrief von einer Person, die sich kokett als „nur eine Frau, nichts als eine Frau"[32] bezeichnete, um damit vermutlich ihre natürliche Unvoreingenommenheit der ideologischen Sichtweise entgegenzusetzen, die sie Pasolini unterstellt. Diese Dame war begierig zu erfahren, ob er für den hustenden Arbeiter außer seinem Mitleid vielleicht auch eine mildtätige Handlung aufgebracht, etwa ihn in sein Haus gebeten und für ihn einen Arzt aufgesucht habe. Sie wollte seine Kritik an ihrer unmittelbaren Wirkungslosigkeit blamieren. Unmittelbar vermag schließlich keine Kritik etwas an der Situation nicht nur dieses einen, sondern auch der übrigen Arbeiter zu ändern. Umgekehrt ist es jedoch nichts als der erbauliche Genuss der eigenen Vortrefflichkeit, wenn man sich an den eigenen Wohltätigkeiten berauscht, die man einigen wenigen „Privilegierten" verschafft, um danach weiterhin selbstgefällig die gesellschaftlichen Verhältnisse zu ignorieren, die das so demonstrativ gelinderte Leid verursachen. Für die Abschaffung dieses Leids erwärmt sich nicht, wer sich in dessen Linderung so gut gefällt.

Hakenkreuzmaler Hans Weigel

Hans Weigel galt im Österreich der Nachkriegszeit als einflussreicher Intellektueller und Kritiker. Gemeinsam mit Friedrich Torberg sorgte er dafür, dass Bertolt Brecht in Österreich jahrelang boykottiert wurde. Manchmal wird er mit Marcel Reich-Ranicki verglichen, vermutlich wegen der diesen beiden gemeinsamen streitbaren Natur. Ein streitbares Wesen ist auch nicht von vornherein schlecht, dennoch kommt es darauf an, wie und wofür es sich äußert. Aufschlussreich ist hier ein Text, den Weigel 1977 in dem Werk *Ad Absurdum* veröffentlicht hat. Er beschreibt darin, was er unternehmen würde, wenn er Kommunist wäre. Dann würde er nämlich heimlich nachts im Zentrum einer Großstadt an gut sichtbarer Stelle ein Hakenkreuz malen, in aller Öffentlichkeit das Horst-Wessel-Lied und in Wirtshäusern Lobreden auf die Na-

---

[31] Pier Paolo Pasolini: Der Husten des Arbeiters, in: Ders.: Chaos gegen den Terror, Berlin 1981, S. 159
[32] Pier Paolo Pasolini: Aktionswut, in: Ders.: Chaos gegen den Terror, a. a. O., S. 174

zizeit und danach Wehrmachtslieder anstimmen sowie das Ganze publizistisch ausschlachten.[33] Er würde somit als Agent provocateur die bürgerliche Gesellschaft schlechtmachen, denn außer ihrem faschistischen „Irrweg", der so „irrig" ohnehin erst nach seinem Scheitern erschien,[34] weiß er keinen Einwand gegen diese Gesellschaft vorzubringen, worin ja in unseren Tagen die Antifa mit ihm übereinstimmt.

Offensichtlich meint Weigel, dass man ein verschlagener Mensch sein muss, wenn man Kommunist ist, deswegen denkt er wohl, dass sich dieses Wesen in solchen Machenschaften äußern würde. Es spricht aber vielmehr gegen ihn, wenn er auf solche Gedanken kommt. Deswegen ist er eben kein Kommunist, könnte man ihm entgegnen, und deswegen betätigt er sich mit solchen Artikeln gegen Kommunisten so, wie er sich umgekehrt auch als Kommunist verhalten würde, indem er statt der bürgerlichen Gesellschaft eben nun Kommunisten böswillig verunglimpft. Für Hans Weigel können Kommunisten an der demokratischen Form der bürgerlichen Herrschaft nichts auszusetzen haben und müssen diese daher als heimlichen Faschismus betrachten. Nur wenn es Anzeichen für Faschismus gibt, können sie seiner Auffassung nach ihre kommunistischen Überzeugungen rechtfertigen, daher würden sie selbst für solche Anzeichen sorgen. An diesem Gedanken wird allerdings auch dadurch nichts besser, dass viele Linke, allen voran die Antifa, ihn teilen, auch wenn sie nicht für solche Zeichen sorgen zu müssen glauben, sondern ohnehin überall faschistischen Missbrauch wittern, wo der demokratische Staat seine Gewalt ganz normal gebraucht.

Da Hans Weigel kein Kommunist ist, muss er statt der Hakenkreuze an Großstadtwände Verleumdungen auf Papier schmieren, die uns mitteilen, wie böswillig er sich als Kommunist verhalten würde. Wenn er Kommunist wäre, würde er zu solchen betrügerischen Maßnahmen greifen, sagt er, und denkt nicht im Traum daran, dass es damit auch er allein sein könnte, der in schlechtem Licht erscheint. Nein, so wäre er ja nur dann, wenn er Kommunist wäre, und deswegen ist er auch keiner, denkt er. Kommunismus ist ihm derartig fremd, dass dieser für ihn nur Ausdruck einer geistigen Zerrüttung sein kann, wogegen er felsen-

---

[33] http://www.auf-polizei.at/forum/?bid=352&cHash=feb313189932cb546aefebe84eb51b20, zuletzt aufgerufen am 24. 4. 2016

[34] Vgl. mein Buch: Von Nutzen und Nachteil des Faschismus für die Demokratie, Wien 2013

fest auf dem unerschütterlichen Boden seiner Ahnungslosigkeit steht. So ärmlich und erbärmlich zeigt sich das Urteilsvermögen eines Repräsentanten der sogenannten Intelligenz im Österreich der Nachkriegszeit.

Hitler

Adolf Hitler hat zwar den Zweiten Weltkrieg verloren, dennoch sind einige seiner Ziele mittlerweile erreicht worden, was ohne diesen Krieg unwahrscheinlich gewesen wäre. Einzig der von ihm geplante Genozid an den Juden wurde nach dem gewaltsamen Ende der NS-Herrschaft nicht weiterverfolgt, die von Hitler ebenso ersehnten Ziele der Vernichtung des realen Sozialismus und der Wiedererstarkung Deutschlands wurden hingegen erreicht. Hitler machte sich keine Illusionen über den imperialistischen Gehalt ökonomischer Konkurrenz, ihm war klar, dass Deutschland auf friedlichem Wege keineswegs seinen nationalen Status verbessern würde: „Da alle großen Völker heute Industrievölker sind, ist die sogenannte wirtschaftsfriedliche Eroberung der Welt nichts anderes als der Kampf mit Mitteln, die solange friedlich sein werden, solange die stärkeren Völker mit ihnen siegen zu können glauben, d. h. aber in Wirklichkeit mit friedlicher Wirtschaft die anderen töten zu können."[35] Auch gegenwärtig ist sich US-Präsident Obama des Sieges der Weltmacht bewusst, sofern die Konkurrenz mit richtigen Dingen zugeht, womit er deutlich macht, dass jede Konkurrenzniederlage der USA nur auf unfaire Konkurrenzpraktiken und -bedingungen zurückgeführt werden könne, die einer entsprechenden Korrektur bedürfen: „Our workers are the most productive on Earth, and if the playing field is level, I promise you – America will always win."[36] „Unsere Arbeiter sind die produktivsten auf der Erde, und wenn das Spielfeld auf gleichem Niveau ist, verspreche ich Ihnen – Amerika wird im-

---

[35] Hitlers Zweites Buch, zit. n. Konrad Hecker: Der Faschismus und seine demokratische Bewältigung, München 1996, S. 196
[36] Barack Obama, zit. n.: Die USA erneuern ihren globalen Führungsanspruch (II), in: Peter Decker (verantwortlicher Redakteur): Gegenstandpunkt 2-12, München 2012, S. 87

mer gewinnen." (eigene Übersetzung) Die Einebnung, Begradigung oder Entfernung vermeintlicher Unebenheiten der Konkurrenzbedingungen kann dabei durchaus gewaltsam oder zumindest von Gewaltdrohungen und anderen Erpressungsmanövern begleitet sein.

Hitler war also klar, dass unter den Bedingungen des sogenannten „Schandfriedens von Versailles" die deutsche Nation ein untergeordnetes Dasein führen, dass Krieg unerlässlich für den nationalen Wiederaufstieg sein würde. Das Resultat dieses Krieges war zunächst jedoch vernichtend, nie stand es danach schlimmer um die deutsche Nation, weswegen sich auch die Parole „Nie wieder Krieg" zunächst einer gewissen Beliebtheit erfreute. Ein glücklicher Umstand dafür, dass Hitlers Berechnungen in den folgenden Jahrzehnten doch noch aufgingen, war allerdings das Vordringen des sowjetischen Herrschaftsbereichs über die Grenzen Deutschlands, das sich in dessen Teilung in Ost- und Westdeutschland manifestierte. Deswegen waren die USA an einem starken Partner an dieser Front interessiert, der mit einem Agrarstaat nicht zu haben war. Die Umwandlung Deutschlands in einen Agrarstaat wäre das Ziel des Morgenthau-Plans gewesen, der jedoch nicht durchgeführt wurde, weil man Deutschland als Frontstaat gegen den sowjetischen Machtbereich einrichten wollte. Aus demselben Grund wurde ja auch von Konrad Adenauer Stalins Angebot einer Wiedervereinigung Deutschlands zurückgewiesen, weil diese zur Bedingung hatte, dass Deutschland sich zu einem neutralen Staat erklärt hätte. Stalin wäre nämlich an einer neutralen Pufferzone zwischen Ost und West interessiert gewesen, die sich schließlich auf das neutrale Österreich beschränkte.

Statt des Morgenthau-Plans kam bekanntlich der Marshallplan zum Zug, und anstatt mit Reparationszahlungen belastet zu werden, wurde Deutschland mit Finanzmitteln zum Import einer neuen industriellen Basis ausgestattet, da der Krieg ironischerweise auch die Abwrackung veralteter Technologie bewirkt hatte. Die weiteren Kriege der USA gegen Korea und Vietnam waren auch für den ökonomischen Erfolg Deutschlands hilfreich und so konnte diese Nation im Rahmen der US-Weltordnung und des Ost-West-Konflikts sich in der Rangordnung der Nationen stetig verbessern. Das alles wäre nicht möglich gewesen, hätte Hitler nicht durch seinen Weltkrieg dafür gesorgt, dass kein Stein mehr auf dem anderen blieb. Dadurch wurden seine Ziele schließlich auch ohne die Vernichtung der Juden erreicht, weswegen der rassistische Genozid auch den hauptsächlichen Einwand gegen die NS-Herrschaft darstellt.[37] Aus diesem Grund hat Jörg Haider auch in der Selbstabschaffung des realen Sozialismus und der Wiedervereinigung Deutschlands einen Anlass gesehen, um die Generation Hitlers zu rehabilitieren und „die alten Kameraden zu Vorkämpfern der Wiedervereinigung und der EU-Osterweiterung zu ernennen",[38] die sich damit letztlich doch noch unter die Sieger des Zweiten Weltkriegs einreihen würden. Es wäre also durchaus angebracht, die Gemeinsamkeiten zwischen faschistischer und demokratischer Staatsräson zur Kenntnis zu nehmen, die sich in Haiders Rehabilitierungsanliegen offenbaren, anstatt den bürgerlichen Staat dafür zu preisen, dass er keine rassistisch motivierten Genozide durchführt.

Holocaust

Die Grausamkeiten der faschistischen Gewalt gegen das „unwerte Leben" sind allgemein unter den Bezeichnungen „Holocaust" (Massenvernichtung) oder „Shoah" (auch „Schoah", Untergang, Vernichtung) bekannt und werden mittlerweile im Zuge der sogenannten Vergangenheitsbewältigung schonungslos dokumentiert. Auch wenn der Alltag der bürgerlichen Gesellschaft nahezu täglich Akte der Gewalt präsentiert, gelten diese als Ausnahme von der Regel, während im Faschismus umgekehrt Gewaltausübung die Regel gewesen sei. Diese Gewalt war jedoch nicht ein Bruch staatlichen Rechts, sondern ein Staatsakt.

Als staatlich angeordnete Gewalt waren die Massaker der Nazis natürlich zahlreicher, aber auch hemmungsloser als jene, die von privater Initiative ausgehen. Dennoch gilt diese sozusagen überdurchschnittliche, weil massenhaft und schrankenlos praktizierte Gewalt immer noch als rätselhaft, weil sich hier doch Widerstand regen hätte müssen, obwohl dieser auch heutzutage in der Regel als unbotmäßig und ungehö-

---

[37] Vgl. dazu auch mein Buch: Von Nutzen und Nachteil des Faschismus für die Demokratie, Wien 2013

[38] Herbert Auinger: Haider. Nachrede auf einen bürgerlichen Politiker, Wien 2000, S. 124

rig geahndet wird. Es wird daher darüber spekuliert, wie „ganz normale Menschen" sich zu solchen Exzessen „hinreißen" oder „hergeben" konnten, umgekehrt steht ebenso im Raum, dass hier Psychopathen die Möglichkeit zur ungehemmten Entfaltung ihres abnormen Wesens genutzt hätten. Angebliche Verführungskünste des „Führers", Manipulation oder perverse menschliche Abgründe sollen demnach das in quantitativer wie qualitativer Hinsicht überdurchschnittliche Ausmaß der faschistischen Gewalt erklären. Erziehung zur Gewaltlosigkeit scheint zur Eindämmung solcher menschlicher Abgründe geboten, wenn nicht gar zur Abwehr einer natürlichen menschlichen Neigung zur Gewalt, deren Einschränkung durch Erfordernisse des Zusammenlebens den Menschen laut Freud ein Unbehagen in der Kultur bereite.

Solche erzieherische Maßnahmen hat der Verein *March of Remembrance and Hope (Morah)* offensichtlich im Sinne, wenn er Exkursionen in das ehemalige Konzentrationslager Auschwitz als ein antifaschistisches Initiationsritual gestaltet. Wiener Gymnasiasten haben bei diesem im Jahr 2009 anscheinend nicht genügend Kooperationsbereitschaft aufgebracht, als sie unter anderem auch erklärten, „wir werden sicher keine Haube auf den Kopf tun",[39] und schließlich von dieser Veranstaltung ausgeschlossen wurden. Inwiefern ein Akt der Gewalt, den ein solcher Ausschluss darstellt, als Argument gegen Gewalt dienen soll, bleibt wohl das Geheimnis der Veranstalter. Vermutlich lag diesem Verfahren der Gedanke zugrunde, dass man mehr Einfühlungsvermögen für die Opfer von Gewalt entwickelt, wenn man selbst einmal zu deren Objekt wird – als würde nicht vielmehr in der Regel daraus das Recht zur Gegengewalt abgeleitet, die jede Rücksicht gegen den gewaltsamen Gegner fahren lässt, der sich durch seine Gewalttätigkeit als Inkarnation des Bösen erwiesen habe. Es scheint ja auch das Ziel dieser Exkursionen von Morah zu sein, mehr Einfühlungsvermögen für das Leiden der Opfer von Gewaltanwendung zu entwickeln, nachdem das bisher entwickelte Niveau wider Erwarten unzureichend erschien – wider Erwarten deshalb, weil „Überlebende des Holocaust [...] es nicht glauben konnten, dass derartige Exzesse von Gewalt von Angehörigen einer modernen Gesellschaft überhaupt begangen werden konnten".[40] Wenn

---

[39] http://derstandard.at/1241622687753/KZ-Besuch-Eklat-bei-Schuelerfahrt-nach-Auschwitz, aufgerufen am 6. 8. 2015

[40] Johannes Sachslehner: Der Tod ist ein Meister aus Wien. Leben und Taten des Amon Leopold Göth, Wien 2008, S. 11; vgl. auch mein Buch: Von Nutzen und Nachteil des Faschismus für die Demokratie, a. a. O., S. 28

es wenigstens kulturlose Wilde gewesen wären, hat man wohl gedacht, aber die hätten aufgrund mangelnder Waffentechnologie ein solches Vernichtungswerk auch beim besten Willen nicht vollbringen können. Nun aber, nachdem sich im Holocaust diese Gewalt offenbart habe, soll das Wissen über das dadurch bewirkte Leid „auch in unser Herz einziehen" und der „schmerzende Stachel"[41] sein, der sich diesen unergründlichen menschlichen Abgründen widersetzt, die im Faschismus zutage getreten seien.

Was nun die Bereitschaft von Menschen zur Durchführung solcher Gewaltakte betrifft, so war Goebbels weit weniger davon überzeugt, dass auf diese Verlass sei. Er schreibt daher in seinen Tagebüchern von zwar barbarischen, jedoch notwendigen Maßnahmen: „Aus dem Generalgouvernement werden jetzt, bei Lublin beginnend, die Juden nach dem Osten abgeschoben. Es wird hier ein ziemlich barbarisches und nicht näher zu beschreibendes Verfahren angewandt, und von den Juden selbst bleibt nicht mehr viel übrig." Bei dieser Vernichtung der Juden, von denen „nicht mehr viel übrig" bleibt, nämlich nur noch ihre Leichen und schließlich deren Asche, komme es zu „einem Verfahren, das nicht zu auffällig wirkt. An den Juden wird ein Strafgericht vollzogen, das zwar barbarisch ist, das sie aber vollauf verdient haben."[42] Nicht zu auffällig darf es sein, um nicht vielleicht für zumindest Irritation unter jenen zu sorgen, die von der Notwendigkeit dieser Vernichtungsmaßnahmen nicht so felsenfest überzeugt sind wie Goebbels. Dafür könnte schließlich schon die von Goebbels selbst hier eingestandene barbarische Natur dieses Verfahrens sorgen. Aus diesen Aufzeichnungen von Goebbels lässt sich schließen, dass es ihm nicht an Einfühlungsvermögen hinsichtlich der Wirkungen faschistischer Gewalt fehlte, er aber von deren Notwendigkeit überzeugt war. Deswegen wäre es erforderlich, sich mit den Urteilen auseinanderzusetzen, auf die sich diese Überzeugung stützte, aber auf den schlichten Gedanken, dass hier – wie bei jeder Gewalttat – bestimmte Überzeugungen diese Gewalt hervorgebracht haben könnten, will keiner kommen. Goebbels war jedenfalls keineswegs unklar, dass er den Juden Gewalt antat, diese war jedoch nicht der Selbstzweck eines psychisch abnormen Sadisten, sondern galt ihm als eine politische Notwendigkeit.

„Vollauf verdient", sagt Goebbels, sei die Vernichtung der Juden, und genau so meint er es auch. Nicht nur zulässig, vielmehr geboten sei da-

---

[41] Johannes Sachslehner: Der Tod ist ein Meister aus Wien, a. a. O., S. 10
[42] Goebbels, 27. März 1942

her dieses gewaltsame, barbarische Vorgehen gegen die Juden, weil Goebbels diese als Schädlinge der Nation beurteilt, die erstens Strafe verdienen und zweitens zur Beseitigung der von ihnen ausgehenden Schädigung entfernt werden müssen. Daran ist allerdings auch zu erkennen, dass Goebbels durchaus bewusst ist, was hier getan wird, er selbst spricht von einem barbarischen Verfahren. Es ist ihm auch bewusst, dass die Bestimmung einer Sache als „barbarisch" in der Regel einen Einwand gegen diese darstellt, weshalb er auch auf der Notwendigkeit der geplanten Maßnahmen beharrt, indem er diese als „vollauf verdient" bezeichnet.

Von sich aus neigt also selbst ein Goebbels nicht zu solcher Brutalität, diese muss vielmehr „vollauf verdient" sein. Jetzt kann man dies natürlich auch für einen bloßen Vorwand halten, wonach Goebbels sich nachträglich einen guten Grund dafür zurechtlege, damit er seine tief in ihm wurzelnde Grausamkeit praktizieren könne, allerdings müsste man dann immer noch die Frage klären, weshalb ausgerechnet die Juden für diese grausame Neigung als Opfer auserkoren wurden. Aber anstatt sich in solchen haltlosen psychologisierenden Spekulationen zu ergehen, sollte es doch genügen, die Urteile ernst zu nehmen, die jemand wie Goebbels hier vorstellig macht. Warum sollten nicht ganz einfach Fehlurteile die Ursache für falsche oder üble Handlungen sein? Hat man diesen Sachverhalt einmal erkannt, so muss man auch nicht mehr im Trüben fischen und nach menschlichen Abgründen forschen, zu deren Eindämmung es einer Grundimmunisierung bedürfe, wie sie der Verein March of Remembrance and Hope (Morah) mit seinen antifaschistischen Initiationsriten vollbringen zu müssen meint. Es ist also keineswegs so, dass die Menschen von Natur aus zu solcher Gewalt neigen würden, weil es ihnen an Empathie mangle und ihnen diese erst beigebracht werden müsse.

Wenn es aber falsche Urteile sind, durch welche sich die Nazis zu ihren barbarischen Akten geradezu genötigt sahen, so ist zu klären, durch welche Überzeugungen diese Urteile motiviert worden sind.[43] Und da wird es heikel, weil nämlich hier Vorstellungen zum Vorschein kommen, die immer noch in Kraft sind. Auch heute gilt die Selbstbehauptung einer Nation im Konkurrenzkampf gegen andere Nationen als eine unbezweifelbare Sache, für die Opfer zu bringen seien. Da ist

---

[43] Näheres hierzu findet sich in meinem Buch: Von Nutzen und Nachteil des Faschismus für die Demokratie, noch ausführlicher ist das Werk von Konrad Hecker: Der Faschismus und seine demokratische Bewältigung, München 1996

dann die Rede von vermehrten Anstrengungen oder enger zu schnallenden Gürteln, die für den Erfolg der Nation aufzubringen seien. Welche Opfer hier erforderlich seien und welche nicht, darüber ist sich zwar selbst die herrschende Elite des Öfteren uneins, aber dass es solcher Opfer bedarf, ist in der Regel außer Streit, da die Nation ja nicht ins Hintertreffen geraten dürfe.

Allein an diesen wenigen und jedem vertrauten Bemerkungen lässt sich erkennen, dass es mit dem Wirken von Nationen zu tun hat, wenn von notwendigen Opfern gesprochen wird. Und je nach Beurteilung der nationalen (Not-)Lage und der für einen nationalen Aufbruch zu erbringenden Anstrengungen und Opfer können sich auch wahnhafte Urteile über vermeintliche nationale Schädlinge herausbilden, für die sich vor allem solche Menschen eignen, die einen von der Mehrheit ein wenig abweichenden Lebensstil aufweisen, wofür sich in Deutschland in „unseliger" Zeit eben die Juden angeboten haben. Da eine solche Erklärung des Faschismus jedoch eine Kritik an staatlicher Herrschaft darstellt, gehört sie zu den unerwünschten und üblicherweise auch ungehörigen Lektionen über den Faschismus. Da erschaudern die Weißwäscher der Nation doch lieber angesichts des menschlichen Grauens und der unvorstellbaren Abgründe, die sich in der faschistischen Herrschaft offenbart hätten, und freuen sich darüber, wie fein sie es mit einer Nation getroffen haben, die sich ihrer überlegenen Gewalt gewiss ist und solcher nationalen Säuberungen derzeit nicht zu bedürfen meint.

Eine Ironie der Geschichte ist es aber, wenn der Holocaust geleugnet wird, weil der antisemitische Wahn nicht nachvollziehbar, ja sogar als kontraproduktiv für den militärischen Erfolg der deutschen Nation gilt. Diese Vernichtungslager zu leugnen, kommt einer Leugnung der Weltkriege gleich, auch lässt sich dies mit den Aussagen Hitlers in *Mein Kampf* überhaupt nicht vereinbaren. Dennoch versuchen Sympathisanten Hitlers in unseren Tagen mit der sogenannten „Auschwitz-Lüge" ihren „Führer" reinzuwaschen. Kritik an diesem Unterfangen versuchen sie unter Berufung auf die Meinungsfreiheit zurückzuweisen. Meines Erachtens entspricht dies aber der Leugnung eines Faktums, Meinungen können nur die Beurteilung dieses Sachverhalts zum Gegenstand haben. Weil aber offenbar auch die aktuellen Verehrer Hitlers der Judenvernichtung keinerlei Sinn und Zweck zu entnehmen vermögen, bleibt ihnen nichts anderes als die Bestreitung dieses Faktums übrig, das sie als böswillige Erfindung der Siegermächte betrachten. Und diese Betrachtung sollte ihrer Auffassung nach genauso zulässig sein wie die gegenteilige „Meinung". Die Neonazis erklären damit genau jenes Werk für nichtig, das Hitler als sein größtes und wichtigstes betrachtet hat, weil seiner Auffassung nach davon das Überleben der menschlichen Zivilisation abhing. Bezeichnend ist es auch, dass sie für die Rehabilitierung Hitlers nicht viel mehr zu benötigen meinen, als *diesen* Genozid aus der Welt zu schaffen. Offensichtlich sehen sie sonst keinen großen Unterschied zwischen dem Faschismus und den gegenwärtigen Demokratien und haben damit zufällig sogar einmal etwas begriffen.

Ideologie zur Betäubung des nüchternen Elends

Marx und Engels loben im *Manifest der kommunistischen Partei* die bürgerliche Gesellschaft dafür, dass ihre permanente Umwälzung der Produktion die Verfestigung und Überhöhung der gesellschaftlichen Beziehungen verhindere: „Alles Ständische und Stehende verdampft, alles Heilige wird entweiht, und die Menschen sind endlich gezwungen, ihre Lebensstellung, ihre gegenseitigen Beziehungen mit nüchternen Augen anzusehen."[44] Da die Menschen gezwungen seien, ihre Beziehungen nüchtern anzusehen und ihrer Lage nüchtern ins Auge zu sehen, sah Marx auch im Proletariat bereits den Totengräber der bürgerlichen Gesellschaft heraufkommen. Die zunehmende Verelendung der Arbeiterklasse würde schließlich diese immer mehr gegen den Kapitalismus aufbringen: „Mit der beständig abnehmenden Zahl der Kapitalmagnaten, welche alle Vorteile dieses Umwandlungsprozesses usurpieren und monopolisieren, wächst die Masse des Elends, des Drucks, der Knechtschaft, der Entartung, der Ausbeutung, aber auch die Empörung der stets anschwellenden und durch den Mechanismus des kapitalistischen Produktionsprozesses selbst geschulten, vereinten und organisierten Arbeiterklasse."[45]

Es mag schon sein, dass sich unter den Arbeitern Empörung über ihre Lage einstellt, damit ist jedoch noch nichts darüber gesagt, welche Erklärungen sie sich darüber zurechtlegen. Außerdem hat Marx bereits

---

[44] Marx/Engels: Manifest der kommunistischen Partei, in: MEW, Bd. 4, S. 465
[45] Marx: Das Kapital, vgl. MEW, Bd. 23, S. 790 f.

Erscheinungen in der Arbeiterklasse wahrgenommen, die den Hoffnungen auf ein revolutionäres Aufbegehren widersprachen: „Im Fortgang der kapitalistischen Produktion entwickelt sich eine Arbeiterklasse, die aus Erziehung, Tradition, Gewohnheit die Anforderungen jener Produktionsweise als selbstverständliche Naturgesetze anerkennt."[46] Gerade die mit der Verelendung gegebene relative Überbevölkerung sorgt überdies dafür, dass jederzeit Ersatz für das Kapital bereitsteht, falls sich einmal in einem Betrieb Widerstand gegen dessen Herrschaft regen sollte. Marx kommt daher zu einem für das Proletariat äußerst unerfreulichen Befund: „Die Organisation des ausgebildeten kapitalistischen Produktionsprozesses bricht jeden Widerstand, [...] der stumme Zwang der ökonomischen Verhältnisse besiegelt die Herrschaft des Kapitalisten über den Arbeiter."[47] Jeder Widerstand wird gebrochen, die Herrschaft des Kapitals ist besiegelt, vom Totengräber der Bourgeoisie, den Marx und Engels noch im *Manifest der kommunistischen Partei* beschworen haben, ist weit und breit nichts mehr zu erkennen. Auf diesen Widerspruch weist Ralph Miliband in seiner Studie über das Verhältnis von Staat und Gesellschaft im Kapitalismus hin.[48]

Auch die bürgerlichen Menschen scheinen vor dem Anblick der ungeschminkten, nüchternen Realität der bürgerlichen Gesellschaft zurückzuschrecken. Einen Hinweis darauf geben Marx und Engels noch im *Manifest*, wenn sie sich über den kleinbürgerlichen Sozialismus äußern:

„Ein Teil der Bourgeoisie wünscht den sozialen Mißständen abzuhelfen, um den Bestand der bürgerlichen Gesellschaft zu sichern.
Es gehören hierher: Ökonomisten, Philanthropen, Humanitäre, Verbesserer der Lage der arbeitenden Klassen, Wohltätigkeitsorganisierer, Abschaffer der Tierquälerei, Mäßigkeitsvereinsstifter, Winkelreformer der buntscheckigsten Art."[49]

Diese Winkelreformer sehen die bürgerliche Gesellschaft keineswegs so nüchtern, wie Marx und Engels zunächst behauptet haben, sie weigern sich vielmehr, den notwendigen Zusammenhang zur Kenntnis zu nehmen, den die bürgerliche Gesellschaft mit Erscheinungen hat, die

---

[46] Marx: Das Kapital, vgl. MEW, Bd. 23, S. 765
[47] Ebd.
[48] Ralph Miliband: Der Staat in der kapitalistischen Gesellschaft, Frankfurt am Main 1975, S. 346 f.
[49] Marx/Engels: Manifest der kommunistischen Partei, vgl. MEW, Bd. 4, S. 488

sie durch Aufrufe zur Mäßigung, durch moralische Appelle abzustellen wünschen. Sie „wollen die Lebensbedingungen der modernen Gesellschaft ohne die notwendig daraus hervorgehenden Kämpfe und Gefahren".[50] Dies tun sie auch deshalb, wie Marx und Engels fortfahren, weil sie sich die bürgerliche Welt als die beste vorstellen wollen, und der „Bourgeoissozialismus arbeitet diese tröstliche Vorstellung zu einem halben oder ganzen System aus".[51] Heute gehören zu solchen Winkelreformern immer noch Mäßigkeitsvereinsstifter wie Abstinenzler oder Tierschützer, zur buntscheckigen Art hinzugesellt haben sich nun die Veganer, der Feminismus und mit diesem die Protagonisten des Genderismus, Streiter für Homosexuelle, Transsexuelle und Geschlechtsneutrale, Esoteriker, Umweltaktivisten, die Islamisten mit ihrer Ablehnung von Alkohol- und Musikgenuss, in den 1980er-Jahren auch die inzwischen aus der Mode gekommenen Pazifisten. In gehobener Form existiert diese Praxis als demonstrative Inszenierung von Philanthropie unter dem Titel „Charity", dem englischen Wort für „Wohltätigkeit". Es ist demnach nicht nur die beherrschte Klasse, die einer tröstlichen Vorstellung bedarf, sondern auch die herrschende Klasse entwickelt in ihrem Reformeifer ihr spezifisches Opium, das sich das Proletariat in den Tröstungen der Religion beschaffe.

Auch mit der Einsicht in die Bedeutung der Religion als Opium des Volkes strafen Marx und Engels ihre eingangs erwähnte Behauptung Lügen, wonach die bürgerliche Gesellschaft die Menschen zu einer nüchternen Betrachtungsweise ihrer Verhältnisse nötige. Zwar meint Marx zu Beginn seiner Einleitung zur Kritik der Hegelschen Rechtsphilosophie, dass für Deutschland die Kritik der Religion im Wesentlichen beendigt ist, dass also auch hier nüchterne Verhältnisse angebrochen seien, zugleich spricht er aber von der Notwendigkeit, nicht nur das verkehrte Bewusstsein der bürgerlichen Welt abzustreifen, sondern diese verkehrte Welt selbst, deren adäquates Bewusstsein die Religion ist, abzustellen: „Dieser Staat, diese Sozietät produzieren die Religion, ein verkehrtes Weltbewußtsein, weil sie eine verkehrte Welt sind."[52] Eine verkehrte Welt ist aber genau das Gegenteil der eingangs erwähnten Welt, in der angeblich alles Heilige entweiht ist. In der Bestimmung der Religion als Protest gegen das Elend, der zugleich dessen Ausdruck

---

[50] Ebd.
[51] Ebd.
[52] Marx: Zur Kritik der Hegelschen Rechtsphilosophie. Einleitung, in: MEW, Bd. 1, S. 378

ist,[53] kommt sie dem Bourgeoissozialismus gleich, der an der bürgerlichen Gesellschaft festhält, gleichwohl er Protest gegen deren unerwünschte Folgen einlegt.

Imperialismus

In seinem *Gleichnis des Buddha vom brennenden Haus*[54] berichtet Bertolt Brecht von Menschen, die ein brennendes Haus nicht verlassen wollen, solange sie nicht Gewissheit darüber haben, was sie danach erwartet. Obwohl das Feuer bereits so nahe ist, dass einem der Fragenden „schon die Hitze die Braue versengt", will dieser wissen, ob es draußen regne oder windig sei und ob es dort andere Häuser gebe. Damit macht sich Brecht über Personen lustig, die lieber mit den Worten „keine Experimente" an der Gewissheit ihres Schadens festhalten, als einer ungewissen Zukunft in neuen gesellschaftlichen Verhältnissen entgegenzugehen. Da sie nicht aufhören wollen zu fragen, müssen sie verbrennen, lässt Brecht seinen Buddha schlussfolgern. Dann zieht Brecht den Vergleich zu den Menschen seiner Zeit, „die angesichts der heraufkommenden Bombenflugzeuggeschwader des Kapitals noch allzu lang fragen, wie wir uns dies dächten, wie wir uns das vorstellten und was aus ihren Sparbüchsen und Sonntagshosen werden soll nach einer Umwälzung". Heutzutage würden diese Menschen fragen, was mit ihren Sozialleistungen und Pensionen, mit ihren kümmerlichen „wohlerworbenen Rechten" nach der Umwälzung geschehen würde.
Leider ist den Menschen jedoch das Bewusstsein ihres Schadens nicht so gewiss, wie es Brechts Bild vom brennenden Haus suggeriert. Erstens ist ihnen tatsächlich keine Schädigung gewiss, die einer Vernichtung durch Verbrennung gleichkommt, und zweitens besteht bei ihnen auch kein Bewusstsein von der Gewissheit ihrer Schädigung. Während

---

[53] Marx: Zur Kritik der Hegelschen Rechtsphilosophie, ebd.: „Das religiöse Elend ist in einem der Ausdruck des wirklichen Elendes und in einem die Protestation gegen das wirkliche Elend."
[54] Bertolt Brecht: Gleichnis des Buddha vom brennenden Haus, in: Ders.: Kalendergeschichten, a. a. O., S. 32 f.; alle folgenden nicht extra ausgewiesenen Zitate sind aus diesem Text.

die Menschen bei einem Feuer genauso die Flucht ergreifen, wie sie bei Bombengeschwadern Schutz und Zuflucht suchen würden, würden sie hingegen in Frage stellen, dass die Bombengeschwader das Werk des Kapitals sind. Schließlich sind es nicht kapitalistische Unternehmen, sondern Staaten, die diese Bombengeschwader kommandieren. Dass diese Staaten mit ihren Bombengeschwadern die Bedingungen des Verkehrs zwischen Nationen und ihrer wechselseitigen kapitalistischen Benutzung zu bestimmen versuchen, ist den wenigsten Menschen klar. In der Regel betrachten sie die kriegerischen Konflikte so, dass hier eine Nation sich des gewaltsamen Verstoßes gegen die Menschenrechte des weltweiten Kapitalverkehrs schuldig macht, während deren Gegner diese mittels legitimer Gegengewalt zu bewahren trachten. Es gibt für sie also immer eine rechtmäßige und eine unrechtmäßige Gewalt, wenn Nationen miteinander Krieg führen. Dass Imperialismus eine kriegsträchtige Angelegenheit ist, dass das Haus des Gleichnisses von Brecht immer wieder von kriegerischen Flächenbränden heimgesucht wird, ist ihnen nicht klar, denn für sie herrscht hier Freiheit und nicht Imperialismus. Es ist ihnen schließlich ebenso unklar, dass Freiheit nichts anderes als die Freiheit der Nationen zur Benutzung der gesamten Welt für die Kapitalverwertung bedeutet.

Die falschen Vorstellungen, die hierzulande über Hungerkatastrophen, Armut und Kriege herrschen, müssen sich natürlich auch in der Bestimmung dessen finden, was man unter Imperialismus versteht. Es wird üblicherweise die zweite Hälfte des 19. Jahrhunderts als Blütezeit des Imperialismus betrachtet, weil sich in dieser Zeit die führenden europäischen Nationen großer Bereiche der Welt bemächtigten und sie ihrer Herrschaft unterstellten. Diese Bereiche wurden als Kolonien bezeichnet und waren der exklusiven Nutzung jener Nation vorbehalten, die sie ihrer Herrschaft unterworfen hatte. Eine solche direkte Herrschaft einer Nation über teils weit entfernte Regionen gilt fortan als Kennzeichen des Imperialismus, obwohl sie nur eine bestimmte Erscheinungsform desselben darstellt. Gerechtfertigt wurde diese Kolonialherrschaft mit der kulturellen Bereicherung, die man den Menschen dieser Gebiete bringe, indem man sie kapitalistisch produktiv machte, während sie davor ja „nur" verschiedene Güter ihres gesellschaftlichen Bedarfs produzierten. Der Nutzen dieser Kolonialherrschaften war jedoch recht eindeutig so bestimmt, dass die nicht zufällig „Kolonialherren" genannten Nationen sich bereicherten, während die Menschen der eroberten Gebiete für diese tätig zu werden hatten. Dieser Nutzen wurde jedoch zunehmend eingeschränkt, als es zu Aufständen gegen die Kolonialherren kam, die sich nach dem Zweiten Weltkrieg in mehreren Kriegen zur Erlangung nationaler Unabhängigkeit niederschlugen. Es waren dadurch vermehrt Gewaltmittel zur Aufrechterhaltung der Kolonialverwaltungen erforderlich, was den durch die Kolonialherrschaft gesicherten Ertrag erheblich schmälerte. Deswegen waren diese Unabhängigkeitskriege schließlich auch erfolgreich, die Kolonialherren zogen sich aus den Kolonien zurück, die nun zu eigenständigen Nationen wurden – und schon meinte man, nun sei es mit dem Imperialismus vorbei. Das ist aber völlig falsch, es war den USA als Weltmacht Nr. 1 nach dem Zweiten Weltkrieg vielmehr ein Anliegen, eine den Kolonialherren vorbehaltene und daher exklusive Nutzung ihrer Kolonien abzustellen. Auf diese Weise sollten diese Regionen einer weltweiten kapitalistischen Benutzung zugänglich werden und damit auch für die Geschäftsinteressen der USA zur Verfügung stehen. Seither werden zwar immer noch Kriege gegen Nationen geführt, die sich der kapitalistischen Weltordnung nicht in dem von deren Ordnungsmächten vorgesehenen Sinn einfügen wollen, ihre nationale Unterwerfung wird hier jedoch nicht angestrebt. Solche Kriege finden derzeit, im Jahr 2016, in der Ukraine und in Syrien statt. Diese Nationen sollen keine alternativen Erfolgswege suchen, sondern in der von den führenden Staaten festgelegten globalen Geschäftsordnung ihren nationalen Erfolg anstreben. Auch zwischen den Weltordnungsmächten sind die Bedingungen dieser Geschäftsordnung immer wieder Anlässe zu Streitigkeiten und werden daher in zähen Verhandlungen, wie es so entlarvend heißt, ausgehandelt. Schließlich gilt ihnen noch jeder Misserfolg ihrer nationalen Ambitionen als Indiz unfairer Geschäftspraktiken der Konkurrenz, die durch Neu- und Nachverhandlungen unterbunden werden müssen. In diesem Sinne stellte ja US-Präsident Obama fest: „Our workers are the most productive on Earth, and if the playing field is level, I promise you – America will always win."[55]

Dieses Verhältnis einer von wenigen Ordnungsmächten ausgehandelten und festgelegten Weltordnung, der sich jede Nation eigenständig einzuordnen hat, bietet auch den Vorteil, dass die „Ordnungsaufgaben", die den Nationen daraus erwachsen, nicht mehr den früheren

---

[55] Barack Obama, zit. n.: Die USA erneuern ihren globalen Führungsanspruch (II), in: Peter Decker (verantwortlicher Redakteur): Gegenstandpunkt 2-12, a. a. O., S. 87. In eigener Übersetzung: „Unsere Arbeiter sind die produktivsten auf der Erde, und wenn das Spielfeld auf gleichem Niveau ist, verspreche ich Ihnen – Amerika wird immer gewinnen."

Kolonialherren zur Last fallen. Wenn eine nationale Führung einmal aus der Reihe tanzen sollte, weil sie mit ihrem Rang in der Hierarchie der Nationen unzufrieden ist, dann sorgen oft vor Ort angezettelte Umstürze wie vor einiger Zeit in Kiew oder Stellvertreterkriege wie in Syrien dafür, dass die Unkosten der imperialistischen Freiheit weniger ihren Ordnungsmächten zur Last fallen, sondern sich für deren Kapital vielmehr durch Waffenlieferungen zusätzliche Verdienstquellen erschließen. Und hier will leider niemand den Arbeitsplatz riskieren, sondern sorgt lieber für brennende Häuser rund um den Globus, könnte man abschließend im Sinne der Parabel Brechts vom brennenden Haus feststellen.

Islam

Übt man Kritik an einer Religion, so ist Vorsicht geboten. Nicht nur verbietet der Staat die Herabwürdigung religiöser Lehren, es fühlen sich manchmal auch Mitglieder der betroffenen Religionsgemeinschaften zur Exekution der Strafen berufen, die Gott nach ihrer Auffassung dafür verlangt. Fundamentalistische Christen können hier zwar ebenso unangenehm werden wie Islamisten, von Letzteren geht jedoch gegenwärtig mehr Gefahr aus.

Der Islam erhebt den Anspruch, eine friedliche Gesellschaft durch Gottesfurcht durchzusetzen. Die Unterwerfung unter Gottes Gebote soll dafür sorgen, dass die Sittlichkeit gewahrt werde, die für das menschliche Zusammenleben notwendig sei. Deswegen gehört die Einführung der Scharia zur Durchsetzung dieser Sittlichkeit dazu, auch wenn manche Muslime dies bestreiten. Es ist daher nach dem Selbstverständnis der Islamisten keineswegs so, dass Religion die persönliche Angelegenheit jedes Einzelnen wäre, vielmehr hänge die Konstitution einer funktionierenden menschlichen Gemeinschaft davon ab, dass der Islam herrsche. Jeder müsse sich ihm schon des eigenen Seelenheils wegen unterwerfen, da ihm ja sonst das ewige Höllenfeuer drohe, während Gehorsam gegenüber Gott und seinen Geboten mit dem Paradies belohnt werden würde. Der Zusammenhang, den Voltaire beim Christentum seiner Zeit festgestellt hat, gilt nunmehr vor allem für den Islam: „Wer mir sagt: denke wie ich, oder Gott wird dich strafen, der wird mir bald sagen: denke wie ich, oder ich bringe dich um."

Der Islam kommt mit seiner Forderung, die Scharia einzuführen, einem klassischen Konservativen oder Reaktionär gleich, der sich durchaus für einen „kleinen Hitler" erwärmen konnte, der in dieser Gesellschaft angebracht sei. Angesichts zerrütteter und von Gewalt geprägter gesellschaftlicher Verhältnisse, die sich auch in einer hohen Kriminalität manifestieren, halten solche Menschen vermehrte Gegengewalt für das Gebot der Stunde. Härtere Strafen würden demnach zur Abschreckung von kriminellen Handlungen führen, die diesem Schluss zufolge immer dann unweigerlich zustande kämen, wenn es an dieser Abschreckung mangle. Und wo sie nicht Straftaten verhindern, sorgen solche Strafen dieser Auffassung zufolge wenigstens dafür, dass sie nicht wieder vom selben Täter (oder derselben Täterin, damit sich nur ja keine Frau dort diskriminiert fühlt, wo sie es ausnahmsweise gerne wäre!) begangen werden. Drakonische Strafen würde die Scharia wohl bieten, nachdem hier für Stehlen das Abschlagen der Hand und für Ehebruch die Steinigung vorgesehen wären, diesem konservativen bzw. reaktionären Bedürfnis würde diese Rechtsordnung entsprechen. Man hört daher von Befürwortern der Scharia auch explizit die Behauptung, dass die Gesellschaft dadurch „besser" werden würde.

Angesichts dieses Sachverhalts ist es grotesk, wenn ausgerechnet Linke jede Kritik des Islams als rassistisch motiviert betrachten und als Ausdruck einer darauf beruhenden irrationalen „Islamophobie" denunzieren. Während Antiklerikalismus seit den Zeiten Voltaires zum linken Selbstverständnis gehört, verbietet sich anscheinend Religionskritik dann, wenn sie nicht die christlichen Kirchen und damit die gewohnten Feindbilder trifft. Kritik an fremden Religionen und damit an den entsprechend geprägten Kulturen unterliegt nämlich von vornherein dem Rassismusverdacht, nur an der „heimischen" Kultur ausgeübte Kritik ist über solchen Verdacht erhaben – das nenne ich einen umgekehrten Rassismus! Auch die Beschwerden von Islamisten über die „Unterdrückung" des Islam sollte man sich daher nicht zu Herzen nehmen, schließlich würde es ja auch niemandem einfallen, die Kritik faschistischer Gesinnung als deren Unterdrückung zurückzuweisen. Wenn daher ein Staat die Herabwürdigung religiöser Lehren verbietet, wirft dies schon die Frage auf, ob dies nicht einem Kritikverbot gleichkommt, auch wenn ich mir unter Kritik etwas anderes vorstelle, als sich mittels Karikaturen über religiöse Vorstellungen lustig zu machen – wobei auch hier gelten sollte: Jedem das Seine, manchen Gemütern ist Kritik vielleicht in dieser Form eher zugänglich. Wenn aber Islamisten meinen, dass sie den Worten Gottes gehorchen und diese weiterverbreiten würden, dann stellt dies eine Wahnvorstellung dar, der man auch mit Kritik nicht begegnen kann. Hier ist wohl nur noch dafür Sorge zu tragen, dass diese Personen mit ihrem Wahn nicht auch andere Menschen in den Abgrund hinunterziehen, in dem sie sich befinden. Ihre eigene Schädigung ist ja bereits offensichtlich, ob diese therapierbar ist, ist jedoch angesichts der mangelnden Einsicht in die eigene Erkrankung eher anzuzweifeln.

Kopftuch und Vollverschleierung sind für Musliminnen angeblich von derartiger Bedeutung, dass sie es als unverständlichen Gewaltakt betrachten, wenn sie diese Verhüllung abnehmen und ihr Gesicht präsentieren sollen. An sich ist es ja vor allem im Fall der Vollverschleierung in der Gesellschaft, in der ich aufgewachsen bin, ein Akt der Unhöflichkeit, sein Antlitz vor dem Gesprächspartner zu verbergen, aber diese Einsicht ist Personen, die von religiösem Wahn besessen sind, offenbar nicht möglich. Im Grunde ist es mir auch egal, wie sich jemand kleidet, aber ich fühle mich weder ganz nackten noch vollkommen verhüllten Menschen gegenüber wohl – bloß: Wer bin ich denn schon, dass mein Wohlbefinden auch etwas zählen würde, wo doch diesem die Gebote Allahs entgegenstehen. Darüber hinaus geben muslimische Frauen als Grund für ihre Verhüllung mit zumindest einem Kopftuch an, dass sie sich dadurch geschützt fühlen. Klar, denn ohne diesen Sichtschutz würden die Männer nur so über sie herfallen – denkt zumindest der muslimische Ehemann und „überzeugt" damit seine Frau und seine Töchter von der Notwendigkeit des Kopftuchs. Nachdem man dadurch auch den Vorwürfen entgeht, die man sich bei der Verweigerung dieser Verhüllung einhandeln würde, hat die Vorstellung des dadurch gegebenen Schutzes sogar einen realen Hintergrund: Vor den Vorwürfen des Vaters oder Ehemannes oder auch anderer Muslime schützt es dann tatsächlich, wenn man ein Kopftuch oder eine Burka trägt. Davon abgesehen würde ich die Behauptung, man bedürfe des Schutzes vor den Blicken der Männer, eher für eine psychische Auffälligkeit halten. Aber vielleicht ist es ja auch nur die Rücksicht auf potentielle Betrachter, zu deren Schutz man eine Verhüllung für angebracht hält, da man diesen den eigenen Anblick nicht zumuten will – auch das wäre allerdings ein Anlass, sich Gedanken über eine Persönlichkeitsstörung zu machen. Wenn ich mir so manchen Islamisten ansehe, kann ich mir auch gut vorstellen, dass er seine Frau vor fremden Blicken verbergen muss, damit diese nicht umworben werden und sich daraufhin vielleicht einem anderen Mann zuwenden kann. Auch die Vermittlung einer Partnerin durch die Eltern scheint mir bei einigen Islamisten durchaus der einzige Weg zu sein, wie diese mit dem anderen Geschlecht in Kontakt kommen können. Hier ist immerhin der religiöse Wahn mit einem handfesten persönlichen Interesse verbunden, wodurch die religiöse Überzeugung allerdings der Heuchelei überführt wird.

Es gibt auch Stimmen aus den muslimischen Gemeinschaften, die ein Verbot der Burka oder des Kopftuchs damit zurückweisen, dass sich der bürgerliche Staat dadurch ja nicht von einem islamischen Gottesstaat unterscheide, der eine Verhüllung gebietet. Um weiter völlig folgenlos die Zumutungen des Verhüllungsgebots in islamischen Gottesstaaten kritisieren zu dürfen, müsse man daher umgekehrt akzeptieren, auch hierzulande mit dieser Demonstration religiöser Borniertheit behelligt zu werden. Es ist jedoch ein Unterschied, ob man eine Frau, die ganz unschuldig ihr Antlitz präsentieren will, zu dessen Verhüllung nötigt, oder ob man einer Frau verbietet, andere Menschen mit ihrer religiösen Gesinnung zu belästigen. Deswegen besteht hier die Identität nur darin, dass in beiden Fällen die Staatsgewalt eingesetzt wird, in dem einen Fall dient sie jedoch der Durchsetzung einer religiös motivierten Praxis, im anderen Fall deren Abwehr. Das ist deswegen ein großer Unterschied, weil die Frau ohne Kopftuch ja niemandem ihren Glauben aufzwingen will, sich jedoch den Glaubensvorstellungen anderer unterwerfen soll, während die Frau mit dem Kopftuch ja unbedingt ihren Glauben zur Schau stellen oder den Geboten ihres Ehemannes oder Vaters gehorchen will. Mir ist es dennoch egal, wenn muslimische Frauen ihr blödes Kopftuch unbedingt tragen wollen, das ist sozusagen eine der lässlichen Sünden ihres Glaubens. Man könnte sich natürlich auch die Frage stellen, ob das Kopftuch nicht die Zurschaustellung einer faschistischen Gesinnung darstellt, wie sie bei Nazis dem Hakenkreuz entspricht. Bei der Burka hört sich für mich der Spaß ohnehin auf, denn ich möchte gerne wissen, mit wem ich es zu tun habe, und in der Mimik auch einen Zugang zur jeweiligen Befindlichkeit dieser Person haben. Natürlich gibt es auch hier Fälle, wo man sich die Burka zurückwünschen würde, wenn man das Antlitz schaut, das von dieser verhüllt worden ist ... Vielleicht soll die Burka ja auch zur Verbergung der Schrammen im Gesicht dienen, die durch Gewaltanwendung verursacht worden sind. Schließlich soll der Islam ja Gewalt gegen Ehefrauen ausdrücklich gestatten und es noch für ihn sprechen, dass diese nicht willkürlich, sondern nur unter bestimmten Bedingungen ausgeübt werden darf.

Sind diese Gedanken nun islamophob? Gewiss, sie kritisieren Urteile, die im Islam verbreitet werden, und machen sich sogar über bestimmte Erscheinungen wie die Burka lustig. Weshalb soll es aber ein Einwand dagegen sein, dies mit dem Ausdruck der Empörung im Gesicht der Islamophobie zu bezichtigen? Warum sagt eigentlich niemand bei der Kritik der Scharia, dass es sich hier um Schariaphobie handle? Oder um Faschismusphobie, wenn jemand den Faschismus kritisiert? Über Marx oder den Kommunismus darf man ja sogar jeden erdenklichen Unsinn verbreiten, ohne deswegen eine irrationale Phobie bescheinigt zu bekommen. Während es bei bestimmten Gegenständen und Erscheinungen also niemandem einfiele, eine Kritik daran als ungehörig, als Phobie zu bezeichnen, unterliegen andere offensichtlich einem Kritikverbot. So versucht man als undenkbar darzustellen, was nicht gedacht werden, was gegen Kritik immunisiert werden soll, aus welchen Gründen auch immer.

Kants Notstandsgesetz

In seinem Werk Die Metaphysik der Sitten tritt Kant für ein Notrecht des Souveräns ein, um die fatalen Konsequenzen zu vermeiden, die der rücksichtslosen Durchsetzung des Rechtsstandpunkts entspringen würden.

„So viel also der Mörder sind, die den Mord verübt, oder auch befohlen, oder dazu mitgewirkt haben, so viele müssen auch den Tod leiden; so will es die Gerechtigkeit als Idee der richterlichen Gewalt nach allgemeinen a priori begründeten Gesetzen. – Wenn aber doch die Zahl der Komplizen (correi) zu einer solchen Tat so groß ist, daß der Staat, um keine solche Verbrecher zu haben, bald dahin kommen könnte, keine Untertanen mehr zu haben, und sich doch nicht auflösen, d.i. in den noch viel ärgeren, aller äußeren Gerechtigkeit entbehrenden Naturzustand übergehen (vornehmlich nicht durch das Spektakel einer Schlachtbank das Gefühl des Volks abstumpfen) will, so muß es auch der Souverän in seiner Macht haben, in diesem Notfall (casus necessitatis) selbst den Richter zu machen (vorzustellen) und ein Urteil zu sprechen, welches, statt der Lebensstrafe, eine andere den Verbrechern zuerkennt, bei der die Volksmenge noch erhalten wird; dergleichen die Deportation ist: Dieses selbst aber nicht als nach einem öffentlichen Gesetz, sondern durch einen Machtspruch, d.i. einen Akt des Majestätsrechts, der, als Begnadigung, nur immer in einzelnen Fällen ausgeübt werden kann."[56]

Ehe es durch die Beseitigung aller Untertanen gar keinen Staat mehr gibt, soll dieser von seiner strengen Rechtsauslegung abgehen und vom Recht der Begnadigung Gebrauch machen, teilt uns Kant hier mit. Ohne Staat herrsche nämlich der unsittliche Naturzustand im Kampf aller gegen alle, hat Kant von Hobbes gelernt. Auch fürchtet er die Abstumpfung des menschlichen Gemüts, wenn das Volk dem „Spektakel einer Schlachtbank" ausgesetzt sei. Massenhaften Hinrichtungen beizuwohnen, würde wohl die Hemmschwelle der betroffenen Menschen bei der Anwendung von Gewalt senken. Deshalb soll der Staat von seinem üblichen Umgang mit Rechtsbrechern absehen, um sich nicht der Untertanen zu berauben, ohne die seine staatliche Existenz nicht mehr möglich ist. Die Rechtsbrecher sollen daher nicht vernichtet, sondern nur der Deportation zugeführt, also an Orte gebracht werden, wo sie ihre mordlüsterne Natur nicht betätigen können. Deportationen hat einst auch die Sowjetunion durchgeführt, Sibirien soll üblicherweise deren Ziel gewesen sein. Hat sie nun Kants Notstandsgesetz missbraucht oder sich um die Sittlichkeit Verdienste erworben? Ist Kant vielleicht ein Ahnherr des Gulags?

Kommunismus

Auch wenn er sonst nichts weiß, meint hierzulande jeder über den Kommunismus das Nötige zu wissen, der unter der Bezeichnung „realer Sozialismus" in die Geschichte eingegangen ist. Spätestens seit der

---

[56] Immanuel Kant: Die Metaphysik der Sitten, in: Kant-Werke, Bd. 8, S. 456 f.

Kapitulation des realen Sozialismus gilt jede Kritik des Kapitalismus als erledigt. Dieser „Beweis" der „Alternativlosigkeit" das Kapitalismus war wohl die Rüstungsanstrengungen wert, mit denen der reale Sozialismus schließlich nicht mehr mithalten konnte! Bewahrheitet habe sich damit, dass der Kommunismus von Anfang an dem Untergang geweiht gewesen sei, weil er die Menschen mit dem Anspruch überfordert habe, sich ganz selbstlos dem sozialistischen Kollektiv unterzuordnen. Anstatt für ihren Vorteil zu produzieren, hätten sie für die Allgemeinheit produzieren müssen und seien deswegen nicht entsprechend motiviert gewesen. Das sogenannte gesunde Erwerbstreben sei dadurch ignoriert worden. Damit sei auch die Freiheit des Einzelnen bei dessen Betätigung außer Kraft gesetzt worden, an deren Stelle hätte der Staat sich angemaßt, die Produktion zu koordinieren, der natürlich niemals so effizient sein könne wie die vielen Einzelnen. Diese würden mit ihrem Erwerbstreben bei der Verfolgung ihres persönlichen Vorteils wie durch eine unsichtbare Hand geleitet den allgemeinen Wohlstand hervorbringen.

Dieses Urteil ist ziemlich ignorant gegenüber den Fakten. Nirgendwo, auch nicht in den sogenannten Wirtschaftswunderzeiten nach dem Zweiten Weltkrieg, hat es in einer kapitalistischen Gesellschaft jemals so etwas wie einen allgemeinen Wohlstand gegeben. Ein solcher Wohlstand wurde lediglich dadurch behauptet, dass man die Lage des Proletariats an dem bis dahin üblichen Niveau von Verarmung und Elend gemessen hatte. Darüber hinaus sind die Errungenschaften der Arbeiterhaushalte in der zweiten Hälfte des 20. Jahrhunderts Güter, die sie zur Bewältigung der Leistungsansprüche des Kapitals benötigten. Flexibilität und Mobilität für die kapitalistischen Anforderungen erfordern schließlich die Verfügung über Kommunikations- und Transportmittel, über Möglichkeiten der Bevorratung, um nicht auch noch mit der Notwendigkeit täglichen Einkaufs belastet zu sein. Fernseh- und Radiogeräte, Telefon, Internet und Handy, Privatautos und Jahresnetzkarten, Kühlschrank und Gefriertruhe sind daher keineswegs Luxusartikel, sondern Güter zur Bewältigung der Anforderungen in der Konkurrenz mit anderen Lohnarbeitern. Über solche Güter nicht ausreichend zu verfügen, stellt daher bereits ein Kennzeichen des Pauperismus dar, von dem jene Arbeiterexistenzen betroffen sind, die für längere Zeit oder sogar dauerhaft von kapitalistischem Bedarf ausgeschlossen sind. Man sieht also, die Rede vom allgemeinen Wohlstand in der kapitalistischen Welt ist nichts weiter als Ideologie, obwohl wir noch gar nicht von den Menschen gesprochen haben, die auf dieser Welt jedes Jahr an den Folgen von Hunger und Unterernährung sterben und angeblich mehrere Millionen ausmachen.

Aber auch in Bezug auf den realen Sozialismus stellt sich das Lob des Kapitalismus ignorant gegen die Fakten. So hat das realsozialistische System immerhin mehr als 70 Jahre bestanden, obwohl es von Beginn an mit Kriegen und Kriegsdrohungen konfrontiert war, denen es jahrzehntelang in einem berüchtigten Rüstungswettlauf zum hiesigen Ärger standhalten konnte. Man fragt sich, weshalb die westlichen Staaten nicht einfach auf den Zusammenbruch dieses ihrer Auffassung zufolge ohnehin zum Scheitern verurteilten Systems gewartet haben. Jahrzehntelang hat dieses System also den westlichen Staaten viel zu gut funktioniert, es bedurfte gewaltiger Rüstungsanstrengungen und der Auszehrung des Gegners durch Kriege in seinem Einflussbereich wie in Afghanistan, um diesen schließlich in die Knie zu zwingen. Und es ist auch etwas ganz anderes, von jemandem in die Knie gezwungen zu werden, als an den eigenen Schranken zu scheitern. Dieses Scheitern beweist eigentlich nur die unerbittliche und rücksichtslose Gegnerschaft der imperialistischen Staaten gegen jeden Staat, der aus ihrer Weltordnung ausscheren oder sich dieser gar entgegenstellen will. Gemessen an der westlichen Kriegsdrohung ergaben sich also Schranken für das realsozialistische System des Ostens, worauf dieses schließlich kapituliert, die bisher feindliche westliche Staatsräson übernommen und die Hoffnung gehegt hat, dadurch auch die unversöhnliche Feindseligkeit des Westens loszuwerden. Dabei muss man im Übrigen auch bedenken, dass die realsozialistischen Staaten nach dem Zweiten Weltkrieg nahezu auf sich allein gestellt waren, während die USA überall Militär einkaufen konnten, da sie dazu nicht erst Geld in den verschiedenen nationalen Währungen – etwa Deutsche Mark oder japanische Yen – verdienen mussten, sondern ganz einfach ihr eigenes Geld verwenden konnten. Dadurch sind die USA zwar zum weltweiten Schuldner aufgestiegen, noch können sie jedoch ihre Schuldenlast durch die Ausweitung ihres Nationalkredits bedienen, auch wenn dieser durch seine immense Aufblähung zunehmend von Währungen wie dem Euro Konkurrenz um die Stellung als Weltgeld erhält.

Was nun das Urteil über den Kommunismus der realsozialistischen Staaten betrifft, ist festzuhalten, dass diese Leistungen trotz grundlegender Fehler in deren Ausrichtung erbracht worden sind. Ganz allgemein gesprochen ist es ja für ein kommunistisches System nicht gerade hilfreich, um nicht zu sagen widersprüchlich, wenn eine kleine Avantgarde die Staatsmacht erobert und den Rest der Gesellschaft mit den

dadurch erworbenen Mitteln zwangsbeglückt. In der Oktoberrevoluti-
on ist zwar sicher zunächst eine Mehrheit an den relevanten Positionen
in Wirtschaft, Militär und Verwaltung für die Bolschewiki gewesen, das
hatte jedoch weniger mit deren kommunistischen Überzeugungen als
mit der verheerenden Situation des Zarenreiches infolge des Ersten
Weltkriegs zu tun. Für eine sozialistische Umgestaltung waren daher
Widerstände von innen und außen zu überwinden, Letztere zunächst in
den Interventionskriegen, dann im Angriff Nazideutschlands im Zweiten Weltkrieg und schließlich in der vorhin erwähnten Rüstungseskala-
tion sowie der permanenten Weltkriegsdrohung. Darüber hinaus gab es
noch eine falsche Kapitalismuskritik, welche die Rechnungsweise des
kapitalistischen Wirtschaftens für sozialistische Ziele umzufunktionie-
ren suchte und hier lediglich die Verfügungsgewalt der Kapitalisten
durch die staatliche Kontrolle ersetzte. Dies führte zur Einrichtung eines dauerhaften Widerspruch zwischen wirtschaftlichem Rechnungs-
wesen und sozialistischen Zielen, an dem sich diese Staaten abarbeite-
ten, bis unter Gorbatschow dieser Widerspruch dadurch aufgelöst
wurde, dass die sozialistischen Rücksichten außer Kraft gesetzt wurden,
die nun als Hemmung des Wirtschaftswachstums galten.

Wenn man den Kommunismus im Sinne von Marx als Assoziation
freier Produzenten mit dieser Lage vergleicht, kann beim realen Sozialismus von einem kommunistischen System keine Rede sein. Kommunismus bedarf der Zusammenarbeit, es ist daher widersprüchlich,
Kommunismus gewaltsam gegen eine gesellschaftliche Mehrheit durchsetzen zu wollen. Eine Assoziation ist immer eine freiwillige Vereinigung; eine Zusammenarbeit, die auf dem freien Willen aller Beteiligten
beruht, weil diese die Sinnhaftigkeit ihres Zusammenwirkens eingese-
hen haben, kann jedoch grundsätzlich nicht scheitern. Wenn also immerzu die Unmöglichkeit des Kommunismus behauptet wird, so ist
dies eine Tautologie, die sich auf die herrschenden Verhältnisse beruft:
Diese Verhältnisse herrschen nun einmal, deswegen ist hier auch kein
Kommunismus möglich. Da es für den Kommunismus des Willens der
Beteiligten bedarf, kann er auch nicht ohne deren Willen funktionieren.
Ist dieser Wille jedoch einmal vorhanden, so ist nicht einzusehen, weswegen er dann nicht funktionieren können sollte. Es ist also letztlich
lächerlich, wenn man behauptet, dass Kommunismus nicht funktionieren *könne*, weil dies auf die banale Feststellung hinausläuft, dass derzeit
kaum jemand Kommunismus praktizieren *will*. Wenn man eine Zusammenarbeit nicht will, dann kann sie natürlich auch nicht funktionieren. Und trotz dieses grundsätzlichen Mangels hat der realsozialistische

Staatenbund dem Westen nach dem Zweiten Weltkrieg noch viel zu lange viel zu gut funktioniert.

Nachdem Kommunismus der Einsicht derer bedarf, die ihn praktizieren wollen, erübrigt sich auch die Frage, wie er zu erreichen sei. Wie wohl, wenn nicht dadurch, dass man für diese Einsicht argumentiert? Und dafür ist es auch notwendig, eine vernünftige Erklärung und Kritik des Kapitalismus zu erarbeiten, wobei dies ohnehin auf dasselbe hinausläuft, denn wenn man ihn richtig erklärt, ist der Kapitalismus damit auch schon kritisiert. Hier muss man die Notwendigkeit des Schadens nachweisen, den man im Kapitalismus zwar schon rein empirisch über die Jahrhunderte hinweg konstatieren könnte, der aber immerzu beschönigt und durch ihm wesensfremde externe Einflüsse entschuldigt wird. Die Abschaffung des Kapitalismus und die Hervorbringung des Kommunismus gehen dann Hand in Hand, wenn man den Führern der bürgerlichen Gesellschaft, den Herren und Damen der Produktion und des Staates, den Gehorsam verweigert und die Verfügung über die Güter nicht vom Verkauf auf dem Markt abhängig macht, sondern nach Bedarf produziert und verteilt, natürlich unter Einschluss einer Vorratshaltung für unvorhergesehene Ereignisse. Die Bestimmung der Produktion unterliegt dann nicht mehr den Fabrikseigentümern, und auch ihre Resultate stehen nicht mehr unter deren Verfügungsgewalt. Es ist somit ein und derselbe Akt, die Aufkündigung des Gehorsams gegenüber den Hütern des Eigentums, wodurch der Kapitalismus abschafft und Kommunismus praktiziert wird.

Krieg und Kriegsverbrecher

„Si vis pacem para bellum", lautet ein lateinisches Sprichwort. Auf Deutsch heißt das: „Wenn du den Frieden willst, so bereite den Krieg vor." Was auch immer unter Frieden zu verstehen sein mag (vgl. den Artikel „Frieden und Pazifismus"), so geht aus dieser Aussage immerhin hervor, dass der Krieg ein Mittel darstellen soll, um den Zweck namens Frieden zu erreichen. Das ist nicht unbedingt selbstverständlich, da es auch den Standpunkt gibt, Krieg sei an sich ein wesentlicher

Bestandteil der menschlichen Existenz, um dem Erschlaffen der menschlichen Tätigkeit in satter Selbstzufriedenheit entgegenzuwirken und stattdessen die menschlichen Fähigkeiten zu höchster Anspannung und Entwicklung anzutreiben. Auch dieser Standpunkt hat seine Parole, sie lautet: „Der Krieg ist der Vater aller Dinge."

Dem Gedanken vom Krieg als dem Vater aller Dinge lässt sich natürlich leicht entgegenhalten, dass er vielmehr der Vernichter aller Dinge ist, führt er doch zur Vernichtung und Verstümmelung von Menschen sowie zur Zerstörung jeder Menge sachlichen Reichtums. Und obwohl sich angesichts kriegerischer Konflikte manche Menschen gerne als Friedensapostel inszenieren, ist es tatsächlich so, dass die wenigsten kriegführenden Mächte den Krieg als eigenen Zweck betreiben. In der Regel versuchen sie dadurch Herrschaftsverhältnisse einzurichten oder umzustürzen, würden dies aber auch gerne ohne den Einsatz kriegerischer Mittel erreichen. Es wäre also notwendig, sich mit den staatlichen Zwecken und Urteilen zu beschäftigen, um herauszufinden, was die Staatsmächte zu Kriegen motiviert. Man könnte dabei auch dahinterkommen, dass es nicht zufällig Staaten sind, die Kriege anzetteln, und dass dies mit deren Charakter als herrschaftliche Gebilde zu tun hat. Für ihre Durchsetzung in der Konkurrenz der Nationen sehen sich Staaten zu Kriegen nicht nur genötigt, sondern auch berechtigt, wenn sie der Auffassung sind, dass davon ihre Handlungsfähigkeit als Staatsgewalt abhängt. Gerne würden sie ihre Widersacher dazu bringen, sich auch ohne den Einsatz kriegerischer Mittel ihren Forderungen zu beugen, und versuchen auch, mit ihrer Diplomatie darauf hinzuwirken. Je nach der Dringlichkeit ihrer Anliegen scheint es ihnen aber irgendwann geboten, das Risiko einer kriegerischen Auseinandersetzung einzugehen. Ein anschauliches Beispiel dafür ist derzeit der Konflikt in der Ukraine, wo es die an die Macht geputschte Regierung nicht hinnehmen will, dass der Osten des Landes sich gemäß ihrem gewaltsamen Vorbild von ihr abspaltet. Die vom Westen gesponserte Putsch-Regierung würde gerne den Osten der Ukraine mit überlegener Gewalt wieder unter ihre Herrschaft zwingen, sieht sich aber zu ihrem Leidwesen mit Gegenwehr konfrontiert und schon herrscht Krieg. Wir können daraus lernen, dass Krieg in der imperialistischen Welt immer dort entsteht, wo Interessensgegensätze und die Mittel zu ihrer kriegerischen Auseinandersetzung vorhanden sind. Besteht die Möglichkeit zur Gegenwehr, weil die Gewaltverhältnisse nicht eindeutig geklärt sind, so unterwirft sich so schnell niemand widerstandslos den Forderungen des Gegners.

Dem bürgerlichen Sachverstand leuchtet die Notwendigkeit von Gewalt in der bürgerlichen Gesellschaft schon deswegen ein, weil bereits für den Bestand dieser Gesellschaft eine Staatsgewalt notwendig ist, welche die gegensätzlichen Interessen der Privateigentümer zusammenzwingt. Weswegen sollte dies also ausgerechnet im Verhältnis zwischen den Staatsgewalten anders aussehen? Wenn staatliche Anliegen mit Krieg durchgesetzt werden „müssen", wird dies daher bedauert, man würde sich gerne ohne dieses „äußerste Mittel" durchsetzen. Erscheint das Anliegen aber entsprechend wichtig und das Risiko eines Krieges kalkulierbar oder ein Krieg zumindest nicht mit Gewissheit verloren, so schreckt in der Regel kein Staat vor Krieg zurück, um sich durchzusetzen. Dennoch machen die imperialistischen Staaten auch hier einen Unterschied zwischen legitimer und verbotener Gewalt, indem sie Kriegsverbrechen feststellen, die nach erfolgreichen Kriegen vor allem den unterlegenen Gegnern angelastet werden. Als Kriegsverbrechen gilt daher zwar der Holocaust von Nazi-Deutschland, die Bombardierung der Dresdner Zivilbevölkerung oder die Atombomben auf Hiroshima und Nagasaki hingegen nicht.

Es soll also zwischen gebotener oder angemessener und übertriebener oder unangebrachter Gewalt unterschieden werden, wenn man unter den Gewaltakten in Kriegen solche herausnimmt, die als Kriegsverbrechen beurteilt werden. Die Massenvernichtung der Juden ist dann wohl auch deswegen ein Kriegsverbrechen, weil sie für die Kriegsziele der Deutschen gar nicht erforderlich, ja vielleicht sogar kontraproduktiv war. Dies deshalb, weil ja viele Ressourcen für dieses Vernichtungswerk gebunden waren, die beim Einsatz an der Front viel besser aufgehoben gewesen wären. Auch hätten die Juden als „Kanonenfutter" an der Front feindliches Militär beschäftigen können, anstatt dafür eigene Gewaltmittel einzusetzen.[57] Als Kriegsverbrechen gilt die Vernichtung der Juden durch Nazideutschland demnach auch deswegen, weil den militärischen Sinn dieses Werks niemand einzusehen vermag, der nicht von dem Wahn beherrscht ist, dass die Juden ein Parasit seien, welcher die innere Zersetzung der deutschen Nation bewirke. Die Bombardierung Dresdens und die Atombomben auf Japan werden demnach als militärisch sinnvoll eingestuft, wobei man sich auch fragt, ob man darüber wirklich streiten soll, welche Gewalt nun im Sinne militärischen Erfolgs rational ist und deswegen in Ordnung geht. Die militärische

---

[57] Vgl. dazu mein Buch: Von Nutzen und Nachteil des Faschismus für die Demokratie, a. a. O., S. 12 f.

Zweckmäßigkeit der eingesetzten Gewalt klären zu wollen, stellt auch im Nachhinein ein spekulatives Unterfangen dar.

Mittlerweile sind auch einzelne Handlungen von Soldaten der Siegermächte als Kriegsverbrechen angeprangert worden, die z. B. in der Erniedrigung von Kriegsgefangenen bestanden, die wie Hunde an der Leine geführt wurden. Nach dem Sieg über Saddam Hussein hat die Führung der USA daher prüfen lassen, ob solche Handlungen für den Kriegserfolg tatsächlich notwendig und nicht bloß einem übertriebenen Diensteifer oder vielleicht gar einem Missbrauch des Kriegshandwerks für bloß private sadistische Gelüste entsprungen seien. Tatsächlich wurden einige erniedrigende Handlungen daraufhin zu unerträglichen Kriegsverbrechen erklärt, weil sie ja nicht vom Staat angeordnet oder für dessen Zwecke notwendig gewesen seien. Obwohl sich mein Mitleid mit den solchermaßen angeklagten Staatsdienern und Soldaten in Grenzen hält, muss man hier allerdings anmerken, dass deren „Verbrechen" wohl der Motivation entsprungen sind, mit der man sie für den Krieg gegen den Feind heiß gemacht hat, damit sie auch den entsprechenden Willen zum Einsatz und Opfer ihres Lebens aufbringen. Wenn solche Leute schließlich dieses bösen Feindes habhaft werden, muss sich niemand wundern, dass sie ihn dann auch der Behandlung zuführen, die sie bei solchen „bösen" Menschen für angebracht halten. Es ist also schon heuchlerisch, wenn genau jener Staat dann diese Menschen unter Anklage stellt, der diese davor für das Kriegshandwerk entsprechend motiviert und aufgehetzt hat.
Weder von der Sowjetunion noch vom heutigen Russland sind solche heuchlerischen Schauprozesse bekannt, deren Soldaten galten auch noch als „Kriegshelden", nachdem sie ihren Zweck erfüllt hatten. Umgekehrt wird es der Demokratie der USA als Verdienst angerechnet, dass in ihr „Kriegsverbrecher" öffentlich angeprangert und schließlich verurteilt werden. Zwar wird dadurch vermutlich auch künftig keines dieser „Verbrechen" verhindert, aber den Urhebern widerfährt die „gerechte" Strafe, nachdem sie nicht mehr gebraucht werden. Die sind angesichts solcher „Ungerechtigkeit" natürlich fassungslos, aber die moralische Qualität des bürgerlichen Staates ist wenigstes wiederhergestellt. Sie mögen sich also damit trösten, dass sie auch als „gefallene Helden" für die Weißwaschung ihrer Herrschaft weiterhin die nützlichen Idioten abgeben, die im Krieg deren Feinde ihren „gerechten" Zorn spüren ließen. Der nützliche Idiot hat seine Schuldigkeit getan

und kann nun gehen bzw. die Staatsmacht durch Buße für seine „Verbrechen" reinwaschen.

Krise

Als die Finanzkrise im Jahr 2007 ausbrach, kam es sofort zu einer aufgeregten Suche nach Schuldigen, die natürlich sofort fündig wurde: Gierige Manager haben mit Blick auf ihre Bonuszahlungen ihre Geldüberschüsse zu verwerten gesucht, indem sie Kredite auch an Personen vergaben, die dafür aufgrund mangelnder Finanzkraft eigentlich nicht vorgesehen sind. Dies wird ihnen als Pflichtverletzung zur Last gelegt, als hätten sie sich eines Verstoßes gegen Arbeitsaufträge schuldig gemacht, die ihnen im Zuge einer vereinbarten Arbeitsteilung erteilt worden wären. Es gibt aber in einer kapitalistischen Gesellschaft keine solche auf Vereinbarung beruhende Arbeitsteilung, daher ist es auch lächerlich, eine solche einzufordern, wenn die Profite ausbleiben, die man sich üblicherweise als Verdienst zurechnet, bei ihrem Ausbleiben jedoch ebenso verkehrt eigener oder fremder Schuld zuweist.

Dass es im Kapitalismus immer wieder zu Krisen kommt, glaubte man in der Nachkriegszeit durch die Staatsintervention des Keynesianismus unterbinden zu können. Darauf legte man großen Wert, da man in dieser Krisenanfälligkeit den Haupteinwand gegen den Kapitalismus erblickte. Die Staaten des realen Sozialismus waren tatsächlich der Auffassung, dass vor allem seine Krisen gegen den Kapitalismus sprächen. Das ist insofern seltsam, als ja im Umkehrschluss dann nichts mehr gegen einen krisenfreien Kapitalismus einzuwenden wäre. Wer sich nämlich vor allem an den Krisen eines Systems stößt, der hat etwas gegen dessen Funktionsstörungen, dem liegt umgekehrt etwas an dessen Funktionieren. Oder käme etwa jemand auf die Idee, jemanden als Faschismuskritiker zu begreifen, der eine Krise des Faschismus beklagt?

Bereits diese wenigen Anmerkungen erlauben es also, eine Kritik des Kapitalismus, die ihr Augenmerk auf dessen Krisen lenkt, als fragwürdig zu begreifen. Insofern ist es nur konsequent, dass heutzutage die krisenhaften Erschütterungen des Kapitalismus nicht mehr als Einspruch gegen diesen gelten. Wer sich an der Krise des Kapitalismus stößt, dem bietet diese Krise kein weiteres Argument gegen den Kapitalismus, sondern er tritt für die Bewältigung dieser Krise ein. Das Argument, dass die nächste Krise bestimmt kommt, ist ihm ein Ansporn, Vorkehrungen gegen sie zu treffen oder Maßnahmen der Krisenbewältigung auszuarbeiten, die gerne auch so aussehen können, dass die Auswirkungen einer Krise auf bestimmte Weltgegenden beschränkt bleiben.

Tatsächlich war es dem realen Sozialismus ein Anliegen, ein krisenfreies Wirtschaftssystem einzurichten. Seine Protagonisten verstanden die Marx'sche Kritik des Wertgesetzes so, dass dieses ein universelles Wirtschaftsgesetz sei, das im Kapitalismus nicht begriffen werde und dadurch dessen Krisen herbeiführe. Im Sozialismus würde dagegen das Wertgesetz bewusst zur staatlichen Planung eingesetzt werden, statt sich hinter dem Rücken der Menschen und gegen deren Absichten durchzusetzen. Zugleich meinten die realsozialistischen Staatsführer in diesem Wertgesetz ein Mittel zur Hand zu haben, mit dem sie ihre Genossen für ihre Planung instrumentalisieren konnten, ohne diese von der Sinnhaftigkeit einer vernünftigen Arbeitsteilung erst überzeugen und sich von dieser Überzeugung sowie einer darauf beruhenden Bereitschaft zur Zusammenarbeit abhängig machen zu müssen. Planwirtschaft verstanden sie daher als „Suche nach so etwas wie einem *objektiven*, der Willkür ihrer Entscheidungen eigentlich *entzogenen* Automatismus. *Planung* stellten sie sich also ungefähr als ihr komplettes Gegenteil vor: als durch ökonomische Größen sich *selbst steuernder Vorgang*, in dem eine Gesellschaft das quasi *sachgesetzliche Optimum* ihres Wirtschaftens im Umgang mit den Ressourcen Natur und Arbeit erzielt."[58] Damit handelten sich die realsozialistischen Staaten auch solche aparten Widersprüche wie die Bestimmung von Preisen ein, die sowohl Profitansprüchen als auch sozialen Zielen genügen, die niedrig genug für die Bedürfnisse der Käufer und zugleich hoch genug für die Gewinnrechnungen der Produzenten sein sollten.[59] Deswegen wurde auch der reale Sozialismus Krisenerscheinungen nicht los, wenn sie bei diesem auch einen anderen Charakter und Verlauf hatten, nämlich zu permanenten Reformen dieses Automatismus und direkten staatlichen Intervention zur Korrektur seiner unerwünschten Auswirkungen führten.

---

[58] Renate Dillmann: China. Ein Lehrstück über alten und neuen Imperialismus, a. a. O., S. 88
[59] Renate Dillmann: China. Ein Lehrstück über alten und neuen Imperialismus, a. a. O., S. 90

Nachdem die realsozialistischen Staaten die Widersprüche des Wertgesetzes, die sie mit dem Austausch der Kapitalisten durch den Staat außer Kraft setzen wollten, übernommen und mit ihren sozialen Ansprüchen noch erweitert hatten, haben sie ihre Gestaltungsansprüche aufgegeben und sind bekanntlich zur kapitalistischen Normalität zurückgekehrt. Daher sind Krisen nun kein Anlass mehr für Einsprüche gegen den Kapitalismus, nicht einmal für falsche, sondern man hält sie anscheinend mittlerweile für so normal wie Unwetter in der Natur, auch wenn man es sich nicht verkneifen kann, nach Schuldigen Ausschau zu halten, die es an den nötigen Vorkehrungen gegen die Krisenunwetter fehlen ließen. Es fällt den herrschenden Subjekten einer kapitalistischen Gesellschaftsordnung eben schwer einzusehen, dass auch sie einmal *nicht* zu den Nutznießern dieser Ordnung gehören, wo diese doch gerade ihrem Nutzen dienen soll, da das gesamte gesellschaftliche Leben davon abhängig ist, dass die Unternehmensgewinne „funktionieren".

Wer am Kapitalismus erst dann etwas auszusetzen hat, wenn dieser in eine Krise gerät, für den ist es ja auch konsequent, nicht den Kapitalismus, sondern nur dessen Krise zu überwinden. Wer den Kapitalismus aber auch jenseits seiner Krisen als ein System begreift, das für die meisten Menschen mehr Schaden als Nutzen bedeutet, wer diesen Schaden noch dazu als Bedingung des Nutzens der herrschenden Eliten begreift, für den sind die Krisen des Kapitalismus nur eine weitere Erscheinung dieses Schadens. Sie sind daher ein weiterer Anlass zur Kritik, jedoch nicht der erste und einzige, der mit Bewältigung dieser Krisen auch wieder verschwunden wäre.

Kritik

Hat schon einmal jemand bei der Kritik des Holocaust den Einspruch vernommen, dass diese Kritik nur negativ und nicht konstruktiv sei? Können Sie sich vorstellen, dass jemand Kritik an der Folter als „einseitig" zurückweist? Und wie ist das mit der sich immer neuer Auflagen erfreuenden Kampagne gegen Gewalt an Frauen? Soll man sich hier auch fragen, wo das Positive bleibt? Oder soll man sich vielleicht eher doch darüber wundern, dass die Protagonisten dieser Kampagne anscheinend für Gewalt sind, die nur bei Frauen „gar nicht" gehe? Bei Kindern sei Gewalt demnach eher zu dulden? An sich sei Gewalt durchaus brauchbar, nur Frauen müsse man davon ausnehmen? Ist das nun das „Konstruktive" an dieser „Kritik"? Eines ist diesen Fragen gewiss zu entnehmen: Man ist sich offensichtlich nicht darüber im Klaren, worum es sich bei Kritik handelt, wenn man für „konstruktive Kritik" eintritt.

Im Allgemeinen wird auch eine Beschimpfung als Kritik betrachtet, obwohl diese nur den Gegensatz zweier Urteile festhält, für das eine Urteil Partei ergreift und dem anderen seinen Gegensatz zur Last legt. Da nur die Differenz der Standpunkte, jedoch kein Argument in der Beschimpfung zum Ausdruck kommt, wird dagegen die Forderung der „konstruktiven Kritik" erhoben. Wenn man z. B. jemanden mit den Worten beschimpft, dass er „selbstverliebt" sei und sich kein Mensch für sein Geschwätz interessiere, so hat man kein einziges Argument gegen sein angebliches Geschwätz vorgebracht. Während es sonst für einen Menschen sprechen soll, dass er mit sich zufrieden sei und sich nicht verstelle, weil er damit ja auch so authentisch sei, so legt man ihm dies hier als eitle Selbstliebe zur Last. Auch dass sich für seine Aussagen niemand interessiere, zeigt nur, dass der vermeintliche Kritiker diese Aussagen ablehnt, denn eine Erhebung darüber, ob dies allgemein zutreffe, hat er in der Regel nicht durchgeführt. Darüber hinaus spricht es auch nicht gegen ein Urteil, wenn es nicht allgemein geteilt wird, sondern könnte umgekehrt genauso gut ein Hinweis auf die Ignoranz derer sein, die es nicht zur Kenntnis nehmen.

Anstatt jedoch solche Einwände gegen diese Beschimpfung vorzubringen, behelfen sich derartig angefeindete Menschen gerne damit, eine „konstruktive Kritik" einzufordern. Sie entnehmen dem Ganzen ja auch nichts als eine Ablehnung ihrer Person, sie erhalten verbale Prügel, die genau wie handfeste Prügel nur dazu führen sollen, dass sie schweigen. So verständlich also diese Forderung nach konstruktiver Kritik ist, so beruht sie dennoch nur auf der Verwechslung von Beschimpfung mit Kritik. Kritik ist nämlich immer die theoretische Vernichtung eines Urteils oder eines Arguments. Sie ergreift nicht Partei für die kritisierte Sache, sondern will diese mittels Argumenten entkräften, hat also nichts Konstruktives an sich, außer dass man *begriffen* hat, weswegen eine Sache oder ein Urteil nicht aufrechterhalten werden können. Da Beschimpfungen – ebenso wie Appelle zur Toleranz – verlangen, dass man *ohne Argument und Einsicht* eine Sache oder ein Urteil aufgeben solle, wäre ihnen dieser Mangel anzulasten, anstatt dagegen die Forderung der Konstruktivität zu erheben. Die Forderung der konstruktiven Kritik verwechselt also Beschimpfung mit Kritik und daher ist umgekehrt recht verstandene Kritik zwar nicht ohne Argumente, jedoch deswegen noch lange nicht konstruktiv.

Mit der Feststellung der Differenz eines Urteils zur eigenen Auffassung ist dieses auch noch lange nicht kritisiert. Es genügt nicht festzustellen, dass ein Urteil den eigenen Überzeugungen widerspricht, um es zu widerlegen oder für widerlegt zu halten. Üblicherweise wird aber genau das gemacht. Jemand denkt nicht so wie ich, also liegt er falsch, wird gedacht, obwohl sich das genauso gut umgekehrt verhalten könnte. Eine Differenz festzustellen, kann daher nie mehr als der Ausgangspunkt einer Kritik sein, diese Kritik hat man damit keineswegs bereits geleistet. Man muss sich vielmehr mit dem Urteil, das der eigenen Auffassung widerspricht, inhaltlich auseinandersetzen und die Fehler oder Irrtümer aufzeigen, die es enthält. Der Mangel, den ein Urteil bei der Erklärung einer Sache aufweist, muss von der Kritik aufgedeckt werden. Das ist es vielleicht auch, was man unter konstruktiver Kritik verstehen könnte, dass sie „begründet" sein muss, auch wenn die Rede von konstruktiver Kritik dies unangemessen zum Ausdruck bringt. Wenn dies aber erreicht ist, wenn das Urteil widerlegt ist, bleibt davon natürlich nichts übrig, sondern das treffendere bzw. schlüssigere Urteil tritt an dessen Stelle. Wenn z. B. Arbeitslosigkeit permanent im Kapitalismus vorhanden ist, so könnte man diesem Umstand den Hinweis entnehmen, dass es hier einen notwendigen Zusammenhang gibt. Diesen Zusammenhang zu klären, wäre daher die Aufgabe von Kritik (vgl. den Artikel „Arbeitslosigkeit"). Hier auf mangelndes Wirtschaftswachstum wegen falscher Wirtschaftspolitik zu verweisen, versucht diesen Zusammenhang dagegen als etwas Zufälliges hinzustellen, obwohl dem bereits der Umstand widerspricht, dass Arbeitslosigkeit im Kapitalismus immer vorhanden ist und bei Engpässen durch Anwerbung ausländischer Arbeiter für das erwünschte Ausmaß gesorgt wird.

Beim Holocaust fällt niemandem ein zu fragen, wie man denn nun mit den Juden verfahren hätte sollen, wenn man sie nicht vernichten dürfe. Auch bei Kritik an der faschistischen Herrschaft fragt niemand danach, was denn die Alternative dazu sei. Ebenso würde niemand der hierzulande üblichen Schmähung des realen Sozialismus vorwerfen, dass es ihr an konstruktiver Kritik mangle. Wird jedoch Kritik am Kapitalismus vorgetragen, so kann man sich der Konfrontation mit der Frage nach der Alternative dazu ziemlich sicher sein. Daran lässt sich erkennen, dass die Forderung nach konstruktiver Kritik auch Parteilichkeit offenbart und verlangt. Stimmt Kritik mit den eigenen Überzeugungen überein, stößt sich niemand daran, dass es ihr an Konstruktivität mangle. Richtet sich diese Kritik aber gegen diese Überzeugungen und will man an diesen trotz fehlender Argumente festhalten, so beklagt man ihre „Einseitigkeit" und wirft ihr vor, nicht konstruktiv zu sein. So läuft das Verlangen nach konstruktiver Kritik schließlich darauf hinaus, dass Kritik zu unterbleiben hat, wenn sie dem Kritisierten nicht dient. Sie hat dann prinzipiell für die kritisierte Sache einzutreten und zum Gelingen dieser Sache beizutragen. In diesem Sinne hat daher beim oben erwähnten Beispiel der Arbeitslosigkeit kein notwendiger, sondern nur ein zufälliger Zusammenhang zu bestehen, der durch richtige Wirtschaftspolitik und Kapitalwachstum prinzipiell zu beheben sei, denn nur das ist dann konstruktiv für den Kapitalismus. Da auf diese Weise Rücksicht auf das Objekt der Kritik gefordert wird, während Kritik nur Argumenten folgt und keine solchen Rücksichten kennt, kommt die Forderung der konstruktiven Kritik schließlich einem Kritikverbot gleich.

Kritik beschränkt sich auch nicht auf Klagen und Jammern über gesellschaftliche Verhältnisse. Über Arbeitslosigkeit zu klagen, ist daher noch lange keine Kritik. Auch die hierin offenbarten Zeugnisse von Betroffenheit und Leid sind nur der Ausgangspunkt von Kritik und können diese niemals ersetzen. Werden diese Klagen auch noch als Beschwerden vorgetragen, so unterwerfen sich die Menschen damit der Zuständigkeit der Obrigkeit und sind weiter davon entfernt denn je, den Zusammenhang ihrer Leiden mit der Herrschaft ihrer Obrigkeit zu begreifen. Das gilt auch für sich radikal wähnende „Helden der Tat", die sich in diversen Demonstrationen in Szene setzen und gegen Texte wie diesen den Einwand vorbringen, sie würden das Werk von Seminarmarxisten sein und „nur kritisieren" anstatt auch einmal „etwas zu tun". Wer Kritik damit verwechselt, irgendwie gegen irgendetwas zu sein, und wer daher von der Art seiner Gegnerschaft weiter keinen Begriff hat, für den ist Kritik eben etwas Leichtes, er unterzieht sich ja auch nicht der mühevollen theoretischen Arbeit, die Kritik zu leisten hat. Umgekehrt hält er seine Selbstinszenierung als Kritiker auch für die einzig gebotene konsequente Handlung, da ihm ja mangels kritischen Wissens keine weiteren Möglichkeiten offenstehen. So jemand hat daher seine Befriedigung daran, sich narzisstisch als konsequenter Kritiker zu stilisieren und zur Schau zu stellen, da kann man wenigstens in einem blinden Aktionismus ein wenig *action* genießen, anstatt sich mit

„langweiliger" Kopfarbeit abzumühen (vgl. auch die Artikel „Antifa"
und „Gutmenschen").

Lehrerbashing

Im Jahr 2013 ist der jeden Sommer vor Beginn der großen Ferien übliche Neid gegen Lehrer ein wenig grundsätzlicher geworden. Vor allem die Zeitschrift „Profil" hat sich hier zur Speerspitze einer Jagdgesellschaft gemacht, die gegen die Lehrerschaft den Verdacht hegt, dieser würde es an Opfer- und Einsatzbereitschaft für den Fortschritt der Nation mangeln. Dieses Anliegen ist an sich schon niederträchtig genug, aber als langjähriger leidgeprüfter Partner einer Lehrerin muss ich leider feststellen, dass man als Lehrer durchaus genötigt ist, ihm zu gehorchen. Dadurch habe ich mehr Einblick als der Profil-Herausgeber Christian Rainer oder Nachrichtentussis das ORF und bekomme des Öfteren den Aufwand mit, wenn wieder einmal gleichzeitig Hausübungen und Schularbeiten der Korrektur harren und daneben noch Teamsitzungen und Unterrichtsvorbereitungen absolviert werden müssen, weswegen Arbeit bis Mitternacht und länger erforderlich ist. Es vergeht praktisch kein Wochenende ohne Arbeit, schon gar nicht mit einer vollen Lehrverpflichtung. Auch die Ferien müssen zum Verbessern von Heften herhalten, die großen Ferien sind hier die einzige Ausnahme. Wenn im Mai die schulautonomen Tage anstehen, nehmen sich Bekannte einen Tag Urlaub und verreisen, während meine Frau über Korrekturen hockt und noch angefeindet wird, dass sie solchen Urlaub zusätzlich zu ihren Ferien genießen könne.
Vielleicht hält es Herr Rainer auch nur für ein Märchen, dass Lehrer zu den Berufsgruppen gehören, die neben Polizisten und Ärzten am häufigsten von Burnout betroffen sind, wobei in Bezug auf die letztgenannten Berufsgruppen wohl kaum jemand auf die Idee käme, dass diese mehr arbeiten müssten. Wenn man diesem Faktum das Urteil über die Lehrer gegenüberstellt, dass diese viel weniger Arbeit hätten als andere, sowohl während der Arbeitswoche als auch aufgrund der Ferien übers Jahr gesehen, dann ergeben sich daraus zwei mögliche Schlussfolgerungen: Entweder ist das Urteil über die Arbeitsbelastung

und -zeit der Lehrer falsch, oder es handelt sich bei diesen um einen minderwertigen Menschenschlag – hoppla, wie politisch unkorrekt! Sagen darf man das so wohl nicht, sich so gebärden aber anscheinend schon, wie der immer wiederkehrenden Hetze gegen Lehrer zu entnehmen ist.

Wenn man sich nun weiter vor Augen hält, dass man als Schüler die Ferien der Lehrer doch wohl bemerkt haben wird, die man ihnen jetzt so neidet, dann ergibt sich auch hier die Frage, was um alles in der Welt einen denn davon abgehalten hat, einen solchen „Traumberuf" zu ergreifen. War man zu dumm, das zu erkennen? Zu dumm und/oder zu faul für diese Ausbildung? So naheliegend Letzteres erscheinen mag, nachdem man ja ganz offensichtlich auch den Aufwand für eine angemessene Beurteilung der Lehrerarbeit scheut, vermute ich doch eher eine Ahnung davon, dass dieser Beruf so traumhaft nicht ist, als Grund dafür, dass Leute wie Rainer diesen Beruf nicht angestrebt haben. Schließlich hat ja auch so mancher Lehrer bemerken müssen, dass die Ferien das sind, was diesen Beruf überhaupt erst erträglich macht, sozusagen der Zeitausgleich für übers ganze Jahr geleistete Mehrarbeit, ohne den man wohl das Burn-Out als garantierten „Bonus" in der Berufslaufbahn eines Lehrers verbuchen könnte. Deswegen hat ja schon zu meiner Gymnasialzeit meine erste Deutsch-Lehrerin – obwohl oder vielleicht weil eine Klerikalfaschistin und ausgesprochene Sozialistenhasserin – sich vor den Sommerferien immer mit den Worten gerechtfertigt, die Kinder mögen den Eltern mitteilen, dass die Lehrer ohnehin kurz vor dem Zusammenbruch stünden. Wenn das keine Genugtuung ist, dass es selbst den Staatsdienern nicht besser geht als den „gewöhnlichen" Untertanen!

Kritik besteht also hierzulande darin, sich die Maßstäbe der Obrigkeit zum Anliegen zu machen und von den Untertanen Fügsamkeit einzufordern, da alles andere nur ein unerhörtes Privileg sei. Da stellt sich schon die Frage, ob es sich bei diesem Lehrerbashing um etwas anderes als Nationalismus handelt, der jeden als Schädling der Nation „überführt", der es glatt wagt, sich neuen Belastungen des Staates zu widersetzen.

Besonders amüsant ist es auch, wenn ORF-Journalisten (ausgerechnet!) auf der Straße zufällig anwesende Bürger fragen, ob ihrer Meinung nach Lehrer mehr arbeiten könnten. „Na selbstverständlich", antworten alle diese „Experten", die sehen ja auch ganz genau, was Lehrer in ihren vier Wänden tun. Wenn mich irgendjemand fragen würde, ob jemand anderer mehr arbeiten könnte, würde ich auch antworten, na klar! Außerdem würde ich hinzufügen, dass es einen einzigen Menschen auf der ganzen weiten Welt gibt, der mehr als genug arbeitet. Errät jemand, wer das sein könnte?

Linke Moral

In meiner Kritik der Moralphilosophie[60] zeige ich, dass Moral in der freiwilligen Übernahme herrschaftlicher Imperative besteht. Die Gedanken der Herrschenden werden auf diese Weise zu den herrschenden Gedanken.[61] Diesen Gedanken zufolge ist materieller Verzicht angesagt, alles Materielle wird folgerichtig als Materialismus verunglimpft. In der Hingabe an ihre Bedürfnisse würden sich die Menschen ihrer Würde und Freiheit berauben und den Determinanten des Materiellen unterwerfen, mit dem Materialismus hebe das Reich der Heteronomie an. In Kants Worten gesprochen, würden sich die Menschen hier bloß als Mittel betrachten und dadurch in niedere Sphären abgleiten, während sie einander im Reich der Vernunft als Wesen mit höheren Zwecken respektieren und dadurch ihre Freiheit erlangen würden.
Gemäß dieser Vorstellung gilt der Kapitalismus vielen Menschen als schrankenloser Materialismus, der von einem solchen Hort der Vernunft zumindest in seine Schranken gewiesen werden sollte. Ganz deutlich spricht dies z. B. Jürgen Habermas aus, wenn er für die Beschränkung der instrumentellen Vernunft eintritt, die zu diesem Zweck in eine kommunikativ vermittelte Rationalität einzubetten ist. Auch der Nationalsozialismus erhob den Anspruch der Unterordnung des Materialismus unter die Gebote der Volksgemeinschaft, wenn nicht sogar Materialismus diesem Gemeinschaftsdienst zur Gänze weichen sollte. Erstaunlicherweise finden sich hier Übereinstimmungen mit den Vorstellungen des realsozialistischen Staates, dem wegen seines Materialismus erklärten Gegner des Nationalsozialismus, die uns Wilhelm Wei-

---

[60] Ewig lockt die Bestie. Eine Kritik der Moralphilosophie, a. a. O.
[61] Vgl. Marx/Engels: Die deutsche Ideologie, in: MEW, Bd. 3, S. 46: „Die Gedanken der herrschenden Klasse sind in jeder Epoche die herrschenden Gedanken, d. h. die Klasse, welche die herrschende materielle Macht der Gesellschaft ist, ist zugleich ihre herrschende geistige Macht."

schedel präsentiert. Während nämlich Marx und Engels nicht „den ‚Privatmenschen' dem ‚allgemeinen', dem aufopfernden Menschen zuliebe aufheben"[62] wollten, verlangt der reale Sozialismus in seiner Begeisterung für solidarischen proletarischen Opfermut unter anderem „gewissenhafte Arbeit zum Wohle der Gesellschaft" (nicht auch zum eigenen?!) und schließlich sogar „Schlichtheit und Bescheidenheit im gesellschaftlichen und im persönlichen Leben".[63] Irgendwie habe ich mir die Sprengung der Ketten durch das Proletariat anders vorgestellt, von der Marx und Engels am Schluss des *Manifests der Kommunistischen Partei*[64] sprechen. Was Schlichtheit und Bescheidenheit betrifft, wären die Lohnabhängigen im Kapitalismus bestens bedient gewesen, eine bescheidene Lebensführung wird ihnen dort zur Genüge aufgenötigt. Dafür hätte es keiner sozialistischen Umwälzung der gesellschaftlichen Verhältnisse bedurft, deren Zweck doch in der Aufhebung dieser eingeschränkten Lebensweise bestehen sollte, die Marx und Engels durch das Bild der Ketten charakterisiert haben. Diesem Appell zufolge ist es nicht ein Versagen der realsozialistischen Planwirtschaft, sondern deren ausdrücklicher Zweck, wenn das materielle Leben in den realsozialistischen Staaten sich bescheiden gestaltet hat.

Der realsozialistische Staat fordert darüber hinaus „Unduldsamkeit bei Verstößen gegen die gesellschaftlichen Interessen", die durch „hohes gesellschaftliches Pflichtbewusstsein"[65] sowie „Kollektivgeist und kameradschaftliche gegenseitige Hilfe" gewahrt werden sollen. Man fragt sich, wie man gegen gesellschaftliche Interessen verstoßen können soll, wenn diese mit den eigenen Interessen übereinstimmen. Der moralische Tugendkatalog, der die bürgerliche Gesellschaft trotz ihrer unversöhnlichen Interessensgegensätze zusammenhalten und daher im Sozialismus überflüssig werden sollte, wird hier zur Basis des Sozialismus erklärt. Folgerichtig heißt es daher: „Während des Übergangs zum Kommunismus werden moralische Grundsätze im Leben der Gesellschaft eine immer größere Rolle spielen; der Wirkungsbereich des mo-

---

[62] Marx/Engels: Die deutsche Ideologie, in: MEW, Bd. 3, S. 229

[63] Programm des XXII. Parteitags der KPdSU von 1961, zit. n. Wilhelm Weischedel: Skeptische Ethik, Frankfurt am Main 1980, S. 88 f.

[64] „Mögen die herrschenden Klassen vor einer kommunistischen Revolution zittern. Die Proletarier haben nichts in ihr zu verlieren als ihre Ketten. Sie haben eine Welt zu gewinnen. *Proletarier aller Länder, Vereinigt euch!*", aus: Marx/Engels: Manifest der kommunistischen Partei, in: MEW, Bd. 4, S. 493; Hervorhebung im Original.

[65] Programm des XXII. Parteitags der KPdSU von 1961, zit. n. Wilhelm Weischedel: Skeptische Ethik, a. a. O., S. 88

ralischen Faktors erweitert sich."[66] Auch der Staat hat bekanntlich eine erweiterte Rolle im realen Sozialismus gespielt, Gehorsam gegenüber der staatlichen Führung ist verlangt worden, die offensichtlich als Verkörperung der gesellschaftlichen Interessen galt. Man möchte beinahe meinen, dass der realsozialistische Staat hier der Forderung von Thomas Hobbes konsequent gefolgt sei, wonach der Staat die Menschen davor bewahren müsse, sich in der Durchsetzung ihrer eigennützigen Natur gegenseitig Schaden zuzufügen.

Nicht erstaunlich ist es daher, wenn sich hier kaum erkennen lässt, worin sich der realsozialistische Staat vom bürgerlichen unterscheiden soll. Es findet daher Freerk Huisken in der realsozialistischen Pädagogik „moralische Werte wie Verantwortung, Pflicht, Ehre, Würde, Gewissen, Gleichberechtigung, Bescheidenheit, Ehrlichkeit, Kollektivität, Hilfsbereitschaft, … Patriotismus, Heimatliebe, Internationalismus, … Verteidigungsbereitschaft" hoch im Kurs und zieht daraus den Schluss, „nur der aufmerksame Leser wird an zwei lateinischen Vokabeln merken, daß hier ein sozialistischer Tugendbolzen die Feder geführt hat".[67] Selbst ein Leser ohne Lateinkenntnisse wird erkennen, dass die zwei Vokabeln, die man nicht in einem bürgerlichen Tugendkatalog finden wird, Kollektivität und Internationalismus heißen. Alle anderen Werte gelten dagegen auch einem bürgerlichen Tugendkatalog als unverzichtbare und wohlverdiente Ansprüche einer Herrschaft auf den Gehorsam ihrer Untertanen. Warum aber hat auch der reale Sozialismus gedacht, solcher Werte bedürfen zu müssen, wo er doch von Marx und Engels lernen hätte können, dass sich die Idee immer blamierte, „soweit sie von dem ‚Interesse' unterschieden war"?[68]

Der reale Sozialismus hat offensichtlich als moralische Verfehlungen wahrgenommen, was für Marx ein notwendiges Resultat kapitalistischer Produktionsbedingungen gewesen ist. So wird beispielsweise die Gier nicht als Notwendigkeit für Menschen begriffen, die unter kapitalistische Produktionsbedingungen ihre Interessen wahren wollen, sondern sie wird als Ursache „egoistischer" Interessen und kapitalistischer Produktionsbedingungen betrachtet. Weil die Kapitalisten im Kapitalismus mit ihrem Materialismus gut bedient sind, wird der Materialismus zur

---

[66] Programm des XXII. Parteitags der KPdSU von 1961, ebd.
[67] Freerk Huisken: Die Wissenschaft von der Erziehung. Einführung in die Grundlügen der Pädagogik, Hamburg 1991, S. 261
[68] Marx/Engels: Die heilige Familie oder Kritik der kritischen Kritik, in: MEW, Bd. 2, S. 85

Ursache des Kapitalismus erklärt. Der „gierige, materialistische Mensch" soll daher der Bescheidenheit weichen, die natürlich nur der Staat bei ihm erzwingen kann. Wie wir gesehen haben, führt hier der realsozialistische Staat nur jene Notwendigkeit bis zur letzten Konsequenz durch, für die nach Hobbes der Staat geschaffen worden ist, nämlich die Zügelung der Wolfsnatur des Menschen, als deren Verkörperung nun das Kapital gilt. Der realsozialistische Staat unterstellt also einen natürlichen Hang der Menschen zu kapitalistischer Eigennützigkeit, die er auszumerzen oder zumindest zu überwachen und im Zaum zu halten hat.

Die von Weischedel referierten realsozialistischen Tugenden umfassen neben der bereits erwähnten Unduldsamkeit bei Verstößen gegen gesellschaftliche Interessen, worin auch immer diese bestehen mögen, auch „Unversöhnlichkeit gegenüber Ungerechtigkeit, Schmarotzertum, Unehrlichkeit und Karrierismus" sowie noch einmal „Unduldsamkeit", dieses Mal „gegen Nationalismus und Rassenhaß".[69] Dass es in der realsozialistischen Gesellschaft nicht gerade entspannt zugegangen ist, darf angesichts der Anfechtungen nicht erstaunen, denen sich der angeblich neue realsozialistische Mensch hier von innen und außen ausgesetzt sah. Da war Wachsamkeit gegenüber dem eigenen inneren Schweinehund ebenso geboten wie gegen die an dieser Aufgabe scheiternden Genossen, denen man mit Unduldsamkeit begegnen musste. Anstatt falsche Urteile über gesellschaftliche Interessensgegensätze zu sein, scheinen Nationalismus und Rassenhass menschliche Ursünden darzustellen, die immerzu in der menschlichen Natur lauern. Auch Karrierismus ist demnach keine bürgerliche Tugend, die dort als gesundes Erwerbsstreben gewürdigt und gefördert wird, sondern ein allgemein menschlicher Hang zur Angeberei. Gutwillig könnte man dies noch als Kritik eines gering entwickelten Geistes betrachten, dem man erst erklären muss, dass es im Leben nicht nur Spiel, sondern auch Arbeit gibt. Kindern muss man das erst erklären, aber selbst diese begreifen das ziemlich schnell, hier aber wird so etwas zum Programm einer kommunistischen Partei erhoben und hat daher nicht diesen banalen Gehalt. Es lässt sich vielmehr auf einen Gegensatz von privatem und gesellschaftlichem, hier durch den realsozialistischen Staat repräsentiertem Interesse schließen, wenn all jene des Karrierismus und des

---

[69] Programm des XXII. Parteitags der KPdSU von 1961, zit. n. Wilhelm Weischedel: Skeptische Ethik, a. a. O., S. 89

Schmarotzertums bezichtigt werden, die sich in diesem Gegensatz für ihr privates Interesse entscheiden.

Der Begriff der Pflicht, den Kant zur Grundlage eines gesellschaftlich wünschenswerten Handelns erhoben hat, wurde also auch vom realsozialistischen Staat geschätzt. Max Horkheimer behauptet sogar, dass hier das Anliegen Kants erst zu seiner Verwirklichung komme, da in der vereinzelten, auf das Handeln einzelner Individuen beschränkten Anwendung des Kantischen Imperativs „der Allgemeinheit, um welche der moralische Wille ja bekümmert ist, gar nicht zu helfen wäre". Es genüge nämlich nicht, „auf ein tugendhaftes Innere, auf den bloßen Geist, etwa auf *Unterdrückung der Eigentumsinstinkte durch Disziplin* zu achten, sondern darauf, daß die äußeren Veranstaltungen, welche jenes *Glück* bewirken können, auch wirklich geschehen".[70] Die Disziplin zur Unterdrückung der naturhaften Eigentumsinstinkte durch den Geist, welche die einzelnen Individuen aufbringen müssen, ist also unzureichend, wenn diese nicht durch äußere Veranstaltungen ergänzt und unterstützt werden. Nur auf den Geist zu bauen, wäre eben Idealismus, während den Materialismus auszeichne, dass er auch auf das Äußere, auf die materiellen Verhältnisse einwirke, um das „Glück" zu erreichen, das in der Überwindung der Eigentumsinstinkte liege. Dieses Anliegen hat wohl auch den realsozialistischen Staat dazu bewogen, mit seiner Gewalt auch von außen auf die Individuen einzuwirken, die in der Unduldsamkeit gegen ihre Eigentumsinstinkte nicht allein gelassen werden durften, sondern tatkräftige Unterstützung verdient hatten.

Wer von Eigentumsinstinkten und einem natürlichen Hang zu Karrierismus spricht, der macht aus Formen der Selbstbehauptung, die dem Individuum in der Konkurrenz der bürgerlichen Gesellschaft auferlegt sind, ein urtümliches menschliches Streben, dem nur durch die Vernunft Einhalt geboten werden könne. (Vgl. auch den Artikel „Gewinnstreben".) Permanent müssten sich die Menschen gegen diese „niedrigen Instinkte" wappnen und am Riemen reißen, sie hätten sich selbst zu disziplinieren, um nicht in den Abgrund ihrer selbstsüchtigen Neigungen gerissen zu werden. Der Anfechtungen der Eigentumsinstinkte gelte es sich demnach zu erwehren, allerdings nicht allein durch die Disziplin des Einzelnen, denn dies sei ein „idealistischer Wahn", wie Horkheimer uns an dieser Stelle mitteilt, sondern durch „äußere Veran-

---

[70] Max Horkheimer: Materialismus und Moral. In: Otfried Höffe: Lesebuch zur Ethik. Philosophische Texte von der Antike bis zur Gegenwart, München 1999², S. 364; Hervorhebungen von mir.

staltungen", womit wohl nur die gesellschaftlichen Umstände gemeint sein können, innerhalb deren der Einzelne handelt. Eigensüchtiges Handeln zeigt sich demnach in Eigentumsinstinkten, denen bereits Kant moralische Disziplin entgegengesetzt, dabei aber das gesellschaftliche Ganze außer Acht gelassen habe. Gesellschaftliche Disziplin wäre demnach zur endgültigen Überwindung des Hangs zu Eigentum und Eigennutz angesagt. Die moralische Disziplin wird hier nicht in ihrem Zusammenhang mit den Grenzen begriffen, die der bürgerliche Staat seinen Bürgern setzt, um trotz ihrer ökonomischen Gegensätze einen permanenten Krieg aller gegen alle zu verhindern.[71] Sie wird vielmehr als Ansatz zur Aufhebung dieser Gegensätze aufgefasst, in denen die Bürger ihren Eigennutz betätigen dürfen und bei Strafe des ökonomischen Untergangs auch müssen, um damit auch jeglichen Eigennutz als den vermeintlichen Keim dieses Gegensatzes zu eliminieren. Dass recht verstandener Eigennutz in der wechselseitigen Benutzung der Menschen für gemeinsame Zwecke bestehen könnte, wie dies im Begriff der Arbeitsteilung gedacht wird, bleibt hier völlig außer Betracht. Den Gegensatz hierzu stellt für Marx das Privateigentum dar, die hierauf festgelegte und beschränkte Freiheit „läßt jeden Menschen im andern Menschen nicht die Verwirklichung, sondern vielmehr die Schranke seiner Freiheit finden".[72]

Diese Schranke scheint der reale Sozialismus in der menschlichen Natur gesehen zu haben, welcher er anscheinend mit einer entwickelten moralischen Kultur, mit der oben erwähnten Erweiterung des moralischen Faktors den Kampf ansagen wollte. Insofern sind die Irritationen eines W. F. Haug nachvollziehbar, für den die menschliche Natur hier von vornherein überfordert ist und sich dadurch das Scheitern des realen Sozialismus erklärt:

„Wie sollten die Verhältnisse auf dieser Erde mit ihren Milliarden von Menschen, wie soll das Ensemble von deren Beziehungen untereinander, ja auch nur unserer Selbstbeziehungen, zu unserer eigenen Natur, wie die Beziehungen zur uns umgebenden Natur, wie soll diese Wirklichkeit ‚tagtäglich durchsichtig, vernünftig‘ sein? Genügt es doch, daß wir in unser ‚Inneres‘ zu blicken versuchen, um nicht nur Intransparenz zu erfahren, sondern einen Selbstlauf, dem wir nur vorübergehend Zustände der Konzentration auf bestimmte Fragen abgewinnen können,

---

[71] Vgl. hierzu mein bereits erwähntes Buch *Ewig lockt die Bestie*.
[72] Karl Marx: Zur Judenfrage, in: MEW, Bd. 1, S. 365

wobei aber das Antreibende das Blicken selbst treibt und so für es ver-schwindet, also alles andere als transparent ist."[73]

Diese Frage stellt sich Haug anlässlich der Marx'schen Behauptung, dass die gesellschaftlichen Verhältnisse durchsichtig einfach werden würden, wenn die Vermittlung der produzierten Güter nicht mehr als Kauf und Verkauf von Waren stattfinde, sondern durch unmittelbaren Zugriff auf diese gemäß den jeweiligen Notwendigkeiten in Produktion und Konsum. Marx meinte ja damit nicht mehr und nicht weniger als den Sachverhalt, dass hier die Notwendigkeit nicht mehr gegeben ist, dass sich ein Arbeitsprodukt als Ware verkaufen und bewähren muss. Es wäre hier also unvorstellbar, etwas zu vernichten, weil es sich nicht verkaufen lässt, oder notwendige Produktion zu unterlassen, weil sie nicht genügend Gewinn erwarten lässt. Es gäbe keine Notwendigkeiten von Kauf und Verkauf, denen sich die Produktion zu unterwerfen hät-te. Das bedeutet noch lange nicht, dass hier sozusagen immer schon durchsichtig einfach und vernünftig vorliegen würde, was in welchem Ausmaß zu produzieren wäre, denn dies bedarf täglicher Kooperation und Kommunikation. Die Absurdität einer unterlassenen, weil zu we-nig profitablen Produktion oder brachliegender, weil unverkäuflicher Güter, von deren Gebrauch bedürftige Massen dennoch ausgeschlos-sen wären, hätte hier jedoch keine Grundlage. Haug scheint nun aller-dings den Kapitalismus zur adäquaten Wirklichkeit einer irrationalen menschlichen Natur zu erklären, weil der reale Sozialismus selbst einen Gegensatz zu dieser aufgemacht hat und vielleicht schließlich selbst meinte, daran gescheitert zu sein. Das aber bedeutet, an dem Gegen-satz einer scheinbar despotischen gesellschaftlichen Vernunft gegen eine irrationale, selbstsüchtige Menschennatur festzuhalten und sich nun auf die Seite dieser vermeintlichen Natur zu stellen. Es käme aber darauf an, keinen solchen Gegensatz zu eröffnen, dann wären nämlich weder Bescheidenheit noch Karrierismus erwünschte oder verpönte Verhaltensweisen, weil sie ohne jeden Sinn und Nutzen wären. Wozu sollte man schließlich mit seiner Bescheidenheit angeben, wo sie doch nichts als die zur Tugend erklärte materielle Not darstellt, weshalb um-gekehrt mit seiner Leistungsfähigkeit prahlen, wenn diese doch nur eine Notwendigkeit für die Produktion von Gütern darstellt?

---

[73] Wolfgang Fritz Haug: Muß man den Stalinismus von Marx her denken?, in: Ders.: Determinanten der postkommunistischen Situation, Hamburg 1993, S. 137

Besonders aberwitzig ist in diesem Zusammenhang die sogenannte Kritische Theorie, die den realen Sozialismus gleich nur als eine Ausformung der despotischen menschlichen Vernunft und des Hangs zur Naturbeherrschung betrachtet, der auch den Kapitalismus bestimme. Hier sei jedoch kein Hinnehmen einer despotischen Menschennatur geboten wie eben noch bei Haug, sondern eine alternative Moral gegen dieses Bemächtigungs- und Besitzstreben zu entwickeln, die endlich in einen Dialog mit der Natur treten müsse, anstatt sich diese verdinglichend anzueignen. Der hiervon ausgehende Reformeifer macht sich heutzutage als politische Korrektheit bemerkbar, die mit veganer Lebensweise und Gender-Mainstreaming bzw. Genderismus in allen Lebenslagen die vermeintlich gewaltsame menschliche Natur mit ihrer „identifizierenden Vernunft" zu reformieren trachtet. Jede Kritik an Muslimen gilt diesem wahnhaften Denken umgekehrt als Ethnozentrismus, Kulturimperialismus und Rassismus. Welche Wurzeln dieses Denken ausgerechnet in den Vorstellungen der sexuellen Revolution der 1968er-Bewegung hat, ist im sechsten Kapitel meiner bereits erwähnten Kritik der Moralphilosophie nachzulesen.

Macht der Moral

Ein Egoist und Materialist zu sein, gilt in der bürgerlichen Gesellschaft als Vorwurf. Zunächst hält sie es für ihr Gütezeichen, das „gesunde Erwerbsstreben" zu pflegen, wodurch jeder im Streben nach seinem Vorteil das allgemeine Wohl hervorbringe, als wäre er von einer unsichtbaren Hand geleitet. Bleibt dieses Gemeinwohl jedoch aus, so lastet sie dies ebenso dem von ihr gehegten Erwerbsstreben an, das nun plötzlich als egoistische Gier verdammt wird, welche zu verhindern es einer entsprechenden Moral bedürfe. Zum einen sorgt ohnehin der Staat mit seinen Gesetzen dafür, dass sich das Erwerbsstreben innerhalb gewünschter Grenzen bewegt, zum anderen sollen sich seiner Bürger diese Grenzen zu eigen machen, um die staatlichen Institutionen durch vorauseilenden Gehorsam zu entlasten. Dies zu leisten ist die Aufgabe dessen, was allgemein als Moral bekannt ist.

Immer Rücksicht auf andere zu nehmen und nicht selbstsüchtig und eigennützig die anderen je nach Bedarf als Mittel zu gebrauchen und auch wieder fallen zu lassen, lautet die Grundregel der Moral. Die Formel dazu hat Kant aufgestellt, dass man andere Menschen nicht nur als Mittel, sondern auch als Zweck behandeln solle.[74] Diese Forderung ist keineswegs so selbstverständlich, wie es auf den ersten Blick erscheinen mag. Schließlich ist nicht einzusehen, weshalb der Gebrauch anderer Menschen als Mittel zur Befriedigung eigener Bedürfnisse von vornherein für diese schädlich sein sollte, wenn die von der Moral geforderte Rücksichtnahme ausbliebe. Auch ist nicht nachvollziehbar, weswegen bei einer Zusammenarbeit der gegenseitige Gebrauch, den Menschen voneinander machen, dazu führen sollte, sich gegen die Anliegen der Arbeitspartner gleichgültig zu verhalten und diese je nach Bedarf zu nutzen oder unbeachtet zu lassen. Eine solche Forderung ist daher ein Indiz für gegensätzliche Verhältnisse, in welchen die Menschen sich in einer Konkurrenz zueinander befinden, nicht aber ein Merkmal von Kooperation oder von menschlichen Beziehungen im Allgemeinen.

Die Gegensätze, die den Bürgern mit der Festlegung des Privateigentums als Mittel ihres Erfolges auferlegt sind, dürfen aber nicht bis zur letzten gewaltsamen Konsequenz ausgetragen werden. Dafür sorgt der Staat mit seiner Polzeigewalt und verbucht die dennoch stattfindenden Verstöße gegen dieses Gebot des Gewaltverzichts in seinen Kriminalitätsstatistiken. Darüber hinaus scheint es auch unerträglich zu sein und als Kennzeichen eines zynischen Machiavellisten zu gelten, wenn man aus diesen Interessensgegensätzen kein Hehl macht und sich ungeniert zur rücksichtslosen Durchsetzung der eigenen Interessen bekennt. Das Bedürfnis einer heuchlerischen Beschönigung der Interessensgegensätze verleiht der Moral daher eine solche Macht, dass selbst ein Machiavellist sich dieser nicht entziehen kann, sondern sich ihrer zur Durchsetzung seiner Interessen bedienen muss. „Und weil die Moral so mächtig geworden ist, wird kein Machiavellist von heute darauf verzichten, seine eigennützigen Interessen moralisch zu verbrämen",[75] stellt Otfried Höffe daher fest. Das freut ihn einerseits, weil seine Be-

---

[74] Immanuel Kant: Grundlegung zur Metaphysik der Sitten, in: Kant-Werke, Bd. 7, S. 61: *„Handle so, daß du die Menschheit, sowohl in deiner Person, als in der Person eines jeden andern, jederzeit zugleich als Zweck, niemals bloß als Mittel brauchest."* (Kursiv im Original)
[75] Otfried Höffe: Ethik. Eine Einführung, München 2013, S. 119; vgl. auch mein Buch: Ewig lockt die Bestie. Eine Kritik der Moralphilosophie, a. a. O., S. 103

geisterung für Moral den Charakter einer weltfremden Schwärmerei verliert, wenn sich diese als handfeste Wirklichkeit erweist. Andererseits stößt er sich an dem hier seiner Auffassung nach vorliegenden Missbrauch, für den er diesen Gebrauch der Moral hält, denn dadurch versagt sie ihm die nützlichen Dienste, die er ihr andichtet. Derartig als Vehikel zur Beförderung der eigenen Interessen brauchbar, bewirkt Moral nämlich gar nicht jene Einschränkung dieser Interessen, die sie leisten sollte.

Soll man deswegen nun darüber klagen, dass die Moral nicht jene Entsagung bewirkt, die Höffe gerne von ihr hätte, dass sie vielmehr sogar zur Bemäntelung von Interessen statt zu deren Einschränkung taugt? Oder sollte man nicht besser zur Kenntnis nehmen, dass jeder die moralische Mäßigung immer nur bei anderen vermisst, während er diese allein sich als Verdienst zuspricht? Weil jeder sich selbst für ein Wunder an Selbstlosigkeit und Rücksichtnahme hält, leitet er daraus umgekehrt das moralische Recht ab, jene in die Schranken zu weisen, denen es seiner Auffassung nach an dieser beispielhaften Selbstlosigkeit mangelt. So setzt jeder seine Interessen mit dem moralischen Rechtsbewusstsein durch, dass damit zugleich ein unmoralisches Subjekt die ihm gebührende Quittung erhalte. Für dieses Selbstbewusstsein der Rechtschaffenheit und diese Selbstdarstellung ist Moral allerdings gut und dies stellt auch keinen Missbrauch derselben dar. In diesem Sinne hat ja auch Nietzsche festgestellt, dass das Lob der Selbstlosigkeit „jedenfalls nicht aus dem Geiste der Selbstlosigkeit entsprungen"[76] ist.

Nietzsche und Hegel haben den Nachweis erbracht, dass es gar keinen Missbrauch von Moral geben kann. Vielmehr kann nahezu jede Handlung gleichermaßen als Verstoß gegen moralische Prinzipien wie als deren Verwirklichung dargestellt werden. Jede Gewalt kann als gerechte Bestrafung eines bösen Menschen, der diese verdient hat, behauptet werden, so unglaubwürdig das auch in einzelnen Fällen erscheinen mag. Solche unglaubwürdigen Fälle bestehen in Züchtigungen „unfolgsamer" Kinder, die ohnehin von Kindesmissbrauch kaum zu unterscheiden sind, wobei der Anspruch auf bedingungslosen Gehorsam bereits einen Akt der Gewalt darstellt. Für Gewalt, die nicht bloß der Notwehr dient, gibt es ohnehin kein Argument und man muss sich daher fragen, wie ein Erwachsener in die Lage kommen soll, einem Kind

---

[76] Friedrich Nietzsche: Menschliches, Allzumenschliches II, Zweite Abteilung: Der Wanderer und sein Schatten, in: Ders.: Sämtliche Werke, bearbeitet von Siegfried König, Kindle E-Book 2013, Position 20809

gegenüber Notwehr anwenden zu müssen. Dennoch sind ertappte Übeltäter um moralische Selbstdarstellungen hier selten verlegen. So hat auch der berüchtigte Josef Fritzl, der seine Tochter im Keller seines Hauses in Amstetten 24 Jahre lang gefangen hielt, seine Fürsorge als eines der Motive seines Handelns ausgegeben, sodass man schon beinahe geneigt gewesen wäre, von einem tragischen Fall von Überbehütung zu sprechen.

Die Verdienste Hegels und Nietzsches um die Kritik der Moral habe ich ja bereits ausführlich in meinem Buch *Ewig lockt die Bestie* vorgestellt, auf welches ich daher hier verweisen will. Dort wird auch das Geheimnis gelüftet, wie die einen sich souverän der Moral bedienen, um ihren finanziellen und sozialen Status als gerechten Lohn ihrer Verdienste um das allgemeine Wohl darzustellen, während andere die ihnen aufgenötigte materielle Bescheidenheit als Ausweis ihrer moralischen Vortrefflichkeit gewürdigt wissen wollen. Letztere halten sehr viel von der Macht der Moral, ist diese doch die einzige, die sie noch zu besitzen glauben. Darauf sind sie dann ähnlich stolz wie auf ihre Teilhabe an einer Nation, die zu den Ordnungsmächten dieser Welt zählt.

Marx und der Marxismus

Einige Zeit nach seinem Unfalltod wurde Jörg Haider wegen der Pleite der Kärntner Bank Hypo Alpe Adria und wegen anderer Machenschaften kritisiert. Daraufhin suchte eine seiner Töchter ihn mit den Worten zu verteidigen, dass es ungehörig sei, auf jemanden loszugehen, der sich nicht mehr wehren könne. Solche Immunität des Todes wegen wird für andere historische Persönlichkeiten, etwa für Hitler oder Stalin, weder verlangt noch gewährt, auch Karl Marx wird solche Gnade nicht zuteil. Es leuchtet dies schließlich nur dort als „Argument" ein, wo man bereits für den betroffenen Menschen und dessen Standpunkt eingenommen ist.

Auf Karl Marx darf man hierzulande beliebig herumtrampeln, bei ihm spricht sein Tod nicht für ihn, sondern gegen ihn. Dies demonstrierte in den 1980er-Jahren der bayerische Ministerpräsident Franz Josef Strauß, indem er Marx dadurch „widerlegte", dass dieser bereits seit längerer Zeit tot ist: Wer wollte denn mit den medizinischen Methoden aus der Zeit von Karl Marx heute noch behandelt werden, lautete sein „Einwand" gegen Marx, also seien wohl auch dessen Auffassungen „veraltet" und „überholt". Wenn man zu keiner inhaltlichen Kritik willens oder fähig ist, dann muss man es sich eben einfach machen. Übrigens würden dieselben Leute wie Strauß dem Alter eines Urteils das Qualitätsmerkmal seiner dauerhaft bewährten Gültigkeit entnehmen, wenn es zu ihrem Standpunkt passt. So erfreut sich Kant nach wie vor eines guten Rufes, hier spricht das Alter nicht gegen, sondern für ihn und Kants bis heute dauernde Geltung wird als Tradition gewürdigt. Die Kritik der politischen Ökonomie des Karl Marx ist allerdings nicht wegen ihrer Tradition von Bedeutung, sondern weil sie ebenso wenig veraltet ist wie der Kapitalismus, nur deswegen lohnt sich nach wie vor die Beschäftigung damit. Leider hat man im realen Sozialismus diese Kritik falsch aufgefasst und gedacht, in seinem Hauptwerk „Das Kapital" habe Marx wirtschaftliche Gesetzmäßigkeiten dargestellt, die sich gleich Naturgesetzen vollziehen würden. Während man im Kapitalismus diese Gesetze nicht begreife und ihrem blinden Wirken bzw. Wüten ausgesetzt sei, hatte der reale Sozialismus den Anspruch erhoben, diese unter seiner staatlichen Obhut zu beachten und sogar für seine Ziele fruchtbar zu machen. Auf die hieraus entstandenen Widersprüche kann jetzt nicht im Einzelnen eingegangen werden, so viel sei jedoch vermerkt, dass es einen grundlegenden Widerspruch darstellt, dort von Gesetzen zu sprechen, denen das Handeln der Menschen unterworfen sei, wo es auf dieses Handeln allein ankommt. (Vgl. dazu auch den Artikel „Kommunismus".)

Anstatt sich mit der Kapitalismuskritik von Marx auseinanderzusetzen, war es den führenden Köpfen des realen Sozialismus ein viel größeres Anliegen, ihre Genossen mit dem Fundament einer Weltanschauung zu versorgen. Da wurden im Dialektischen Materialismus, abgekürzt als DIAMAT bezeichnet, allgemeine Entwicklungsgesetze der Natur und der Gesellschaft ersonnen, die unausweichlich den Sozialismus vorbereiten und durchsetzen würden. Im historischen Materialismus, der ebenso ein Kürzel erhielt, nämlich HISTOMAT, wurde die bisherige Geschichte dieser Entwicklungsgesetze dargestellt. Es wurde so für die Veränderlichkeit, für die Geschichtlichkeit der Welt geworben und daraus ein Argument für den Sozialismus zu verfertigen gesucht. Das Resultat dieser Bemühungen ist unsäglich langweilig zu lesen, wenn z. B. die Dialektik von Quantität und Qualität zelebriert wird, wonach verschiedene kaum merkliche Veränderungen plötzlich einen fundamentalen Umbruch, eine neue Qualität eben hervorbringen. Oder das Gesetz der Einheit und des Kampfes von Gegensätzen wird überall wahrgenommen, weil man ja jedes Phänomen gemäß dieser leeren Formel aufarbeiten kann. Für die Erklärung und Kritik des Kapitalismus ist dadurch zwar nichts gewonnen, da sich aber jede Handlung gemäß diesem Schema verorten lässt, schienen dem Sowjetmarxismus solche methodische Formalismen unerlässlich und ein unerschütterliches Fundament zu sein.

Marx selbst soll ja gesagt haben, dass er kein Marxist ist. Das ist keineswegs als Koketterie zu verstehen, sondern verweist darauf, dass Marx kein Interesse an der Ausarbeitung eines philosophischen Systems hatte, worauf es jedoch gerade die Schematisierung seines Denkens zum Marxismus abgesehen hat. Gerne bezeichnen sich zwar Kommunisten als Marxisten, um nicht mit dem Staatssozialismus der realsozialistischen Vergangenheit identifiziert zu werden, dies ist in der Regel allerdings nur zur Orientierung für etwas einfach gestrickte Geister bestimmt. Wenn mit dem Bekenntnis zum Marxismus nichts weiter als die Zustimmung zu Marxens Erkenntnissen für die nach wie vor bestehende bürgerliche Gesellschaft gemeint ist, so kann es hilfreich sein, diese Bezeichnung in diesem Sinne auch weiterhin zu gebrauchen. Als Bekenntnis zu einer Weltanschauung sollte sie jedoch nicht verstanden werden.

Ein ganz kurzer Blick vermag vielleicht einen ersten Eindruck von den Erkenntnissen zu bieten, auf die es ankommt: „Der Reichtum der Gesellschaften, in welchen kapitalistische Produktionsweise herrscht, erscheint als eine ‚ungeheure Warensammlung‘, die einzelne Ware als seine Elementarform.“[77] So unschuldig hört sich der erste Satz im „Kapital“ an. Er kommt wie eine nüchterne Feststellung daher: Der Reichtum in kapitalistischen Gesellschaften erscheint als eine ungeheure Warensammlung. Doch diese scheinbar nüchterne Behauptung stellt bereits eine Kritik dar; sie verweist darauf, dass hier der gesellschaftliche Reichtum nicht in Gütern besteht, die dem allgemeinen Bedarf zugänglich sind, sondern als Warensammlung eine spezifische Form annimmt. Bereits an diesem einfachen Satz scheiden sich die Geister, wenn es wie im realen Sozialismus nicht als Kritik begriffen wird, dass der Reichtum diese Form annimmt. Zur Auseinandersetzung mit dieser Kritik sei daher an dieser Stelle die Lektüre des „Kapitals“ empfohlen, am besten

---

[77] Karl Marx: Das Kapital, Bd. 1, in: MEW 23, S. 49

ergänzt durch ein Buch jüngeren Datums: *Zurück zum Original. Zur Aktualität der Marxschen Theorie*[78].

Über Marx wird wirklich viel Unsinn geschrieben, um ihn so nebenbei „auf die Schnelle" zu „widerlegen". Bare Unkenntnis bläst sich hier zur Sachkenntnis auf und stellt Behauptungen in den Raum, die nichts als Unkenntnis dokumentieren, wenn etwa die „Kritik" vorgebracht wird, dass Marx die Rolle der Maschinen in der Produktion übergangen habe. Dadurch sei er zu dem Fehlschluss gekommen, dass Ausbeutung stattfinde, indem den Arbeitern der Betrag vorenthalten werde, der doch nur zur Erneuerung der Maschinerie einbehalten werde. Sie glauben mir nicht? Lesen Sie bitte selbst: „Was Karl Marx in seinen Theorien weiterhin nicht berücksichtigt hat, ist die Rolle der Maschinen, die von den Arbeitern bei ihrer Arbeit benützt werden und die als Produktions- bzw. Kapitalgüter ja auch zu einem bestimmten Preis eingesetzt werden müssen. Die Kapitalisten, die die Produktionseinrichtungen, Hallen, Maschinen, den Fuhrpark und die kaufmännische Administration bereitstellen müssen, verlangen dafür auch ihren Anteil an den Verkaufsergebnissen der Produkte."[79]

Amüsant ist hier auch die Vorstellung vom Rechtfertigungsbedarf der Kapitalisten, als würden diese ihren „Anteil" am finanziellen Ertrag erst mit den Arbeitern aushandeln müssen, während ihnen als Eigentümern von vornherein der gesamte Ertrag ihres Eigentums zusteht. Ihre Pflichten gegenüber ihren „Mitarbeitern" bestehen ausschließlich in der Zahlung des mit diesen vereinbarten Lohns oder Gehalts. Wer sich außerdem die „Mühe" macht, das „Kapital" nur einmal zur Hand zu nehmen und das Inhaltsverzeichnis zu begutachten, wird unter Abschnitt IV ein Kapitel mit dem Titel „Maschinerie und große Industrie" finden. Das nur zur „Redlichkeit" heutiger Marx-„Widerlegungen".

Sehr beliebt ist in Bezug auf Marx natürlich auch das Verfahren, sein Werk als Ausfluss einer problematischen Persönlichkeit zu entlarven. Es ist dies eine weit verbreitete Albernheit, wissenschaftliche Auseinandersetzungen zum Kampfplatz von Persönlichkeitsproblemen zu erklären, als würde es keinerlei wissenschaftliches Interesse unabhängig von persönlichen Befindlichkeiten geben. So erfährt man von Historikern über Streitereien und Fraktionskämpfe von Marx, die allein des-

---

[78] Johannes Schillo (Hrsg.): Zurück zum Original. Zur Aktualität der Marxschen Theorie, Hamburg 2015

[79] Karlheinz Muhr/Walter Sonnleitner: Wie funktioniert Wirtschaft wirklich. Ein Sachbuch für mehr Durchblick, a. a. O., S. 88

wegen gegen ihn sprechen sollen, weil er sie geführt hat. Welche Urteile und Überzeugungen, welche Argumente in diesen Auseinandersetzungen zur Disposition standen, interessiert hier überhaupt nicht. Marx wird es vielmehr zur Last gelegt, wenn solche Streitigkeiten nicht zu einem Konsens mit seinen Widersachern geführt haben, denn das liefert den gewünschten Beweis einer schwierigen Persönlichkeit mit mangelnder Konsensfähigkeit. Was soll auch anderes dabei herauskommen, wenn die Beschäftigung mit der Person an die Stelle der Beurteilung ihres theoretischen Werks tritt?

Meinungsfreiheit

Bereits in der Schule erfährt man als Heranwachsender, wie gut man es doch damit getroffen habe, in einem demokratischen Staat zu leben. Seine Meinung dürfe man äußern und das Führungspersonal des Staates wählen, dessen Vorhaben man auf diese Weise mitbestimmen könne, weshalb von Herrschaft hier eigentlich gar nicht mehr zu sprechen sei. Dieses hohe Gut werde von den Menschen mittlerweile bereits als selbstverständlich hingenommen, weswegen sie undankbarerweise von ihrem Wahlrecht viel zu wenig Gebrauch machten und auch noch so etwas wie Politikverdrossenheit zeigen würden. Die Idee, dass diese Verdrossenheit auf die Enttäuschung solcher Ideale zurückzuführen sein könnte, ist weniger populär. Noch weniger trifft man auf den Gedanken, dass solche Enttäuschung an diesem Ideal festhält und dessen mangelhafte Verwirklichung beklagt, anstatt eine Kritik an diesem Ideal und der ihm entsprechenden Wirklichkeit zu vollbringen.

Nun stimmt es zwar, dass man in einem demokratischen Staat das Herrschaftspersonal wählen und seine Meinung über alles Mögliche kundtun darf, die Frage ist nur, was daran so begehrenswert sein soll. In der Regel sind vor allem die politischen Eliten von sich begeistert, weil sie ihren Bürgern solche Freiheiten einräumen, für welche diese gar nicht dankbar genug sein könnten. Schließlich würde es einem Staat leicht fallen, solche Freiheiten aus dem Verkehr zu ziehen, dazu bedarf es nur des Einsatzes seiner Gewalt. Ein wenig mehr Aufwand mag mit der Durchsetzung einer Zensur verbunden sein, aber ob es sich tatsächlich so verhält, ist doch fraglich, wenn man bedenkt, dass auch eine freie Presse permanent von staatlichen Einrichtungen begutachtet und gesichtet wird, auch wenn damit nicht die Absicht einer Zensur verbunden ist. So weiß der Staat darüber Bescheid, wie seine Bürger über ihn denken, während er sich mit einer Zensur oder einem generellen Verbot der freien Meinungsäußerung die Erlangung solches Wissens erschweren würde. Was aber hat ein Bürger davon, dass er seine Meinung veröffentlichen und wählen gehen darf?

Der freie Bürger, der sein Glück in den vom Staat nach dessen Zwecken gesetzten Lebensbedingungen suchen darf, also nicht staatlichen Bestimmungen seines Lebens, sondern nur seiner Lebensbedingungen unterliegt, dieser freie Bürger darf eine Meinung nicht nur haben, sondern er darf sie auch veröffentlichen. Es wäre auch schwer hinzubekommen, den Bürgern eine eigene Meinung zu verbieten, deren Veröffentlichung zu untersagen, ließe sich mit der überlegenen Gewalt des Staates dagegen schon bewerkstelligen. Nun dürfen die mit dem Recht der freien Meinungsäußerung beglückten Bürger also alles Mögliche über Staat und Gesellschaft meinen, sie dürfen sogar um die Zustimmung zu ihrer Meinung werben und den Staat kritisieren. Das kann ein Staat seinen Bürgern auch deswegen gerne einräumen, weil diese mit der Relativierung ihrer Überzeugungen zu unverbindlichen Meinungen auf den Geltungsanspruch der darin geäußerten Urteile verzichten. Das Recht der freien Meinungsäußerung gestattet nämlich die Verkündung eines Urteils um den Preis seiner Verbindlichkeit bzw. seines Geltungsanspruchs. In der Regel reicht es vielen Bürgern auch, in ihren Meinungsäußerungen einfach einmal Dampf abzulassen und sich selbst angeberisch in Szene zu setzen.

Es gibt dennoch Bürger, welche die freie Meinungsäußerung zur Verbreitung ihrer Urteile zu nutzen bestrebt sind und für diese in manchen Fällen sogar argumentieren. Sie behaupten die Gültigkeit ihrer Urteile und wollen erreichen, dass diese von anderen Bürgern anerkannt werden, indem sie ihre Argumente veröffentlichen und bei jeder Gelegenheit präsentieren. Dies empfinden die angesprochenen Bürger des Öfteren jedoch als Belästigung und setzen sich gegen solche Störenfriede ihrer geistigen Trägheit daher mangels Argumenten – die braucht es schließlich beim freien Meinen nicht unbedingt – häufig mit Aussagen der Beharrung zur Wehr: „Ich werde doch noch meinen dürfen!", bekommt man dann zu hören, auch der Respekt vor der geistigen Bescheidenheit, mit der eigenen Meinung keinen Geltungsanspruch zu erheben, wird eingeklagt, indem man darauf noch einmal extra hinweist und erklärt: „Ich meine doch bloß!" Diese Bürger berufen sich also auf ihr Recht zur freien Meinungsäußerung nicht deswegen, weil sie eine Kritik vorstellen, sondern zurückweisen wollen. Prinzipiell ist mit diesem Recht allerdings auch die Möglichkeit in die bürgerliche Welt gesetzt, dass sich Urteile verbreiten, die dem Staat keineswegs genehm sind, auch wenn deren Form als beliebige, unverbindliche Meinung ihren Geltungsanspruch von vornherein relativiert und beschränkt. Für die Einräumung dieser Möglichkeit will der demokratische Staat allerdings entsprechend gewürdigt werden, sodass sich nach seinem Selbstverständnis mit der Erlaubnis der freien Meinungsäußerung eigentlich auch schon wieder jede Kritik an ihm von selbst verbietet. Und wo dennoch Kritik geäußert wird, hat sich diese damit zufrieden zu geben, dass sie geäußert werden darf.

Dies führt zu bemerkenswerten Urteilen in der bürgerlichen Öffentlichkeit. So erscheint der Umstand, dass zahlreiche Medien den Irak-Krieg der USA nach den Anschlägen auf das Word Trade Center im Jahr 2001 kritisiert haben, in der Wahrnehmung westlicher Journalisten wie eine Verhinderung dieses Krieges, weil diesem dadurch die öffentliche Weihe und Heiligsprechung verweigert worden ist – obwohl deswegen nicht ein einziger Gewaltakt verhindert wurde. In diesem Sinne weiß die österreichische Zeitschrift *Profil* zu berichten, dass die Kriege der USA in Afghanistan und im Irak „in der Öffentlichkeit heftig kritisiert"[80] wurden, nämlich in jener der Kriegstreiber-Staaten, während sich Russland die Unbedenklichkeit seiner Intervention in der Ukraine erst durch eine ebenso kritische russische Presse erkaufen müsse. Anscheinend ist man der Auffassung, dass nur ein solcher Krieg in Ordnung geht, der interne Kritik so locker verkraftet, wie dies die Weltordnungsmächte bei jeder Gelegenheit demonstrieren. Viel schöner kann man kaum den Nutzen der Meinungsfreiheit für einen Staat veranschaulichen, der eine Heiligsprechung dafür verdient, dass er seine Bürger großzügig mit diesem hohen Gut beglückt, obwohl er es ihnen jederzeit entziehen könnte.

Nicht nur für ihr Verhältnis zum Staat, sondern auch für die Beziehungen untereinander gilt den Bürgern die Meinungsfreiheit sehr viel, schließlich kann man damit auch lästige Kritiker zurückweisen, wie es ja bereits oben kurz beschrieben worden ist. Niemand darf anderen Bürgern ihre Meinung nehmen, sie haben auf ihre Meinung ein exklusi-

---

[80] Ihr tut Putin unrecht, Profil, 24. 3. 2014, http://www.profil.at/ausland/ukraine-ihr-putin-373669

ves Besitzrecht und verhalten sich auch entsprechend, wenn jemand das als Meinung präsentierte Urteil einmal ernst nimmt und zu kritisieren wagt. Deswegen kommt ihnen ein mit Argumenten ausgetragener Streit oft wie eine gewaltsame Auseinandersetzung vor, dies vor allem dann, wenn sie sich in die Enge getrieben sehen und Schwierigkeiten haben, für ihren Standpunkt zu argumentieren. Sie setzen sich gegen Kritik an ihren Auffassungen mangels Argumenten damit zur Wehr, dass sie auch falsche Urteile als ihre Meinung hegen dürften, indem sie auf ihr Recht zur Beharrung auf einer freien, unverbindlichen Meinung pochen. Jede noch so stichhaltige Kritik weisen sie damit in die Schranken und erklären trotzig, dass sie sich von niemandem ihre Meinung vorschreiben lassen müssten, denn als ein solches Unterfangen erscheint ihnen diese Kritik. Mit ihrer ganz persönlichen Meinung pflegen sie ihr Selbstverständnis als ein ganz besonderes Individuum, dessen Individualität ein Kritiker Gewalt antun würde, der sich darin als ein Terrorist offenbare, dem der Staat zum Glück Einhalt gebieten würde und dafür erneut staatsbürgerliche Lobpreisung verdient habe.

„Das ist meine Meinung!", mit diesem trotzigen Ausruf beruft man sich auf den Staat, den Hüter der freien, zur Unverbindlichkeit verdammten Meinung. Diese Unverbindlichkeit kommt manchen gerade recht, da sie von der Mühe entlastet, Argumente und Erkenntnisse zu erarbeiten. Damit sagt man: „Hier ist Privatbesitz, Betreten verboten." Anstatt sich nun einfach in seinen Privatbesitz zurückzuziehen und die anderen gewähren zu lassen, verlangt man von diesen denselben Rückzug im Vertrauen auf den Staat, der schon alles richten werde. Man beharrt auf seiner Meinung wie auf einer Intimsphäre, in die sich niemand einzumischen habe. Damit kommt das Bedürfnis zum Vorschein, sich in seinen Meinungen eine heimatliche Behausung zurechtzulegen, die einen festen Halt gegen alle Anfechtungen des Lebens bietet. Es dürstet einen solchen Menschen nicht nach Erkenntnis, sondern nach Ideologien, die ihm sein Leben schönfärben.

„Du hast deine Meinung, ich habe meine", dieser Nichtangriffspakt will an der Gegnerschaft zur anderen Meinung zwar nichts zurücknehmen, sich aber der dadurch gegebenen Beweispflicht seiner eigenen Überzeugungen entziehen. Als freie, beliebige und unverbindliche Meinung wird dem gegnerischen Standpunkt jener Respekt gezollt, der seinem Wahrheitsanspruch verweigert wird, um umgekehrt denselben Respekt für den eigenen Standpunkt einzufordern, obwohl und weil man für diesen nicht zu argumentieren vermag. Als beliebige Meinung wird einem Standpunkt gönnerhaft eine Daseinsberechtigung zuerkannt, woran sich dessen Inhaber daher ebenfalls zu halten hat und wogegen er nicht zuwiderhandeln darf. Der Gegner soll daher nicht länger mit Wahrheitsansprüchen nerven, sondern dankbar dem anderen Urteil eine ebenso prinzipielle Anerkennung als freie Meinung zollen, wie sie dessen Träger eben gewährt hat. Dieses Toleranzgebot ist zugleich eines der Ignoranz, weil es nicht aus Überzeugung das andere Urteil bestehen lässt, sondern die Auseinandersetzung mit diesem scheut. Einen gegnerischen Standpunkt aus Überzeugung anzuerkennen, hieße ja auch, die Gegnerschaft aufzugeben. Der Widerspruch jedes Toleranzgebots besteht daher darin, am Widerspruch zweier Auffassungen festzuhalten, aber die daraus folgenden Konsequenzen unterbinden zu wollen.

Zum Abschluss sei daher apodiktisch vermerkt: Entweder man hat Argumente für seine Sache, dann soll man diese vorbringen und sich der Überprüfung stellen. Oder man hat keine, dann gibt es aber auch keinen Grund, für diese Sache zu sein, dann müsste man diese entweder aufgeben oder erst Argumente für sie entwickeln. Eine prinzipielle Anerkennung jeden Unsinns als Meinung einer Privatperson, die den Schutz des Privateigentums genießt, kann nur die Forderung von jemandem sein, der argumentative Kritik mit der physischen Liquidation des Gegners verwechselt. Vermutlich ist jemand, der in seinen Meinungen ein Heimatbedürfnis bedienen will, auch wirklich innerlich vernichtet, wenn ihm seine Ideologien genommen werden, und neigt deshalb zu dieser Verwechslung. Ein solcher Mensch schadet sich damit aber nur selbst, denn so nistet er sich im Zustand der Unwissenheit ein, auch wenn ihn der Staat dazu einlädt, sich diesen ganz „frei" nach seinem Belieben mit seinen freien Meinungen auszugestalten.

Menschenrechte

Es gibt links gesinnte Menschen, die zwar auf ihre Gesinnung, nicht jedoch auf ihr Wissen Wert legen. Spricht man mit solchen Menschen über Politik, so sieht man sich so sicher wie dem Amen im Gebet irgendwann schwärmerischen feuchten Augen gegenüber, wenn die Rede auf die Menschenrechte kommt. So geht es mir jedes Mal beim Maturatreffen mit zwei ehemaligen Schulkolleginnen, die sich schon anfangs der 1980er-Jahre für Osterfriedensmärsche begeisterten und seither nichts dazulernen wollten. Dabei ist ihre Begeisterung für die Menschenrechte immer auch von der Klage darüber begleitet, dass es um diese auf dieser Welt schlecht bestellt sei. Da es ihnen weniger auf Wissen als auf die vermeintlich richtige Gesinnung ankommt, ist diese billige Klage auch das Einzige, was sie vorzubringen wissen. Fragt man nun nach, was ihnen denn an den Menschenrechten so sehr gefalle, sehen sie einen mit ungläubig staunenden Augen an, als hätten sie einen Unmenschen oder ein Monster vor sich. Wer nicht für Menschenrechte ist, der scheint ihrem schlichten Denken zufolge gegen die Menschen und daher ein Unmensch zu sein.

Wenn man sich die Menschenrechtserklärungen genauer ansehen würde, wäre es jedoch mit dieser Begeisterung für Menschenrechte schnell vorbei. So steht z. B. in Artikel 9 der UN-Menschenrechtserklärung von 1948: „Niemand darf willkürlich festgenommen, in Haft gehalten oder des Landes verwiesen werden."[81] Dieser Aussage lässt sich entnehmen, dass der Staat nur zweckmäßige Verhaftungen wünscht, er will seine Ressourcen effizient nutzen. Was hätte der Staat auch von willkürlichen, also letztlich zwecklosen Verhaftungen und der hierin bestehenden Verschwendung seiner Mittel? Weder für persönliche Motive noch für sadistische Neigungen einzelner Amtsinhaber ist der Einsatz staatlicher Gewalt gedacht (vgl. auch den Artikel „Krieg und Kriegsverbrecher").

Um einen zweckmäßigen Gebrauch der Staatsgewalt sicherzustellen, legt sich der Staat also Grenzen auf, weniger zum Schutz der Menschen, der nur ein Nebeneffekt dieses Anliegens ist. Wenn sich ein Bürger auf die Menschenrechte beruft, so nützt ihm dies in genau dem Maße, in dem es dem Staat selbst ein Anliegen ist, diese zu beachten, um einen unsachgemäßen Gebrauch seiner Gewalt zu vermeiden. Der Staat hat zwar nicht die Absicht, seine Bürger zu schädigen, eine Schädigung wird jedoch in Kauf genommen, wenn sie für staatliche Anliegen notwendig erscheint. Sieht sich der Staat z. B. veranlasst, möglichst rasch seiner Gegner habhaft zu werden, so wird er menschenrechtliche Verfahrensvorschriften weniger beachten und auch Verhaftungen ohne ausreichende Verdachtsmomente, also willkürlicher Natur vornehmen.

---

[81]http://quellen.geschichte-schweiz.ch/allgemeine-erklarung-menschenrechte-uno-1948.html, Resolution der Generalversammlung, UNO-Resolution 217 A (III) vom 10. Dezember 1948, zuletzt aufgerufen am 9. 3. 2016

Erst wenn wieder klare Herrschaftsverhältnisse bestehen und seine Gewalt unangefochten ist, wird der Staat wieder auf menschenrechtliche Verfahrensweisen achten und die echten von den vermeintlichen Gegnern genauer unterscheiden. Wir halten fest: Menschenrechte sind Willensbestimmungen des Staates, in welchen dieser den seinen Zwecken angemessenen Gebrauch seiner Gewalt festlegt. Um einen falschen Einsatz der Staatsgewalt in willkürlichen, also planlosen Verhaftungen zu vermeiden, verbietet sich der Staat in Artikel 9 der Menschenrechte solche Verhaftungen.

Sehen wir uns noch ein Beispiel an: In Artikel 3 der UN-Menschenrechtserklärung von 1948 heißt es: „Jede Person hat das Recht auf Leben, Freiheit und Sicherheit."[82] Wie großzügig! Es wird den Menschen zugestanden, nicht in Knechtschaft und nicht von Gewalt bedroht leben zu dürfen, frei und sicher. Sogar das Leben selbst erhält ein Recht, unterliegt es doch der staatlichen Gewalt, die sich dieses Lebens jederzeit bedienen könnte. Indem der Staat den Menschen das Recht auf ihr Leben gewährt, verzichtet er darauf, dieses von vornherein als Mittel in Anspruch zu nehmen, wie er es etwa bei der Rekrutierung von Soldaten macht. Seiner Verfügungsgewalt bleibt das Leben jedes Einzelnen damit aber weiterhin unterworfen, schließlich unterliegt es ja dem Recht, das der Staat setzt. Man darf nun sein Leben als sein Eigentum betrachten, weil dies der bürgerlichen Gesellschaft als Herrschaft des Privateigentums entspricht. Genau darauf kommt es dem Staat an. Es würde daher keine Majestätsbeleidigung oder Hochverrat darstellen, wenn ein Mensch das Anliegen äußert, sein Leben zu bewahren, anstatt es dem Staat auf dem Schlachtfeld zu opfern. Umgekehrt wird ihm dieses Opfer deswegen aber keineswegs erspart. Um hier Missverständnissen vorzubeugen, sieht sich die Europäische Konvention zum Schutz der Menschenrechte anscheinend zu etwas mehr Deutlichkeit veranlasst und legt Ausnahmen von diesem Schutz des Lebens fest, die unbedingt erforderlich seien, um:

„a) jemanden gegen rechtswidrige Gewalt zu verteidigen;

(b) jemanden rechtmäßig festzunehmen oder jemanden, dem die Freiheit rechtmäßig entzogen ist, an der Flucht zu hindern;

(c) einen Aufruhr oder Aufstand rechtmäßig niederzuschlagen."[83]

---

[82] Ebd.

[83] http://www.echr.coe.int/Documents/Convention_DEU.pdf, Europäische Konvention zum Schutz der Menschenrechte und Grundfreiheiten, 4. 11. 1950, zuletzt aufgerufen am 9. 3. 2016

Es fragt sich wirklich, wie ein Staat es anstellen soll, gegen sein eigenes Recht zu verstoßen. Wenn es rechtmäßig ist, wenn der Staat also seinen Willen entsprechend erklärt und als Recht gesetzt hat, erlaubt er sich nach wie vor die Tötung von Menschen, die all jene für menschenrechtswidrig halten, die ihre eigenen Vorstellungen von den Menschenrechten mit den wirklichen verwechseln.

Je nach Einschätzung seines Handlungsbedarfs beachtet ein Staat nun die in den Menschenrechten festgelegten Verfahrensvorschriften mehr oder weniger. Sieht er schnelles Handeln geboten, kann er sich schon des Öfteren einer Unachtsamkeit in seinem Vorgehen hinsichtlich der Menschenrechte schuldig machen. Treten solche Vorfälle bei widerspenstigen Herrschaften auf, so kann sich der gegnerische Staat nun zum Hüter der Menschenrechte erklären und deren Missachtung als Ursache für seine Feindseligkeit ausgeben. Die Menschenrechte, die ohnehin nie das Handeln eines Staates begrenzen können, weil es dazu wie bei jedem Recht einer Gewalt bedürfte, die ihn dazu zwingen könnte, eignen sich daher hervorragend zur Rechtfertigung von kriegerischen Maßnahmen gegen andere Staaten, die angeblich nur ihrer Durchsetzung dienen. So erfreuen sich die Menschenrechte zu Unrecht eines guten Rufes, sind sie doch nichts anderes als ein Gewaltprogramm und können auch gar nichts anderes sein, da nur Gewalt ihnen Geltung verschaffen kann.

Weil es so gut zum Abschluss dieses Artikels passt, möchte ich mich hier selbst zitieren: „Im Falle der Menschenrechte, welche die Bürger angeblich vor Übergriffen staatlicher Herrschaft schützen und dieser Grenzen auferlegen, ist es daher besonders widersinnig, darin etwas anderes als ein Kriegsprogramm zu sehen. Da derselbe Souverän, vor dem der Schutz erfolgen sollte, zugleich derjenige sein müsste, der diesen Schutz leistet, besteht die Leistung der Menschenrechte neben der Sorge für einen zweckmäßigen Gebrauch der Staatsgewalt auch darin, eine Kriegserklärung an andere Staaten zu sein, denen man die Zuständigkeit für ihr Volk bestreitet, indem man sich zu dessen Schutzmacht erklärt. Auch wenn man damit vielleicht in Wirklichkeit andere Interessen verfolgt, ist also bereits das Programm der Menschenrechte ohne Gewalt nicht zu haben, und wenn Staaten dem Rechtsbegriffe – um mit Kant[84] zu sprechen, der hier das Völkerrecht meint – huldigen, so tun sie dies deswegen, weil ihre Interessen damit auch noch als Rechts-

---

[84] Immanuel Kant: Zum ewigen Frieden, in: Kant-Werke, Bd. 11, herausgegeben von Wilhelm Weischedel, a. a. O., S. 210

anspruch präsentiert werden. So zynisch das einerseits ist, entspricht dies andererseits auch dem Selbstverständnis von Staaten, deren Repräsentanten und Führer sich ein schöneres Menschenrecht als die Beglückung mit ihrer Herrschaft gar nicht vorstellen können."[85]

Staaten präsentieren ihre Interessen daher nicht nur als Rechtsanspruch – als hätten sie in Wirklichkeit von diesen eine ganz andere Auffassung –, sie sind vielmehr davon überzeugt, dass es ihr gutes Recht ist, ihre Interessen durchzusetzen. Darin besteht letztlich das einzige reale Menschenrecht. Fazit: Die Menschenrechte sind nichts weiter als ein Programm zur Rechtfertigung staatlicher Gewalt. Je nach Bedarf kann man staatliche Gewalt als Bruch oder als Durchsetzung der Menschenrechte darstellen.

Mindestlohn

Einst bestand das wirtschaftspolitische Programm in Deutschland und Österreich darin, dem Kapital solche Dienste anzubieten, die eine gewisse Ausbildungszeit benötigen, daher weniger von Konkurrenz bedroht sind und ein höheres Bruttoinlandsprodukt hervorbringen. Die niedrigeren, schlecht entlohnten Tätigkeitsbereiche sollten in einer international angelegten Werkbank anderen Staaten überlassen werden. Unter Bundeskanzler Schröder nahm die deutsche Regierung jedoch eine Kehrtwendung vor und beschloss die Einrichtung eines Niedriglohnsektors. Damit ist man so erfolgreich gewesen, dass diese niedrigen Löhne inzwischen durch staatliche Zuschüsse aufgebesserten werden müssen, da sie sonst nicht zum Leben reichen würden. Aus diesem Grunde ist das Programm der Niedriglöhne durch jenes der Mindestlöhne abgelöst worden. Der Staat will schließlich auch an den Löhnen verdienen und gewiss nicht auf Dauer Finanzmittel für diese zur Verfügung stellen.

Staatlich verordnete Mindestlöhne schränken aber die Freiheit des Kapitals ein, das den Arbeitern genau jene Löhne zahlt, die es ihnen zahlen muss, damit sie für sein Wachstum tätig werden. Jeder höhere Lohn

---

[85] Ewig lockt die Bestie. Eine Kritik der Moralphilosophie, a. a. O., S. 126; vgl. hierzu auch Albert Krölls: Kapitalismus – Rechtsstaat – Menschenrechte, Hamburg 2013

schmälert das Wachstum, um den es in der kapitalistischen Welt geht. Aus diesem Grund ist das Vorhaben der Einführung eines Mindestlohns an sich schon genauso umstritten wie die Festlegung der Höhe dieses Mindestlohns. Es wird auch die Behauptung aufgestellt, dass solche Anliegen zum Scheitern verurteilt seien, weil die mit solchen Mindestlöhnen beglückten Arbeiter dann keinen Arbeitsplatz erhielten. Schließlich würden Löhne, die das Kapital von sich aus nicht zu zahlen bereit wäre, nur dazu führen, dass gar keine Löhne mehr gezahlt, die davon betroffenen Arbeiter eben nicht eingestellt würden.

Ähnlich wurde in früheren Zeiten argumentiert, dass jede Lohnerhöhung eine entsprechende Preiserhöhung nach sich ziehen und daher wirkungslos verpuffen würde. Man müsste sich daher fragen, weswegen um die Höhe der Löhne überhaupt gestritten wird, wenn sich die Unternehmer durch Preiserhöhungen von deren Wirkung auf ihren Gewinn schadlos halten könnten. Dass dem keineswegs so ist, hat bereits Marx nachgewiesen, in einer kleinen und meines Erachtens viel zu wenig gewürdigten Schrift namens *Lohn, Preis, Profit*. Wegen allgemeiner Lohnerhöhungen würden vielmehr die Preise für alltägliche Konsumgüter zunächst steigen, weil diese vor allem den Bedarf der Proleten decken. Die Nachfrage an Luxusgütern würde entsprechend leiden, weil die Kapitalisten nicht nur mehr Geld für Konsumgüter aufwenden, sondern auch mehr Lohn zahlen müssten, ihnen daher entsprechend weniger Geld zum Kauf von Luxusartikeln bliebe. In den für Luxusgüter aufgestellten Industriezweigen würde daher „*die Profitrate fallen*, und zwar nicht bloß im einfachen Verhältnis zu der allgemeinen Steigerung der Lohnrate, sondern im kombinierten Verhältnis zu der allgemeinen Lohnsteigerung, der Preissteigerung der Lebensmittel und dem Preisfall der Luxusartikel".[86] Dies würde zu Produktionsumschichtungen führen, sodass schließlich mehr Konsumgüter für die Arbeiter und weniger Luxusgüter für die Besitzenden produziert werden würden. Auch eine Ausweitung des Konsums der Arbeiter auf Luxusartikel wäre natürlich denkbar, auf Kosten des Konsums der Kapitalherren. Marx versäumt auch nicht darzulegen, dass die dadurch bewirkte Umstrukturierung der Produktion nicht geringe Ausmaße hätte, da es sich bei den Produzenten von Luxusgütern keineswegs nur um eine Handvoll handelt:

---

[86] Karl Marx: Lohn, Preis, Profit, in: MEW, Bd. 16, S. 108; Hervorhebung im Original.

„Wenn ihr bedenkt, daß 2/3 des nationalen Produkts von 1/5 der Bevölkerung – oder sogar nur von einem Siebtel, wie kürzlich ein Mitglied des Unterhauses erklärte – konsumiert werden, so begreift ihr, welch bedeutender Teil des nationalen Produkts in Gestalt von Luxusartikeln produziert oder gegen Luxusartikel *ausgetauscht* und welche Unmenge selbst von den Lebensmitteln auf Lakaien, Pferde, Katzen usw. verschwendet werden muß, eine Verschwendung, von der wir aus Erfahrung wissen, daß ihr mit steigenden Lebensmittelpreisen immer bedeutendere Einschränkungen auferlegt werden."[87]

Eine Voraussetzung für diese Auswirkungen von Lohnsteigerungen wie von Mindestlöhnen ist natürlich, dass sie auch durchgesetzt werden können, und das ist natürlich nicht möglich, wenn die Arbeiter leicht durch solche ersetzt werden können, die bereit sind, für niedrigere Löhne tätig zu werden. Das ist die brutale Wahrheit hinter dem Zweifel an der Wirksamkeit von Mindestlöhnen, die allerdings nicht gegen den Kapitalismus, sondern gegen dessen Belastung durch Mindestlöhne vorgebracht wird. Solange es Menschen gibt, die genötigt sind, auch niedriger entlohnte Arbeit anzunehmen, werden Mindestlöhne nicht zu halten sein. Daran wird sich auch dann nichts ändern, wenn man für Mindestlöhne damit zu werben versucht, dass die dadurch gegebene Kaufkraftsteigerung sich positiv auf die Unternehmensgewinne auswirken würde. Wie Löhne, die man auf der einen Seite ausgibt und als Kosten verbucht, mehr leisten sollen, als im Verkauf zurückzufließen und diese Kosten zu ersetzen, bleibt ein unergründliches Geheimnis. Dieses Geheimnis will man aber lieber nicht genauer erforschen, könnte man doch dann nicht an seinen Ideologien festhalten.
So aber kann auch Robert Misik das Loblied auf die Stabilisierung der Kaufkraft durch höhere Löhne wie ein Mantra wiederholen und für einen klein(bürgerlich)en Kapitalismus Partei ergreifen, der sich durch geringeres, dafür aber stabileres Kapitalwachstum auszeichne. Offensichtlich ist ihm entgangen, dass geringeres Wachstum und weniger Verschuldung die Entwicklung eines Kapitalstandortes beeinträchtigen und der Staat dadurch gegen seine Konkurrenten ins Hintertreffen gerät. Mit seinen Regulierungsvorschlägen zur Überwindung und künftigen Vermeidung von Finanzkrisen malt Misik daher Utopien aus, um die man nicht herumkommt, wenn man daran festhalten will, dass ein

---

[87] Karl Marx: Lohn, Preis, Profit, a. a. O., S. 107; Hervorhebung im Original.

„besserer" Kapitalismus doch möglich sein müsse.[88] Mittlerweile stellen bereits Mindestlöhne Utopien dar, auch wenn man diese noch so sehr als Stabilisierung des kapitalistischen Wachstums begreifen und bewerben will. Mindestlöhne sind mit unternehmerischer Freiheit und kapitalistischem Wachstum unvereinbar: Diese schlichte Wahrheit könnte man einmal ohne Scheuklappen zur Kenntnis nehmen, anstatt darüber zu jammern und das Gegenteil erzwingen zu wollen. Sich dies einzugestehen, wäre vielleicht einmal ein Anstoß zu einer umfassenden Kritik des Kapitalismus, anstatt umgekehrt immer nach Möglichkeiten Ausschau zu halten, wie doch noch zusammenkommen könnte, was sich widerspricht, in diesem Fall eben Kapitalwachstum und Mindestlöhne. Den Gegensatz von Mindestlöhnen zu Kapitalinteressen muss man ja nicht unbedingt zu Gunsten Letzterer auflösen – auch wenn das heutzutage wie eine Gotteslästerung erscheinen mag.

Nationalismus und Rassismus

„No to racism", lautet die Botschaft, die verschiedene Fußballstars als Rahmenprogramm zu diversen Fußballsendungen im Fernsehen präsentieren. Die Verehrung, die sie als Sportpersönlichkeiten genießen, soll hier offensichtlich Eindruck machen, damit ihre Bewunderer von ihren rassistischen Überzeugungen zumindest keinen öffentlichen Gebrauch machen. Denn es sind ja keineswegs zufällig Fußballer für diese Botschaft auserkoren worden, der Fußballsport wird vielmehr häufig zum Schauplatz rassistischer Verhaltensweisen. So kommen beim Anblick eines dunkelhäutigen Spielers der gegnerischen Mannschaft Urwaldlaute von den Rängen der Zuschauer oder es werden rassistische Parolen gegrölt. Darüber hinaus finden tätliche Auseinandersetzungen zwischen verschiedenen Fangruppen statt, welche die wahren Kräfteverhältnisse zu untermauern oder wiederherzustellen suchen, die wegen vermeintlich unfairer Praktiken und unfähiger oder korrupter Schiedsrichter auf dem Fußballfeld nicht zustande gekommen sind. Diese Kämpfe zwischen Hooligans erhalten spätestens dann eine rassistische

---

[88] Robert Misik: Erklär mir die Finanzkrise! Wie wir da reingerieten und wie wir wieder rauskommen, Wien 2013

Prägung, wenn es sich um Begegnungen zwischen Nationalmannschaften handelt und dem Gegner der Respekt vor der nationalen Größe erst beigebracht werden muss, an dem es dessen Repräsentanten auf dem Fußballfeld gemangelt hat.

Bei diesem „Nein zum Rassismus" werden nicht Einseitigkeit und Negativität beklagt, die doch sonst so gerne vorgebracht werden, wenn man sich ohne Gegenargument gegen Kritik verwahren will. Auch wird hier nicht die Beeinträchtigung eines positiven Selbstverständnisses gerügt, worin doch das Geheimnis des beruflichen und privaten Erfolges bestehen soll, sondern hier darf man auf einmal nicht sich selbst treu bleiben. Was bleibt denn Rassisten in ihrem Leben, wenn man ihnen auch noch den Rassismus nehmen will? Vielleicht nimmt man ihnen damit ja das Einzige, was ihnen noch Lebensfreude verschafft. Darüber hinaus stellt sich die Frage, weshalb jemand von seinen rassistischen Überzeugungen ablassen sollte, nur weil angesehene Menschen wie Fußballstars dafür eintreten. Immerhin wird hier kein einziges Argument gegen Rassismus vorgebracht, was vermutlich nicht daran liegt, dass es selbstverständlich ist, kein Rassist zu sein, denn dann wäre diese Kampagne ja überflüssig und absurd. Es ist gerade im Gegenteil so, dass Sieg und Niederlage im Sport als Kennzeichen der Leistungsfähigkeit einer Nation genommen werden, daran will auch diese Kampagne nichts ändern, lediglich die rassistischen Übergänge und Erscheinungsformen dieses Standpunktes will sie unterbunden sehen. Für die Pflege dieses Nationalismus eignet sich ein Mannschaftssport wie Fußball besonders gut, obwohl auch die Triumphe in anderen Sportarten gerne als Beweis der nationalen Leistungsfähigkeit herangezogen werden. Beim Fußball sind die „Schlachtenbummler" noch dazu direkt vor Ort, ihre Stimmungsmache dürfen sie als Beitrag des „zwölften Mannes" zum Erfolg verbuchen, und wenn dieser ausbleibt, können sie ihre massenhafte Zusammenkunft gleich nutzen, um für die nötigen Richtigstellungen zu sorgen.

Diese Richtigstellungen und eine offenkundig rassistische Artikulation des sportlichen Leistungsvergleichs zu unterlassen, ist das Anliegen der Kampagne „No to racism". Unschöne Erscheinungsbilder des Nationalbewusstseins, dessen Dienste für die Obrigkeit sich allerdings der Wertschätzung erfreuen, sollen ausbleiben. Da eine Argumentation gegen Rassismus möglicherweise unerwünschte Ergebnisse wie eine Kritik des Nationalismus hervorbringen könnte, wird auch nichts dergleichen unternommen und stattdessen auf den Respekt gebaut, den Fußballstars als Leistungsträger und Repräsentanten des nationalen Erfolgs genießen. Diese zeigen eben, dass sich der Leistungsvergleich auf das Fußballfeld zu beschränken hat, wo der Gegner sich die ihm gebührende Niederlage abholen darf. Wie schwer es den Fußballanhängern allerdings fällt, auf Hohn gegen die Unterlegenen zu verzichten, darüber geben ihre Kommentare Aufschluss. Da wird zum Beispiel anlässlich des nicht anerkannten Tors von England gegen Deutschland im Achtelfinale der Fußballweltmeisterschaft von 2010 hämisch erklärt, dass das ruhig öfter vorkommen dürfe, weil es sich ja nur um ein Achtelfinale gehandelt habe, während das berüchtigte Wembley-Tor im Finale der WM von 1966 ein schreiendes Unrecht darstellt, das nationalbewusste Deutsche noch in Jahrzehnten beklagen werden, die einem gleichzeitig erzählen, man solle sie endlich mit der Nazivergangenheit in Ruhe lassen.

Der Vergleich der nationalen Leistungsfähigkeit in der direkten Konfrontation ist es also, was immer wieder zu rassistischen Ausschreitungen und Randalen vor allem im Rahmen von Fußballveranstaltungen führt. Sport dient eben entgegen der gerne verbreiteten Meinung nur einer ganz bestimmten Form von „Völkerverständigung". Dass es auf die Durchsetzung gegen andere Nationen ankommt, das erfährt man noch in jeder Nachrichtensendung, wenn wieder einmal der Appell ausgegeben wird, dass „wir alle" uns mehr anzustrengen hätten, um dafür zu sorgen, dass Arbeitslosigkeit nicht „bei uns", sondern bei den nationalen Konkurrenten stattfindet. Hier wäre einmal Solidarität angebracht, anstatt den Angehörigen anderer Nationen immer härtere Leistungsanforderungen aufzuerlegen, die diese erfüllen müssen, um in der Konkurrenz zu bestehen, weil hierzulande jeder hart im Nehmen und darauf auch noch stolz ist. Der Stolz auf den Erfolg seiner Nation, auf deren weltweite Geltung und ihren Rang in der Hierarchie der Nationen ist daher auch der einzige Lohn, den hartgesottene Nationalisten einfordern, wenn sie diesen Stolz rassistisch ausleben. Schließlich haben sie ja von ihren Leistungen sonst nichts, nachdem diese dem Erfolg des Kapitals und der Nation dienen.

Notwendige Arbeit

In der bürgerlichen Gesellschaft ist Arbeit üblicherweise ein Dienst, zu dem man sich verpflichtet hat, weil man dafür Geld verdient. Wer Geld hergibt, schafft an, heißt es deswegen. Was schafft er aber an, der Geldgeber? Üblicherweise einigt man sich doch über das Verhältnis von Leistung und Entlohnung, bevor man das Arbeitsverhältnis eingeht, sollte man meinen. Dennoch scheint es hier immerzu Verhandlungsbedarf zu geben, der sogenannte Dienstgeber muss immer wieder daran erinnert werden, für welche Dienste man sich ihm gegenüber verpflichtet hat, umgekehrt meint dieser immer wieder, dass zumindest mehr Leistung eines bestimmten Dienstes, wenn nicht überhaupt beliebige Dienstarten vereinbart seien. Meinem Schwiegervater wurde sogar ein Telefonanschluss im Schlafzimmer spendiert, damit er auch nachts im Notfall erreichbar war, wobei dies nach Ermessen des Unternehmens entgolten wurde. Und die Geschichten über Lehrlinge, die sich beim Autowaschen und bei der Gartenpflege für ihren Chef wiederfinden, sind ohnehin allgemein bekannt. Will man so etwas vermeiden, so empfiehlt sich zu Beginn eines Arbeitsverhältnisses die Fixierung der vereinbarten Leistungen auf einem Dienstzettel.

So weit, so gut – aber was hilft es einem, wenn bei Verweigerung eines Dienstes mit Kündigung zu rechnen ist, mag dieser nun auf einem Dienstzettel vermerkt sein oder auch nicht? Und wie sehr kann man auf einer Festlegung der Dienste mittels Dienstzettel eigentlich beharren, wenn man unbedingt eine Anstellung oder einen Auftrag benötigt, da man auf das Geld angewiesen ist, das man dadurch verdienen kann? Alle diese Fragen weisen auf einen Gegensatz hin, auf einen Gegensatz zwischen Arbeit- bzw. Dienstgeber und jenem, der diese Arbeit nimmt, wie es so schön heißt. Dieser Gegensatz besteht darin, dass in der bürgerlichen Gesellschaft nur jene Person Arbeit verrichten „darf" und muss, deren Arbeit einen Dienst am Eigentümer der Produktionsmittel darstellt. Dieser Dienst besteht in der Regel darin, den Reichtum des Eigentümers, sein Eigentum zu vermehren. Es muss daher, wie Marx dieses Verhältnis zusammengefasst hat, erst Mehrarbeit für den Eigentümer verrichtet werden, damit die notwendige Arbeit verrichtet werden kann, die Arbeit, die der Dienstnehmer für sein Leben aufbringen muss. Die Mehrarbeit ist die Voraussetzung der notwendigen Arbeit, obwohl es vernünftigerweise genau umgekehrt sein müsste, dass erst die zur Reproduktion des einzelnen Menschen und der Menschengattung notwendige Arbeit verrichtet wird, danach jene Arbeit, die zur Befriedigung darüber hinausgehender Bedürfnisse erforderlich ist, deren Resultate das Leben erst anregend, unterhaltsam und dadurch lebenswert machen. Der Reiche muss also reicher gemacht werden, damit der Arme sich überhaupt am Leben erhalten kann, und dies mehr schlecht als recht. So weit, so schlecht.

Dieses Verhältnis sorgt dafür, dass die sogenannten Lohnabhängigen oder unselbständig Beschäftigten kein angenehmes Leben führen können, ja um ihre nackte Existenz fürchten müssen und die Art ihrer Arbeit sowie deren Intensität und Dauer maßgeblich vom Dienstherrn, wie dieser äußerst zutreffend heißt, bestimmt werden. Dagegen vorzugehen hat Marx den Proleten empfohlen, sie sollten sich daher vereinigen, um diese Macht zu brechen. In einer Assoziation freier Produzenten könnten sie dann für ihre Bedürfnisse anstatt für den Reichtum des Kapitals und der Nation arbeiten. Notwendige Arbeit ist natürlich auch hier noch zu verrichten, aber diese Verrichtung ist nicht davon abhängig, dass man einen Eigentümer reicher macht, es gibt also keinen Eigentümer, der sie daran hindern kann, Arbeit zu verrichten und deren Resultate zu nutzen. Arbeitsteilung ist natürlich auch hier sinnvoll und notwendig, es produziert nicht jeder für sich, sondern alle füreinander, jeder braucht Informationen und Anweisungen von den anderen, mit denen er einen arbeitsteiligen Zusammenhang bildet, wie auch diese umgekehrt von ihm Informationen benötigen. Mehr als die Einsicht in die Sinnhaftigkeit dieses Zusammenwirkens und daher der Wille dazu ist jedoch nicht erforderlich. (Vgl. auch den Artikel „Kommunismus".) Die einzige Gemeinsamkeit einer solchen Gesellschaft mit der bürgerlichen besteht darin, dass auch hier noch Arbeit notwendig ist, der Unterschied ist jedoch, dass es keine gesellschaftliche Barriere mehr gibt, die dieser Notwendigkeit entgegensteht. Nichts kann einen daran hindern, dieser Notwendigkeit zu gehorchen, es braucht dafür lediglich den eigenen Willen.

Interessanterweise sehen sogenannte Intellektuelle diesen Unterschied überhaupt nicht. Arbeit ist für sie gleich Arbeit, egal unter welchen Umständen oder Bedingungen sie ausgeführt wird. So stellt Herr Glucksmann fest, nach der Beseitigung des ausbeutenden Bourgeois „bleibt der offizielle Mensch, der die Organisation und Verteilung der gesellschaftlichen Arbeit regelt, und der Privatmensch, der sie erduldet". Deswegen stellt er sich die Frage: „Was hat man gewonnen, wenn der Kapitalist durch einen Funktionär ersetzt ist?"[89] Ja, was hat man wohl davon, wenn man nicht mehr für die Bereicherung eines Eigentümers arbeiten muss? Soll man hier etwa denken, dass man jetzt für die Bereicherung des Staates und der staatlichen Funktionäre arbeitet, die eine für diesen Zweck bestimmte Arbeit organisieren, während die anderen sie genauso wie im Kapitalismus nur erdulden? Weshalb sollen Organisation und Verwaltung nicht als Arbeit gelten? Soll man hier denken, dass Menschen aus diesem Tätigkeitsbereich ja nur dem „Privatmenschen" Arbeit auftragen und nicht auch dafür sorgen, dass Arbeit am richtigen Platz die nötigen Voraussetzungen vorfindet? Können diese Organisatoren nicht auch Anforderungen erfüllen, welche ihnen von den „erduldenden Privatmenschen" aufgetragen worden sind? Das alles sind Fragen, die Glucksmann hier überhaupt nicht interessieren; aus der Verschiedenheit der Tätigkeitsbereiche im Rahmen einer Arbeitsteilung schließt er auf den Fortbestand der alten Unterschiede bürgerlicher Herrschaft zwischen „oben" und „unten". Genauso gut könnte er einfach sagen, dass ja immer noch gearbeitet werden müsse und man deswegen nichts von der Abschaffung des kapitalistischen Eigentums hätte. Dass der Zweck und die Bedingungen dieser Arbeit vollkommen anders sind, scheint er ganz bequem ignorieren zu können.

Solche Ignoranz zeichnet auch Milovan Djilas aus, der folgende bemerkenswerte Aussage zu bieten hat: „Der Arbeiter ist nicht nur vor die Notwendigkeit gestellt, seine einzige Ware, seine Arbeitskraft, zu verkaufen, um sich am Leben zu erhalten; er muß sie unter Bedingungen verkaufen, auf die er keinen Einfluß hat, weil er nicht in der Lage ist, sich einen anderen, besseren Arbeitgeber zu suchen. Es gibt nur einen Arbeitgeber, den Staat."[90] Im realen Sozialismus sei nicht nur der Zwang aufrecht, dass man seine Arbeitskraft verkaufen müsse, sondern man sei hier überdies dem Diktat eines Monopolisten unterworfen, weil der Staat der einzige Arbeitgeber sei. Nicht genauso schlimm wie im Kapitalismus sei die Auslieferung an den offiziellen Menschen, wie

---

[89] André Glucksmann, zit. n. Jean Améry: Wissen ist GULAG. Über André Glucksmanns Kritik deutscher Meisterdenker, in: Ders.: Aufsätze zur Philosophie (hrsg. von Gerhard Scheit), Werke (hrsg. von Irene Heidelberger-Leonard), Bd. 6, Stuttgart 2004, S. 255
[90] Milovan Djilas: Die neue Klasse. Eine Analyse des kommunistischen Systems, München 1963, S. 120 f.

Glucksmann behauptet hat, sondern sogar noch schlimmer, weil man ja nicht einmal eine Wahl habe. Und es ist ja auch eine Widersinnigkeit, wenn ein sogenannter sozialistischer Staat sich zum Herrn über die Produktionsmittel aufschwingt und dadurch die Trennung der Arbeiter reproduziert, die ein Wesensmerkmal des Kapitalismus darstellt. Allerdings war diese Notwendigkeit zum Verkauf der Arbeitskraft in der Regel durch die Anweisungen der herrschenden Bürokratie ersetzt worden, sodass dieser Verkauf nicht dem einzelnen Arbeiter aufgetragen war, sondern auch gleich vom Staat übernommen wurde, der auf diese Weise dafür sorgte, dass wenigstens jeder einen Arbeitsplatz erhielt, wenn er schon einen brauchte – für Djilas natürlich nur eine unerträgliche Bevormundung, für den realsozialistischen Staat Verwirklichung seiner sozialistischen Räson.

Djilas' Behauptung, Arbeiter hätten Einfluss auf die Gestaltung ihres Lebens, weil sie den Arbeitgeber wechseln könnten, ist mehr ein Hinweis auf die Realitätsblindheit eines Intellektuellen als eine zutreffende Bestimmung des wirklichen Verhältnisses. In der Regel besteht die Freiheit hier auf der anderen Seite, die sehr leicht ihre Arbeiter wechseln oder entfernen kann, wenn sie dieser nicht mehr bedarf, aus welchen Gründen auch immer. Dass man sein Leben lang an einen Betrieb gebunden ist, dieses als Gütezeichen des Kapitalismus der 1950er- bis 1980er-Jahre ausgegebene Verhältnis dauerhafter, ja lebenslanger Betriebszugehörigkeit, das im sozialistischen Jugoslawien von Djilas plötzlich zum Bild des Schreckens mutiert, wird auch dort niemand verlangt haben. Absolute Beliebigkeit kann es allerdings in keinem arbeitsteiligen Zusammenhang geben, denn wer dessen Dienste nutzen will, der muss dazu natürlich auch etwas beitragen.

Ähnlich wie Glucksmann und Djilas meint auch André Gorz, dass es keinen Unterschied zwischen Kapitalismus und Kommunismus gebe, da die Arbeitsteilung auf größerer Stufenleiter ohne Fremdbestimmung nicht zu haben sei. In diesem Sinne behauptet er: „Die Heteronomie der Arbeit erwächst nicht nur aus deren kapitalistischer Organisation und Teilung. Sie erwächst grundsätzlicher aus der Aufteilung und Organisation der Produktion in großen Wirtschaftsräumen, aus ihrer Mechanisierung und Kybernetisierung."[91] Genauso gut könnte Gorz hier jede Zwecksetzung als Einschränkung der abstrakten Freiheit vorstellen, weil man sich dann den Erfordernissen der Verwirklichung dieses Zwecks beugen muss. Das Fußballspielen wäre demnach nichts als He-

---

91 André Gorz: Wege ins Paradies, Berlin 1984, S. 81

---

teronomie, nicht nur den Gesetzen der Physik im Umgang mit dem Ball, sondern auch dem Regelwerk wäre man damit unterworfen. Und auch wenn notwendige Arbeit nie einem Leben völlig beliebiger Zwecksetzung weichen kann, ist es ein Unterschied, ob man das Notwendige durchführen kann oder daran gehindert wird. Auch im Kommunismus muss also weiterhin gearbeitet werden, es ist aber kein Privateigentümer vorhanden, der mich davon abhalten kann, das Notwendige zu tun. Im Kapitalismus kann ich dagegen noch so sehr notwendige Arbeit leisten wollen, so wird mir dies nichts nützen, wenn ich keinen Privateigentümer finde, der mir dies unter der Voraussetzung gewährt, dass meine Arbeit ihn reicher macht. So sehr es im Kapitalismus nicht an dem Willen zu notwendiger Arbeit mangelt, so sehr ist dieser Wille auch an seiner Betätigung gehindert. Umgekehrt ist allerdings nicht einzusehen, weshalb es an diesem Willen mangeln sollte, wenn diesem kein Hindernis mehr entgegensteht.

Verstrickt in ihre Vorstellungen über abstrakte Freiheit, halten bürgerliche Individuen Freiheit und Notwendigkeit für Gegensätze und begreifen daher Notwendigkeit als Zwang. In Wirklichkeit besteht der Zwang jedoch darin, an der Durchführung des Notwendigen gehindert zu werden, während ohne Notwendigkeit keine sinnvolle Handlung zustande käme, denn diese erfordert es, das Richtige zu tun. Nicht einmal ein einfaches Spiel wäre möglich, wenn es keine Spielregeln gäbe, sondern Beliebigkeit und Willkür herrschen würden. (Vgl. auch den Artikel „Freiheit".)

Zwischen Pauschalisierung und Bagatellisierung

Wenn Ausländer Verbrechen begehen, sieht sich der Generalverdacht gegen diese bestätigt, dass sie eine fremde Nation aufgesucht haben, um sie für ihre Zwecke auszunutzen. Es kann ja auch kein anderes Motiv für eine Ortsveränderung geben, als sich davon einen Nutzen, gemeinhin eine Verbesserung der persönlichen Lebensumstände zu erhoffen. Daran ist auch an sich überhaupt nichts Tadelnswertes, das ist das Einzige, was allen Menschen gemeinsam ist, dass sie nach einem angenehmen Leben streben. Die Unterschiede treten in den Zwecken und Mitteln auf, die sie für ihr Wohlergehen festlegen und einsetzen. Nimmt man nun den Standpunkt ein, dass die Benutzung der Nation durch einen Ausländer nur mit deren Schädigung zu haben ist, so erwartet man von Ausländern verbrecherisches Verhalten und fühlt sich durch jedes Verbrechen eines Ausländers darin bestätigt. Und weil die Polizei genau diesen parteilichen Blick praktiziere, kämen die Verbrechen von Ausländern eher in ihren Fokus und so würde sich deren höhere Kriminalitätsrate erklären, lautet daher die Schlussfolgerung.

So einleuchtend diese Argumentation zunächst scheint, streicht sie aber auch den unversöhnlichen Gegensatz durch, der zwischen Ausländern und den nationalen Eliten herrscht, die diese zur Benutzung für ihre Zwecke ins Land holen (vgl. das Stichwort „Ausländer"). Diesen Gegensatz teilen sie mit den bereits hier geborenen Bürgern, die sich in ebenso untergeordneten Tätigkeitsbereichen einfinden, wie sie für die meisten der Zuwanderer vorgesehen sind. Wie diese Inländer kommen aber leider auch die Ausländer nicht zu dem Schluss, dass sie besser gemeinsam gegen die herrschenden Eliten vorgehen würden, sondern pflegen vor allem in islamischen Gegenden bereits ganz bestimmte Fehlurteile darüber, wie diese Gegensätze zu verstehen seien. Sie haben ihre eigenen Vorstellungen von den Verhältnissen und den Menschen in den Ländern, die sie aufsuchen. Während Chinesen in der Regel gewillt sind, sich der bürgerlichen Konkurrenz mit besonderer Disziplin zu stellen und es dabei zu belassen, entwickeln Muslime alternative Vorstellungen der moralischen Gängelung und Betreuung dieser Konkurrenz. Sie haben bestimmte Urteile im Kopf, wonach es der bürgerlichen Gesellschaft genau an der Moral mangle, die der Islam zu bieten habe. Mit dem Islam haben sich Muslime eine Deutung der imperialistischen Welt zurechtgelegt, die sich ökonomische Gegensätze als kulturelle und moralische Widersprüche erklärt. Der Gottlosigkeit der als Christen einer falschen Religion huldigenden Europäer schreiben sie es zu, wenn diese den Globus mit viel Gewalt für ihre kapitalistische Weltordnung herrichten. Diesen ungläubigen Widersachern Allahs gegenüber fühlen sie sich überlegen und sehen sich zu jeder Gewalt gegen diese berechtigt. Sie pauschalisieren also, unterscheiden nicht zwischen Eliten und Fußvolk der Weltordnungsmächte und suchen diese mit der Scharia zu beglücken, um deren unheilvolles Wirken dadurch zu unterdrücken. Dies bekommen auch die unverschleierten Frauen in Europa zu spüren, die sich noch dazu ohne Begleitung im öffentlichen Raum bewegen und daher ohnehin von jedem „Rechtgläubigen", also von einem Muslim versklavt werden dürfen, um auf diese Weise der richtigen Ordnung unterworfen zu werden.

Es ist angesichts dieser Urteile eines Kollektivs von Menschen einer Religionsgemeinschaft nicht angebracht, wenn deren gewaltsame Aktionen zu nicht repräsentativen Einzelfällen heruntergespielt und bagatellisiert werden. Genau dies scheint vielen jedoch die einzige Alternative zu sein, um Pauschalisierungen zu vermeiden. Gegen diese setzen sich ja auch sogenannte gemäßigte Muslime zur Wehr, deren Verständnis des Islams sich mit dieser rigorosen Auslegung überhaupt nicht deckt. Ihnen fallen natürlich Islamisten in den Rücken, die erklären, dass man Ungläubigen gegenüber zu nichts verpflichtet sei und diese in jeder Hinsicht belügen und betrügen dürfe. Sobald man dies vernimmt, fragt man sich natürlich unweigerlich, ob nicht die Behauptung einer gemäßigten Form des Islams genau eine solche berechtigte Lüge darstellen könnte.

Nicht deswegen also, weil Araber aus dem Ausland kommen, ist ihnen gegenüber Vorsicht geboten, sondern weil sie als Muslime Überzeugungen aufweisen, die nicht hinzunehmen, sondern zu kritisieren sind. Sie lehnen die sogenannte westliche, aber auch alle anderen nicht-muslimischen Kulturen ab, sie haben pauschale Urteile über Nicht-Muslime im Kopf und genauso pauschal trifft sie daher die Kritik des Islams, weil dieser ihre Zusammengehörigkeit ausmacht. Pauschale Ablehnung durch Muslime haben in Deutschland bereits Schüler und Lehrer erlebt, wenn Lehrerinnen als „Schlampen" beschimpft werden, die einem wegen ihrer Geschlechtszugehörigkeit ohnehin nichts zu sagen hätten, oder deutschstämmige Schüler als „Schweinefleischfresser" verhöhnt und verachtet werden. Angesichts solcher Berichte frage ich mich auch, wie Menschen mit dem sogenannten Migrationshintergrund behaupten wollen, dass Deutsche nicht erleben würden, wie schmerzhaft es sei, ausgegrenzt und diskriminiert zu werden.

Als Gegenmaßnahme zu den Pauschalurteilen zumindest der Islamisten, denen man als „Ungläubiger" ausgesetzt ist, sind also entsprechende Pauschalurteile meines Erachtens durchaus angebracht, um Illusionen darüber zu vermeiden, mit welchen Menschen man es zu tun hat. Natürlich ist deswegen nicht jeder einzelne Muslim von diesem Gedankengut beherrscht, aber vermutlich mehr Menschen dieses Glaubens, als diese öffentlich zugeben würden, solange sie noch eine Minderheit darstellen. Ich dachte ja angesichts der Ausbreitung des Islams in Europa zunächst, dass es mir eigentlich egal sein könnte, ob sich zu den üblichen Fehlurteilen über die hierzulande herrschenden Verhältnisse noch ein paar weitere hinzugesellen, bin aber mittlerweile zu dem Schluss gekommen, dass es auch unter falschen Urteilen Unterschiede hinsichtlich des Schadens gibt, der von ihnen ausgeht. Und hier halte ich den Islam ganz pauschal für schädlich, nicht zufällig gilt daher bei einem Muslim das Adjektiv „gemäßigt" als Kompliment, da es ja eine Begrenzung des damit verbundenen Schadens wenigstens erhoffen lässt.

Pegida

Als vor etwas mehr als einem Vierteljahrhundert in Ostdeutschland der Ruf „Wir sind das Volk" erscholl, kannte die Begeisterung für die damit verbundene Absage an die DDR in Westdeutschland keine Grenzen. Die bereits nach wenigen Jahren eingetretene Ernüchterung der inzwischen als „Ossis" beschimpften neuen Mitbürger wurde auf überzogene Erwartungshaltungen zurückgeführt, also auf Illusionen, die zwar für die Abkehr vom realen Sozialismus gut waren, jetzt aber aus dem Verkehr gezogen werden sollten, nachdem sie diese Leistung schließlich vollbracht hatten. Seit dem Herbst 2015 hallt es wieder einmal „Wir sind das Volk" durch Ostdeutschland, aber diesmal will das keiner gut finden. Es fragt sich ja auch, was an der dürren Erkenntnis so bahnbrechend sein soll, dass ein Volk entsteht, wenn die gestaltlose Menge einer Staatsgewalt untertan wird. Offensichtlich soll mit dieser Aussage aber das Gegenteil behauptet werden, dass diese ohne Staat gestaltlose Menge der wahre Souverän sei, nach dem sich die Herrschaft zu richten hätte, die demnach nur aus formalen Gründen als „Herrschaft" bezeichnet würde. Schließlich heißt es ja, dass in einer Demokratie die Macht vom Volke ausgeht. Aber damit geht sie auch von diesem weg und auf die wahren Machthaber über, wie man noch dem Resultat jeder demokratischen Ermächtigung durch Wahlen entnehmen könnte, die keineswegs zufällig so heißt. Derzeit ist es ein Kennzeichen von Pegida, auf die vermeintlichen Belange des Volkes zu pochen und diesem wieder einmal einen Weckruf zu verpassen. Und weil dies nicht im Sinne der herrschenden Eliten ist, erfreut sich diese Parole nicht jener Würdigung, die ihr vor über 25 Jahren zuteilwurde, als sie in ihrer Schlichtheit gegen eine missliebige Herrschaft gerade recht war.

Pegida steht für „Patriotische Europäer gegen die Islamisierung des Abendlandes". Nun bin ich allerdings alles andere als ein patriotischer Europäer und bin dennoch gegen die Islamisierung des Abendlands. Zwar bin ich auch gegen die im Abendland herrschenden gesellschaftlichen Verhältnisse, aber gegen den Islam genauso. Leider gibt es niemanden, der die Vernunft gegen die Islamisierung in Stellung bringt, denn wer für die Vernunft eintritt, müsste sich ja auch gegen die herrschenden Verhältnisse aussprechen. So stehe ich wieder einmal ziemlich alleine da.

Sehen wir uns zunächst einmal an, weswegen sich Menschen gegen die Islamisierung aussprechen, die sich sonst eigentlich alles von ihrer Regierung gefallen lassen, wenn sie es nicht sogar genauso als „alternativlos" betrachten wie diese selbst. Eine Aussage, an die ich mich erinnern kann, stammt von einem älteren Herrn. Er klagt darüber, dass er sein Leben lang arbeiten musste, um nun genauso viel bzw. wenig Geld zur Verfügung zu haben, wie es Flüchtlinge und Asylwerber sofort erhalten, ohne jemals auch nur einen Cent in die Sozialversicherung eingezahlt zu haben. An dieser Beschwerde wird deutlich, dass sich dieser Herr von seinem Staat einiges an Einschränkungen gefallen lässt und für leider „alternativlos" erachtet, bei den Ausgaben für Flüchtlinge diese Alternativlosigkeit jedoch nicht einzusehen vermag. Und wie sollte er dies auch tun? (Vgl. dazu auch den ersten Absatz des Artikels „Refugees wellcome!") Auch wenn es immer wieder heißt, Deutschland und Österreich seien reiche Staaten, so ist dieser Reichtum bei einem Großteil der Bürger dieser Staaten keineswegs vorhanden. Für diese ist daher nicht einzusehen, weswegen plötzlich für „Dahergelaufene" Geld zur Verfügung stehen sollte. Bis zur Ankunft der Flüchtlinge und der für diese bereitgestellten Finanzierungsmaßnahmen hatten sie sich mit ihrem kargen Leben abgefunden, jetzt aber reicht es ihnen. Wenn man für Zuwanderer so viel Geld zur Verfügung hat, so fragen sie sich, weshalb erhalten nicht sie etwas mehr für ein lebenswertes Leben, etwa eine höhere Pension, wo sie doch für die Nation ihr ganzes Leben lang Leistungen erbracht haben, diese hingegen nicht. Die Zuwanderung bewirkt bei vielen dieser „sozial Schwachen" sogar das Gegenteil, nämlich den Entzug kommunaler Mittel, wenn sie Gemeindewohnungen verlassen müssen, um für Asylwerber Wohnraum bereitzustellen. Die Frage ist allerdings, weswegen sie nicht bereits davor ihrer Herrschaft den Kampf angesagt haben, schließlich beruhte ihre bisherige Armut nicht darauf, dass kein Reichtum vorhanden war, sondern dass sie von diesem ausgeschlossen waren.

Von der Sorge über die Islamisierung ist in diesen Beschwerden zunächst noch keine Rede. Da es sich aber überwiegend um Muslime handelt, die als Flüchtlinge ins Land kommen und hier zunächst eine Grundversorgung erhalten, ist der Einspruch gegen die Islamisierung so etwas wie ein Rechtstitel, auf dessen Basis man die Unzufriedenheit über die eigene Lebenssituation vortragen zu können meint. Da sich viele Muslime ganz offen dafür aussprechen, den islamischen Gottesstaat an die Stelle des bürgerlichen Staates setzen zu wollen, sieht sich ein Pegida-Anhänger nicht als Gegner des Staates, wenn er gegen die Islamisierung ins Feld zieht, sondern er sieht sich an dessen Seite. Die Bedrohung der persönlichen Existenz und die Bedrohung des Staates durch den Islam erscheinen nun als ein und dasselbe, sodass man nicht als Gegner des Staates auftreten muss, sondern nur als Gegner der aktuellen Regierung, wenn man gegen die Islamisierung mobil macht. Auf diese prinzipielle Zustimmung zur herrschenden Gesellschaftsordnung legen Pegida-Anhänger anscheinend großen Wert. Das Gefühl der Zugehörigkeit zum großen Ganzen, das Gefühl der gesellschaftlichen Zusammengehörigkeit ist ihnen so wichtig, dass ihnen erst jetzt ihre materielle Situation sauer aufstößt, wo sie ihnen als Beeinträchtigung dieses Gefühls durch die Islamisierung gilt.

Das vor allem ist es, was mich an Pegida-Anhängern stört, dieses Bedürfnis nach Übereinstimmung mit dem Staat und den von diesem durchgesetzten gesellschaftlichen Verhältnissen. Würde es sich anders verhalten, wären diese Menschen auch nicht erst auf die Straße gegangen, als sich die Migranten bei ihnen einfanden, sondern sie hätten sich bereits gegen die Kriege in Libyen und Syrien ausgesprochen, durch die diese Migration erst hervorgerufen wurde. Auch ihre elenden materiellen Lebensumstände würden sonst für sie nicht erst dann zum Stein des Anstoßes werden, wenn sie sich diese mit Migranten teilen müssten, sondern bereits lange davor. Man könnte insofern auch feststellen, dass sie die Quittung für die imperialistische Politik ihrer nationalen Eliten erhalten, indem sie von deren Auswirkungen nun unmittelbar betroffen sind.

Um nichts besser sind hier allerdings Angehörige der politischen und kulturellen Elite, die sich über Pegida-Anhänger lustig machen, indem sie diese als die neuen Untermenschen hinstellen, die sich nicht einmal deutlich artikulieren, sondern nur etwas vom Volk, das sie seien, grölen könnten. So wollten sie diese immer haben, so waren sie ihnen immer recht, weil man sie so nahezu beliebig auf die jeweiligen nationalen „Notstände" einstimmen konnte. Nur jetzt, wo die gewohnte Duldsamkeit einmal ausbleibt, aus welchen Gründen auch immer, jetzt stehen sie als Un- und Untermenschen am Pranger. In diesem Fall spricht allerdings niemand von Hetze, denn hier ist Hetze wieder einmal angebracht und erwünscht. Über Argumente für die eigene Position verfügt man offensichtlich nicht, da muss eben Hetze herhalten und die Beschimpfung von Pegida-Anhängern als Pack erhält entsprechenden Beifall. Für wie wichtig müssen sich Leute wie Til Schweiger oder die als Joko und Klaas bekannten Komiker eigentlich halten, wenn sie der Auffassung sind, dass Beschimpfungen von Pegida-Anhängern auf diese Eindruck machen sollen? Darüber hinaus trifft sie auch der Einwand, dass sie leicht reden hätten, schließlich müssen sie auch nicht die Kündigung ihrer Gemeindewohnung hinnehmen, weil Wohnbedarf für Asylwerber besteht, während weniger privilegierte Menschen derartige Maßnahmen unmittelbar zu spüren bekommen. Merkels Parole „Wir schaffen das" betrifft eben nur ganz bestimmte Leute, die zu ihrem Schaden auch noch den Spott erhalten, für den sich prominente Wichtigtuer und skrupellose Karrieristen niemals zu schade sind.

Pensionsreformen

Eines der Ziele der Arbeiterbewegung bestand darin, eine Altersversorgung einzurichten, damit „unsere Alten" nicht mehr betteln müssen. Es sollte also Menschen ein Leben ermöglicht werden, die nicht mehr arbeitsfähig waren, zumindest nicht mehr gemäß den Leistungsanforderungen, die das Kapital aufstellt. Um dies zu erreichen, wurden Teile des Lohns verstaatlicht. Es wurden Abzüge vom Lohn vorgeschrieben, die zur Versorgung jener Klassengenossen dienen sollten, die aus Altersgründen nicht mehr den Leistungsansprüchen des Kapitals gerecht werden konnten. Da hier die aktuellen Einzahlungen unmittelbar zur Finanzierung der Auszahlungen herangezogen werden, bezeichnet man diese Einrichtung als „Umlageverfahren". Die Einnahmen werden sozusagen gleich zu den Ausgaben umgelegt.

Diese bescheidenen Ansprüche, dass man nach einem Leben voller Arbeit nicht sofort ins Elend sinkt und auf ein Gnadenbrot angewiesen ist, sind der treibende Motor zur Einrichtung eines Pensionssystems gewesen. Die Arbeiter sollten damit trotz ihrer Armut im Alter nicht dem Hungertod ausgesetzt sein, womit zugleich diese Armut unangetastet bleibt, es sollen bloß ihre Konsequenzen so organisiert werden, dass sie nicht mit voller Wucht zur Geltung kommen. Durch das Umlageverfahren sollte außerdem dafür Sorge getragen werden, dass die Lasten der Altersversorgung der Solidarität der Arbeiter auferlegt sind. Das ist in den letzten Jahren jedoch immer weniger gelungen, weswegen die staatlichen Zuschüsse zu den Pensionsversicherungen steigen und daher Reformen zu deren Reduktion angestrebt werden. Um nicht dem Staat zur Last zu werden, ist das Umlageverfahren nämlich an ein entsprechendes Lohnaufkommen gebunden, das im Idealfall hohe Löhne einer hohen Anzahl von Beschäftigten aufweist. In letzter Zeit ist die Anzahl der Beschäftigten in der Regel um den Preis gesunkener Löhne gestiegen, das Lohnaufkommen und damit die Grundlage der Pensionsfinanzierung über das Umlageverfahren sind entsprechend gesunken. Gleichzeitig ist auch die Arbeitslosigkeit gestiegen, womit sich umgekehrt die gestiegene Beschäftigung darauf zurückführen lässt, dass vermehrt Frauen auf den Arbeitsmarkt drängen, da die Löhne und Gehälter sonst nicht zur Bestreitung des Lebensunterhalts reichen.

Seit das Lohnaufkommen zur Finanzierung der Pensionen nicht mehr reicht und der Staat dafür Finanzmittel mobilisieren muss, wird eifrig an Pensionsreformen gearbeitet. So soll einerseits das Antrittsalter erhöht und andererseits die Höhe der Pensionsansprüche reduziert werden. Dafür wird ein scheinbar einleuchtendes Argument vorgebracht: Wenn wir immer älter werden – im Übrigen dank der Fortschritte der Medizin –, müssen wir auch länger arbeiten, heißt es da. Solche einfachen Rechnungen werden zwar bei unerwünschten Folgerungen gerne als „Milchmädchenrechnungen" verächtlich gemacht, aber hier sind sie wieder beliebt, nachdem das Resultat hier erwünscht ist. Würde jemand z. B. eine Arbeitszeitverkürzung zur „Umverteilung" der Arbeit angesichts hoher Arbeitslosigkeit hier und Überstunden dort vorschlagen, so würde dies sofort mit dem Urteil „Milchmädchenrechnung" abserviert werden. Bei den Pensionen hingegen ist diese Milchmädchenrechnung goldrichtig, mehr Lebenserwartung führt zu mehr Pensionisten, wenn nicht das Pensionsantrittsalter erhöht wird, damit wir länger arbeiten. Letzteres hat vielleicht auch den angenehmen Nebeneffekt, dass die Lebenserwartung wieder sinkt. Es ist dieselbe Abhängigkeit des gesellschaftlichen Lebens vom Erfolg des Kapitals, weswegen bei der Arbeitszeitverkürzung als „Milchmädchenrechnung" gilt, was im Fall der Pensionsreformen als Gebot des Hausverstandes gewürdigt wird.

Interessant ist an dieser „Milchmädchenrechnung" auch, dass der „Fortschritt", den die bürgerliche Gesellschaft üblicherweise bei jeder Gelegenheit für sich in Anspruch nimmt, hier nicht vorhanden zu sein scheint. Schließlich könnte der technische Fortschritt darin bestehen, dass mehr Pensionisten verkraftet werden können. Und ist es nicht auch so, dass durch technischen Fortschritt Arbeitsprozesse automatisiert und vereinfacht werden, dass dadurch Arbeitskräfte freigesetzt werden, die dann selbst in der Arbeitslosenunterstützung die vorhandene Lohnsumme belasten, anstatt zu ihr beizutragen? Es ist also paradoxerweise gerade der technische Fortschritt, der dafür sorgt, dass eine Reduktion der Alten angezeigt ist, die Pensionen beziehen. Genauer gesagt: Es ist natürlich die kapitalistische Nutzung des technischen Fortschritts, die im einen Fall keine Verkürzung der Arbeitszeit erlaubt und im anderen Fall die Reduktion der Pensionsbezieher gebietet. Weniger wegen der sogenannten „Alterspyramide" als vielmehr wegen der Reduktion der Lohnsumme aufgrund des kapitalistisch genutzten technischen Fortschritts erweisen sich permanente Pensionsreformen als „alternativlos". Diesen Schluss könnte man bereits aus der hohen Arbeitslosigkeit ziehen, denn diese zeigt doch an, dass noch genügend junge Leute Beiträge zur Lohnsumme erbringen könnten, wenn sie das Kapital nur gebrauchen würde. Um für einen solchen Gebrauch attraktiv zu werden, sinken überdies die Löhne und tragen damit zu einer weiteren Verringerung der Lohnsumme bei, die zur Finanzierung der Pensionen dienen soll.

Es ist also höchstens dem Scheine nach ein natürlicher Zusammenhang, dass eine höhere Lebenserwartung unweigerlich mit einer Erhöhung der Lebensarbeitszeit einhergeht. Vielmehr ist es eine Konsequenz des Systems der Lohnarbeit, dass Menschen, die nicht mehr dem Kapital zu Diensten stehen, auch nicht allzu lange zur Last fallen und daher möglichst nicht zu alt werden dürfen. Ebenso wie die mit dem technischen Fortschritt einhergehende Verringerung der notwendigen Arbeit zu Arbeitslosigkeit bei gleichzeitiger Steigerung der Arbeitsintensität für die verbleibenden Beschäftigten führt, so führt sie auch zur Verringerung der Lohnsumme und damit der für diese tragbaren Anzahl an Pensionisten.

Selbst eine Kompensation des Verdrängungseffekts der kapitalistischen Produktivkraftsteigerung durch beschleunigtes Kapitalwachstum führt nicht unbedingt zu einer Erhöhung der Lohnsumme, da sie mit gesunkenen Löhnen einhergeht. Dies ist die Ursache dafür, dass heutzutage Beschäftigung und Arbeitslosigkeit gleichermaßen steigen: Die gesunkenen Löhne führen leider nicht zur Verknappung, sondern zur Erhöhung des Angebots williger Hände, da deswegen auch Personen ihre Dienste feilbieten müssen, die bislang sich ihrer Ausbildung oder der Reproduktion bzw. Hausarbeit widmen konnten, also Studenten und Frauen.

Die Aussage, dass alle mehr und länger arbeiten müssten, um eine erhöhte Lebenserwartung abzugelten, erweist sich nach dieser näheren Betrachtung als Ideologie zur Rechtfertigung kapitalistischer Sachgerechtigkeit. Weil im Kapitalismus das gesamte Leben vom Gewinn des Kapitals abhängig ist, gilt dies auch für die Behandlung alter Menschen, deren erhöhte Lebenserwartung durch erhöhte Ausbeutung abzugelten ist. Die längere Inanspruchnahme durch das Kapital wird wahrscheinlich auch dafür sorgen, dass weniger Personen das erhöhte Antrittsalter erreichen und auch die Lebenserwartung wieder sinken wird. Diesen Zusammenhang werden dann auch die Fortschritte der Medizin nur noch in einzelnen Fällen stören können.

Eine Bemerkung sei hier noch zu den sogenannten Verdiensten der Nachkriegsgenerationen angebracht. Diese halten sich ja viel darauf zugute, nach dem Zweiten Weltkrieg wieder alles aufgebaut und dafür ihre Pensionen verdient zu haben, die im Vergleich zu den elenden Pensionen, die für meine Generation sowie vor allem für die meiner Kinder vorgesehen sind, tatsächlich üppig scheinen. Dabei half diesen Generationen natürlich auch ihre jahrzehntelange Übung in der Kunst des Haushaltens, um die mit dem Pensionsantritt verbundene Einkommensreduktion bewältigen zu können. Es ist natürlich lächerlich, hier einen Streit über die Berechtigung früherer Pensionsregelungen im Vergleich zu den neueren zu führen, aber wenn man schon mit so albernen Leuten zu tun hat, die von wohlerworbenen Rechten für ihre famose „Aufbauleistung" sprechen, kann man diesen schon mit dem ebenso falschen Einwand begegnen, dass sie den künftigen Generationen vor allem einen „Schuldenberg" aufgebaut hätten. So besteht wenigstens Waffengleichheit im albernen Rechten und Stechen jenseits vernünftiger Argumentation.

Zur Beseitigung der Pensionslücke werden die Bürger nun aufgefordert, privat mit zusätzlichen Mitteln für eine Zusatzpension vorzusorgen, also eine private Pensionsversicherung abzuschließen oder andere Formen von Kapitalbildung zu betreiben. Die dafür notwendigen Ansparleistungen werden wenigstens das für den Konsum verfügbare Einkommen derartig schmälern, dass man dank der angesparten Zusatzpension im Alter das inzwischen gewöhnte niedrige Konsumniveau wird halten können, da man die dafür erforderliche Entsagung bereits ein Leben lang geübt hat. Wie Volker Pispers so treffend sagt: Entweder man ernährt sich das ganze Leben lang von Wasser und Brot (um sich die Prämien für die Zusatzpension leisten zu können) und kann dann in der Pension so weitermachen (dank der nun verfügbaren Zusatzpension). Oder mit dem Pensionsantritt ist Schluss, man hat nicht mehr genug Geld zum Leben und wird daher noch froh sein, wenn das Antrittsalter für die Pension auf 67 Jahre angehoben ist!

Politische Korrektheit

In der Generation meiner Eltern und Großeltern standen höfliche Umgangsformen, Manieren und gutes Benehmen hoch im Kurs. Dass es sich hierbei häufig um Heuchelei handelte, ließ sich vor den Kindern jedoch kaum verbergen. Bei diesen erfreuten sich solche Äußerlichkeiten wie formvollendete Grüße daher keinerlei Beliebtheit und galten vielmehr als Ausdruck von Falschheit und Verlogenheit. Spätestens in der offensichtlichen Negation der bis dahin herrschenden Kleiderordnung durch die Revolte der 1968er war diese Verweigerung der bis dahin praktizierten Heuchelei nicht mehr zu übersehen.
Weswegen kam es erst in dieser Zeit zur Auflehnung gegen diese Verlogenheit? Lag es vielleicht daran, dass die mit diesem guten Benehmen verknüpften Berechnungen nicht mehr aufgingen? Es war ja in den meisten Fällen nicht unbedingt Rücksichtnahme auf ein paar harmlose Eigentümlichkeiten von ein wenig exzentrischen Persönlichkeiten, die zur Beibehaltung rücksichtsvoller Höflichkeit veranlasste, das Anliegen bestand vielmehr darin, es sich nicht mit Leuten zu verscherzen, die für die berufliche Karriere vielleicht noch von Nutzen sein konnten. Wie dem auch sei, vor allem die Linken verachteten solche „leeren Rituale" wie bestimmte Tischsitten als eine Form der Unaufrichtigkeit und ge-

fielen sich in provozierenden und schockierenden Aktionen, die den mit solchen Formen verbundenen Erwartungshorizont außer Kraft setzten.

Ganz anders scheint dies heute zu sein. Heute scheint es zum Selbstverständnis eines Linken zu gehören, dass er die Formen des politischen Anstands im Schlaf beherrscht, die im Forderungskatalog der politischen Korrektheit aufgelistet sind. Dazu gehört einmal ganz besonders die Beachtung bestimmter Sprachregelungen. Ganz wichtig ist es hier, die Frauenquote im Sprachgebrauch durchzusetzen und überall dort auf eine feminine Form hinzuweisen, wo diese in der Grammatik nicht unbedingt ins Auge springt. Entsprechend schwerfällig formulierte Texte sind so über uns gekommen, wo es vor lauter „Innen" bei jeder passenden und unpassenden Gelegenheit nur so wimmelt und selbst das unpersönliche „man" noch mit dem „Mann" verbunden und deswegen durch ein „frau" ergänzt, wenn nicht sogar ersetzt werden muss. Aber auch andere vermeintlich oder tatsächlich Erniedrigte und Beleidigte müssen sprachlich aufgewertet werden und so erfährt man denn staunend, dass das Wort „Neger", das man ganz unschuldig zur Bezeichnung einer entsprechend pigmentierten Person verwendet hat, ganz und gar verdammenswert, weil rassistischen Ursprungs sei. Mittlerweile haben sich die Bezeichnungen von „Schwarzer" über „Afroamerikaner" und was weiß ich noch alles derart häufig geändert, dass man gar nicht mehr weiß, welches Wort gerade genehm ist, damit ihm keine rassistische Konnotation unterstellt wird. Auch „Obdachlose" sei ein diskriminierender Begriff und durch „Wohnungslose" zu ersetzen, vermutlich will man damit suggerieren, dass dank großzügiger sozialer Einrichtungen jeder zumindest ein Dach über dem Kopf erhalten könne, auch wenn dieses nicht sein Eigentum ist. In Wirklichkeit hat sich natürlich an der Situation der mit solchen Sprachregelungen beglückten Menschen überhaupt nichts geändert und falls doch, dann sicherlich nicht deswegen.

Solche Sprachregelungen sollen also die Dinge nicht beim Namen nennen und eine schönere Welt vorgaukeln als jene, die tatsächlich besteht. Denn das ist es heutzutage offensichtlich, was einen Linken ausmacht: Die kapitalistische Realität wird nicht schonungslos zur Kenntnis genommen und zum Ausgangspunkt ihrer Kritik gemacht, sondern einem verantwortungslosen Umgang mit den Nöten, die sie ihrem Fußvolk bereitet, wird dessen prekäre soziale Lage zugeschrieben. Ein guter Wille sei es, woran es in dieser Gesellschaft nur mangle und wodurch umgekehrt deren „Übel" und „Missstände" abgestellt werden könnten. Und dieser gute Wille müsse zunächst im Bewusstsein der Menschen entwickelt werden, indem man mit der Sprache deren Einstellung entsprechend umgestalte. Die „angemessene", Respekt zum Ausdruck bringende Sprache würde auch einen entsprechenden Umgang mit den korrekt bezeichneten Menschen bewirken, während umgekehrt eine „rücksichtslose" Sprache nur der Affirmation der herrschenden Rücksichtslosigkeit entspreche, durch die es zu Armut und Elend komme. Dass Armut und Elend nicht auf dem rücksichtslosen, sondern auf dem banalen sachlichen Gebrauch des kapitalistischen Eigentums beruhen, will heutzutage in die Köpfe der Linken anscheinend nicht hinein. Obdachlose verdienen für sie daher Respekt für ihre Entbehrungen, mit denen sie ihren Beitrag zum nationalen Reichtum insofern leisten, als sie diesen nicht für ihre Bedürfnisse zweckentfremden und keine leerstehenden Häuser besetzen. Sie als Taugenichtse zu diffamieren, als Versager in der bürgerlichen Konkurrenz, wie das dem bürgerlichen Rechtsempfinden entspräche, dem zufolge jeder bekommt, was er verdient, ist daher unzulässig. Das ändert zwar nichts an ihrer elenden Existenzweise, aber wenigstens dürfen sie diese als ihren Beitrag für die Entstehung des Reichtums gewürdigt wissen, von dessen Gebrauch sie ausgeschlossen sind. Wenn das kein Fortschritt in der Anerkennung der kapitalistischen Realität als „alternativlos" ist! So schafft die politische Korrektheit tatsächlich in der Würdigung der von ihr betreuten und umsorgten Subjekte jeden Gegensatz aus der Welt, der sich in der gesellschaftlichen Realität daher umso besser entfalten kann.

Popper

„Es gibt ja keine absolute Wahrheit!", lautet eine Aussage, bei der oft nicht klar ist, ob sie mit Resignation oder Genugtuung verbunden ist. Genugtuung tritt hier deswegen auf, weil man damit auch die Wahrheitsansprüche anderer sehr billig in die Schranken weisen kann und sich nicht der Mühe, etwas zu begreifen, unterziehen muss. Dabei ist es eigentlich auch recht einfach, diese Aussage ad absurdum zu führen. Wenn es keine absolute – gemeint ist damit letztlich gar keine – Wahrheit gibt, so trifft auch diese Aussage nicht zu, ich muss sie also nicht weiter beachten und schon darf ich wieder einen Wahrheitsanspruch erheben. Oder umgekehrt, wenn diese Aussage zutreffen soll, dann muss sie auch wahr sein, damit widerspricht sie sich aber selbst, da sie einen Wahrheitsanspruch erhebt, den sie zugleich bestreitet. So weit, so schlecht.

Trotz dieser Widersinnigkeit kann man mit solchen schlichten falschen Gedanken auch eine akademische Karriere bestreiten und staatliche Auszeichnungen erhalten – oder sollte man vielmehr sagen, gerade deswegen? Ein Beispiel für diesen Sachverhalt ist Sir Karl Popper, der jeden Wahrheitsanspruch als dogmatisch und gewaltträchtig denunzierte, mit Ausnahme seines eigenen selbstverständlich. Seine bahnbrechende Leistung besteht in der Einführung des Falsifikationsprinzips, womit er behauptet, dass Wissen eigentlich nur in der Form von Nicht-Wissen vorliege, nämlich nur als widerlegtes Wissen. Er behauptet, dass man in der Wissenschaft niemals Gewissheit erlangen könne und es daher nur mit Hypothesen zu tun habe, die man so lange gebrauche, bis sie widerlegt werden. Nur die Wahrheit der Widerlegungen sei gewiss, in denen die Trugschlüsse und Täuschungen dessen offenbar werden, was man bisher für Wissen gehalten hat. Das Ziel wissenschaftlicher Forschung bestehe daher nicht darin, nach Bestätigung bestimmter Thesen zu suchen, sondern man müsse im Gegenteil danach trachten, diese zu erschüttern und zu widerlegen, eben zu falsifizieren. Da er dieses Falsifikationsprinzip auf sein eigenes Verfahren nicht anwendet, scheint er sich auch dessen bewusst zu sein, dass es nicht auf Wissenschaft beruht. Diese Unwissenschaftlichkeit wird an dem berühmten Beispiel der weißen Schwäne deutlich, durch das er seine „Wissenschaftstheorie" veranschaulichen wollte, die in Wirklichkeit nichts als eine Auspinselung einer fertigen Weltanschauung ist.

Am Beispiel der weißen Schwäne führt uns Popper folgende „bahnbrechende" Argumentation vor: Auch wenn ich noch so viele weiße Schwäne gesehen habe, behauptet er, so ist mir dennoch nicht die Feststellung gestattet, dass alle Schwäne weiß seien. Schließlich könnte ja jederzeit irgendwo auch ein schwarzer Schwan auftauchen und damit wäre diese Feststellung widerlegt oder falsifiziert. Eigenartigerweise schließt er hier von vornherein die Frage aus, ob es sich dann vielleicht auch nicht mehr um einen Schwan handeln könnte. Dies gelingt ihm aber deswegen so einfach, weil ihm bewusst ist, dass die Farbe des Gefieders eines Tieres nicht unbedingt sein Wesen ausmacht. Es ist also ein äußerliches, für das Wesen des Schwans nebensächliches Merkmal, an dem Popper hier seine Betrachtung präsentiert. Wäre es nicht so, müsste Popper erklären, inwiefern ein weißes Gefieder zum Wesen eines Schwans gehören sollte und sich umgekehrt bei einem schwarz gefiederten Tier fragen, ob es sich hier überhaupt um einen Schwan handeln kann.

Es ist allerdings auch überhaupt kein wissenschaftliches Anliegen, alle Einzelheiten des Erscheinungsbildes eines Schwanes vorherzusagen. Vorhersagen und Prophezeiungen sind ohnehin nicht der Zweck von Wissenschaft, sondern Erklärungen. Auch beim physikalischen Experiment werden keine Vorhersagen geprüft, sondern Gesetzmäßigkeiten demonstriert. Hier kann ich ein Resultat durch mein Tun herbeiführen, bei Vorhersagen versuche ich hingegen einem unabhängig von meinem Tun bestehenden Geschehen solche Gesetzmäßigkeiten zu entnehmen, die mir ermöglichen, dessen Resultate vorherzusehen. Da kommt es eben ganz darauf an, ob solche Gesetzmäßigkeiten existieren und inwiefern man sie begriffen hat. Mit Wissenschaft hat Poppers an den weißen Schwänen präsentiertes Beispiel jedoch nichts zu tun, weder gibt es dort Urteile, die von einer einzelnen Beobachtung auf deren Notwendigkeit schließen, noch besteht sie darin, nur Beobachtungstatsachen festzuhalten. Das ist schon deswegen lächerlich, weil mittels Beobachtung erhobene Tatsachen gar nicht die Tätigkeit der Wissenschaft ausmachen, sie liefern vielmehr die Voraussetzung, das Material und den Ausgangspunkt wissenschaftlicher Tätigkeit. Wissenschaft hat mit der Erklärung von Sachverhalten zu tun, stellt Zusammenhänge her, indem sie für die Beschaffenheit einer Sache Wesentliches von Unwesentlichem trennt. Ganz sicher besteht Wissenschaft jedoch nicht darin zu behaupten, dass ein zufälliger Zusammenhang auch ein notwendiger sein müsse. Aus einer zufälligen Beobachtung den Schluss zu ziehen, diese müsse notwendig sein, ist nicht das Verfahren der Wissenschaft, sondern höchstens einer infantilen Vorstellung davon. Kein Wissenschaftler behauptet, dass ein gerade beobachteter Zusammenhang – in diesem Beispiel das weiße Gefieder von Schwänen – immer auftreten, also notwendig sein müsse. Es ist der Wissenschaft vielmehr ein Anliegen herauszufinden, ob es sich hierbei um ein zufälliges oder notwendiges Merkmal für den betreffenden Gegenstand handelt. Man könnte also nur dann ein weißes Gefieder zum Wesensmerkmal von Schwänen erklären, wenn man begriffen hätte, weswegen es für einen Schwan wesentlich, also unverzichtbar sein sollte, ein weißes Federkleid zu tragen. Die Erklärung dieser Notwendigkeit wäre es, was Wissenschaft ausmacht, und unabhängig von einer solchen Erklärung hätten wir hier nur eine unbewiesene Behauptung vorliegen.

Wissenschaft findet also trotz aller Hilfsmittel, welche die Naturwissenschaft zur Untersuchung ihrer Gegenstände einsetzt, nach wie vor im Denken statt und kann auch nirgendwo anders existieren. Wissen lässt sich nicht einfach durch Beobachtung erlangen, die Gegebenheiten des Lebens tragen ihre eigene Erklärung nämlich nicht als ein beobachtbares Merkmal herum, das man nur noch abzulesen hätte. Aber zur Verbreitung des Dogmas, dass Wissensansprüche dogmatisch und gewaltträchtig seien, eignet sich solcher Unsinn recht gut und dafür hat man Herrn Popper internationale Anerkennung gezollt. Schließlich lässt sich so jede Erkenntnis prinzipiell anzweifeln, anstatt sie konkret zu kritisieren, wofür man ja einmal ihren Inhalt zur Kenntnis nehmen müsste. So aber lässt sich immer der Zweifel äußern, dass eine Erkenntnis vielleicht doch nicht zutrifft, weil sie ja nicht unabhängig von ihrer Argumentation eine absolute Gewissheit vorweisen kann. Anstatt ein Argument zu widerlegen, zieht es Popper prinzipiell in Zweifel, weil es absolute, also ohne Argumente auskommende Gewissheit schließlich nicht gibt. Absolute Gewissheit ist nämlich nichts weiter als ein Gedankending, ein Hirngespinst, eine gedankliche Abstraktion, die in der Wirklichkeit zur Geltung zu bringen eben Wirklichkeit zerstört, wie Hegel so treffend festgestellt hat.

In der Causa Popper ist es die Wirklichkeit der Wissenschaft, der mit dieser Abstraktion nach wie vor zu Leibe gerückt wird, wenigstens in den Bereichen, die der ideologischen Rechtfertigung der bürgerlichen Gesellschaft dienen. Dafür leistet sich der bürgerliche Staat zum Erstaunen seiner weniger anspruchsvollen Apologeten immer noch eine philosophische Fakultät, deren Leistungen zur Legitimation seiner Herrschaft ihm sogar ein wenig Forschungsförderung wert sind. Die werten Damen und Herren Professoren sollen schließlich auch über ausreichende Motivation zur Lobpreisung ihres Dienstgebers verfügen, der gerne höhere geistige Weihen empfängt, auch wenn er sein Handeln nicht davon abhängig macht. So präsentieren Philosophen Armut und Elend als Erscheinungsformen des in seinem Wahne leider ständig strauchelnden Menschengeschlechts, dem Einhalt zu gebieten nur totalitäre staatliche Bevormundung wäre. Wenn einem bei solchen Weihen des Scheiterns in der Konkurrenz als Wahrzeichen der menschlichen Existenz nicht warm ums Herz wird!

Rassismus

„Du Rassist", ist heutzutage eine wohlfeile Beschimpfung geworden. Es ist aber eigenartig, jemanden als Rassisten zu beschimpfen. Entweder es handelt sich bei einer Person um einen Rassisten bzw. eine Rassistin – damit sich nicht wieder Frauen ausgeschlossen fühlen, weil sie nicht extra erwähnt werden –, dann wüsste ich nicht, weshalb sie diese Anrede davon abhalten sollte, einer zu sein. Oder man hat es nicht mit einem Rassisten zu tun, dann müsste man dieser Person erklären, inwiefern sie ein rassistisches Urteil getroffen hätte, und dafür wäre die bloße Behauptung, dass etwas rassistisch sei, keineswegs hinreichend. Darüber hinaus besteht der Verdacht, dass in diesem Fall jemand als Rassist bezeichnet wird, der dies keineswegs sein will und mangels Gegenargumenten mit dieser Anklage eingeschüchtert werden soll. Es besteht also durchaus Anlass, sich einmal ein paar grundlegende Gedanken über Gebrauch und Missbrauch des Begriffs „Rassismus" zu machen.

Rassismus ist eigentlich eine ganz einfache Sache. Wenn man einer Gruppe von Menschen bestimmte Eigenschaften als deren natürliche Merkmale zuschreibt, so entspricht dies einer rassistischen Denkweise, und zwar unabhängig davon, ob diese Eigenschaften positiv oder negativ bewertet werden. Im Allgemeinen entspricht der Abwertung anderer Menschengruppen die Aufwertung der eigenen, sie stellt sozusagen deren Kehrseite dar. Das bekannteste Beispiel für Rassismus ist die Vernichtung der Juden durch den deutschen Faschismus, der diese als „Untermenschen" bezeichnete und als „unwertes Leben" betrachtete und behandelte. Ein Beispiel rassistischer Denkweise hat Marx in seinem Hauptwerk „Das Kapital" in O'Conor präsentiert, einem Fürsprecher der Sklaverei, der diese als Notwendigkeit für die Sklaven darstellte, um ihren Mangel an Disziplin auszugleichen.

„,Now, gentlemen', sagte er unter großem Applaus, ‚die Natur selbst hat den Neger zu dieser Knechtschaftslage bestimmt. Er hat die Stärke und ist kräftig zur Arbeit; aber die Natur, die ihm diese Stärke gab, verweigerte ihm sowohl den Verstand zum Regieren, wie den Willen zur Arbeit.' (Beifall.) ‚Beide sind ihm verweigert! Und dieselbe Natur, die ihm den Willen zur Arbeit vorenthielt, gab ihm einen Herrn, diesen Willen zu erzwingen und ihn in dem Klima, wofür er geschaffen, zu einem nützlichen Diener zu machen, sowohl für sich selbst, wie für den Herrn, der ihn regiert. Ich behaupte, daß es keine Ungerechtigkeit ist, den Neger in der Lage zu lassen, worin die Natur ihn gestellt hat; ihm einen Herrn zu geben, der ihn regiert; und man beraubt ihn keines seiner Rechte, wenn man ihn zwingt, dafür auch wieder zu arbeiten und seinem Herrn eine gerechte Entschädigung zu liefern für die Arbeit und Talente, die er anwendet, um ihn zu regieren und ihn für sich selbst und für die Gesellschaft nützlich zu machen.""[92]

Die Versklavung ist also der Dienst, durch den der weiße Mann dem „Neger" über seinen Mangel an Disziplin hinweghelfe und wofür ihm eine „gerechte Entschädigung" zustehe. Heutzutage steht den Politikern diese „gerechte Entschädigung" für ihre aufopferungsvollen Führerdienste zu, mit denen sie einem sonst orientierungslosen Volk zeigen, wo es entlanggeht. Das ist doch wirklich fein, wenn man solche Notwendigkeiten der Menschennatur und nicht nur einer bestimmten Art von Menschen anhängen kann. Das Anliegen der rassistischen Argumentation besteht in beiden Fällen darin, die Ausübung von Herrschaft über andere Menschen zu rechtfertigen und sogar als Dienstleistung für diese darzustellen und anzupreisen.
Für die Überlegenheit einer Gruppe von Menschen gegenüber anderen darf man heutzutage nicht so offensichtlich rassistisch argumentieren, wie das Herr O'Conor gemacht hat. Es ist sogar verpönt und geächtet, wenn man dies tut. Dennoch ist es üblich, die unterschiedlichen Erfolge in der bürgerlichen Konkurrenz als Resultat einer natürlichen Begabung oder Veranlagung darzustellen, die darin zum Vorschein kommen würde. Auch wenn hier nicht von vornherein aufgrund äußerer Merkmale oder einer Gruppenzugehörigkeit die Überlegenheit bestimmter Menschen behauptet wird, ist es doch befremdlich, wenn dies im Nachhinein geschieht, indem aus den unterschiedlichen Erfolgen auf unterschiedliche natürliche Voraussetzungen der Menschen geschlossen wird. Auch die nationalen Bilanzen in dieser Konkurrenz, die sich in einer Hierarchie der Nationen geltend machen, werden gerne als Ausweis einer nationalen Vortrefflichkeit genommen, die z. B. die „deutsche Wertarbeit" preist, die allen anderen Arbeiten überlegen sei. Und wenn es um sportliches Kräftemessen geht, vor allem beim Fußball, gibt es für den Anspruch auf die Beglaubigung der eigenen Vortrefflichkeit ohnehin kein Halten mehr. Notfalls müssen die von Fehl-

---

[92] O'Conor zit. n. Marx: Das Kapital, Bd. 3, in: MEW, Bd. 25, S. 399

entscheidungen der Schiedsrichter bewirkten „Verzerrungen" der wahren Kräfteverhältnisse daher auch auf den Straßen „richtiggestellt" werden und fallen daher die berüchtigten Fußball-Hooligans übereinander her. Dies ist wohl der Grund dafür, dass vor Fußballspielen immer das „Nein zum Rassismus!" hochgehalten wird, weil dieser auf die Auseinandersetzung auf dem Spielfeld beschränkt bleiben soll. Offenkundig rassistische Auslegungen der Konkurrenzresultate sollen unterbleiben, auch wenn sie implizit genau dafür genommen werden. (Vgl. auch den Artikel „Nationalismus und Rassismus".)

Der Rassismus, welcher der bürgerlichen Gesellschaft immanent ist und sich als Nationalismus auch immer wieder offen zeigt, soll dieser Gesellschaft also zu einem bestimmten Grad ausgetrieben werden, um sich nicht störend bemerkbar zu machen. Wenn z. B. Unstimmigkeiten in einem kapitalistischen Unternehmen auf nationalistische und rassistische Ressentiments zurückgehen und den Betriebsfrieden stören, so ist dies ein Anlass, gegen nationalistische und rassistische Urteile vorzugehen. Geht es jedoch darum, den Vorrang der eigenen Nation in der Konkurrenz und bei der Durchsetzung ihrer weltweiten Ordnung zu behaupten, so sind genau diese Urteile wieder erwünscht.

In der einfachen Form, auf Menschen allein wegen ihrer Herkunft oder wegen äußerlicher Merkmale wie der Hautfarbe herabzusehen, ist Rassismus geächtet, in der subtileren Form als Legitimierung der Konkurrenzresultate von Individuen und Nationen ist er jedoch geachtet. Dennoch spielt die allgemeine Ächtung eines offenkundigen Rassismus auch in diese Sphären hinein. So ist es bei entsprechendem Migrationshintergrund durchaus üblich, schulische Misserfolge auf rassistische Lehrer, berufliches Scheitern auf rassistische „Gastgeber"-Nationen zurückzuführen – oder umgekehrt den gescheiterten Personen in rassistischer Manier anzulasten. Ebenso erfreut es sich allgemeiner Beliebtheit, die Kritik an bestimmten Überzeugungen deswegen als rassistisch zu bezeichnen, weil diese Überzeugungen für bestimmte Gruppen konstitutiv sind. Wer z. B. den Islam kritisiert, dem wird häufig von vornherein unterstellt, dass es ihm nur darum gehe, die rassistische Verachtung jener Menschen zu betreiben, die ihre eigene Vortrefflichkeit in ihrem islamischen Glauben wähnen. Die Kritik des Islams wird damit reflexartig als Vorwand für die Betätigung einer rassistischen Gesinnung betrachtet und lässt sich hierzulande kaum vortragen, ohne sich diesem Verdacht auszusetzen. Umgekehrt wird es aber nicht als Rassismus betrachtet, wenn Islamisten jeden Kritiker des Islams als Nazi beschimpfen, sofern er nur aus Deutschland stammt. Anscheinend kann man sich in Europa gar nicht vorstellen, auch einmal das Objekt von Rassismus und nicht nur dessen Subjekt zu sein. Diese fixe Vorstellung wird dankend angenommen, es wird daher den Europäern gerade von Islamisten bei jeder Gelegenheit Rassismus unterstellt und sie bekennen sich in der Regel wegen der Vergangenheit ihrer Kolonialherrschaft pflichtbewusst schuldig. Der Vorwurf des Rassismus ist paradoxerweise derzeit eine Erscheinungsform des Rassismus jener Völker, die ihre Geschichte als europäische Kolonie dem Rassismus der Europäer und nicht dem Herrschaftsanspruch des kapitalistischen Privateigentums zuschreiben, der sich zwar rassistisch verstand, allerdings ganz banale Bereicherung bezweckte. Besonders fanatische Islamisten, die eine Genesung der kapitalistischen Welt am Islam durchsetzen wollen, schreien sofort „Rassist", wenn man es wagt, an ihren Urteilen Kritik zu üben. Auch Linke, für deren Selbstverständnis einst die Kritik der Religion unverzichtbar war, sehen sofort nur Rassismus am Werk, wo Kritik sich nicht gegen die christliche Religion richtet, sondern jene einer „fremden Kultur" zum Gegenstand hat. (Vgl. auch den Artikel „Islam".)

Diese Unsitte, nicht mehr zu argumentieren, sondern nur noch mit Schmähurteilen übereinander herzufallen, erlebt derzeit solche Höhepunkte, dass es wirklich schwierig geworden ist, noch sachlich zu argumentieren, wo überall der Kampf gegen den Rassismus angezeigt scheint, mit dem sich die Menschen so gerne sowohl ihr Scheitern als auch ihre Erfolge in der bürgerlichen Gesellschaft erklären (vgl. auch den Artikel „Ausländer").

Refugees Welcome!

So tönte es im Sommer 2015 durch Deutschland und Österreich. Dieser Willkommensgruß ist fürwahr seltsam, zumal in einer kapitalistischen Gesellschaft. Hier ist doch kein Mensch willkommen, wenn er nicht Geld einbringt, sei es als zahlungskräftiger Tourist, Investor oder als profitabel einsetzbare Arbeitskraft. Daneben sind noch jene Flüchtlinge willkommen, deren Flucht die angebliche Menschenverachtung eines feindlichen Staates demonstriere. Dies waren früher vor allem

Flüchtlinge aus den Staaten des Systemgegners, des realen Sozialismus, der glücklicherweise, wenn auch unbedankt, durch seinen sogenannten Eisernen Vorhang dafür sorgte, dass sich deren Zahl in überschaubaren Grenzen hielt.

Im Jahr 2015 kam es nun, vor allem ab dem Sommer, zu einem regelrechten Massenansturm von Flüchtlingen nach Europa, vor allem aus Kriegsgebieten wie Syrien und dem Irak, aber auch aus Afghanistan, aus verschiedenen afrikanischen Staaten, gegen Ende des Jahres sollen auch schon Marokkaner und Algerier von der neuen Willkommenskultur in Europa angelockt worden sein. Anfangs wurden für diese Migration noch die Dienste von Schleppern in Anspruch genommen, denen manche Menschen Summen von mehr als 10.000 Euro gezahlt haben wollen, davon ist mittlerweile kaum mehr etwas zu hören. Weswegen solche Summen gezahlt werden, fragt man sich, und stößt darauf, dass Schlepper für ihre Dienste mit der Behauptung werben, eine Übersiedlung nach Europa würde sich lohnen, in Schweden etwa erhalte man als Asylwerber sofort ein Haus, ein Auto und drei blonde Frauen. Ich kann mir zwar nicht vorstellen, dass wirklich jemand so einfältig ist, so etwas zu glauben, überprüft habe ich es jedoch nicht. Was hingegen schon ein Angebot für Leute ist, die unter elenden Bedingungen leben müssen, ist die Grundversorgung, die sie an den Orten ihres Begehrens erwartet. Und damit stoßen wir wieder auf den Ausgangspunkt dieser Ausführungen: Diese Menschen bringen kein Geld, sie erfüllen also nicht die Voraussetzungen, unter denen man in der bürgerlichen Gesellschaft willkommen ist, im Gegenteil, sie verursachen sogar Kosten, die angesichts ihres massenhaften Auftretens nicht einmal unerheblich sind. Wie kommt es also zu dem Willkommensgruß „Refugees Welcome!"?

Leute wie Angela Merkel stellen ihre Bereitschaft zur Aufnahme von Flüchtlingen gerne als reine Hilfsbereitschaft angesichts von Menschen dar, die vor Krieg und politischer Verfolgung durch Terrorgruppen wie den IS fliehen würden. Es werden daneben zwar auch noch Nutzenkalkulationen präsentiert, wonach der Zuzug dem deutschen Arbeitsmarkt diene und die Alterspyramide ausgleiche, die durch die Schrumpfung der Bevölkerung wegen der geringen Geburtenrate drohe. (Vgl. zur Kritik an dieser Auffassung den Artikel „Pensionsreformen".) Dennoch ist angesichts der Arbeitslosenzahlen in Deutschland nichts von einem vermehrten Bedarf an Arbeitskräften zu bemerken, auch wenn das Kapital über einen Mangel an Facharbeitern klagt, der ohnehin nur darauf beruht, dass hier kein solches Massenangebot besteht, aus welchem zu schöpfen die Damen und Herren Manager sonst gewohnt sind. Inwiefern ausgerechnet weit mehr von Krieg als von Bildung geprägte Massen, die nicht einmal der Sprache ihrer Zufluchtsländer mächtig sind, den angeblichen Facharbeitermangel beheben sollen, ist außerdem äußerst zweifelhaft. Auch hier ergibt sich also keine befriedigende Antwort auf die Frage, weshalb Masseneinwanderung auf einmal willkommen sein soll.

Dann kann es ja wohl nur echte Hilfsbereitschaft sein, wenn mit dieser Zuwanderung kein Nutzen verbunden ist, mag nun mancher denken. Das ist allerdings schon deswegen seltsam, weil die übliche Antwort zur Rechtfertigung der Unterlassung von Hilfe und Unterstützung doch lautet, dass dies alternativlos, weil den Erfordernissen des Staatsbudgets geschuldet sei. So hieß es doch nahezu im gleichen Zeitraum, in dem Deutschland Mittel zur Versorgung von Flüchtlingen mobilisierte, dass Griechenlands Einsparungen bei der Versorgung der Bevölkerung mit sozialen Leistungen alternativlos seien. Das ist auch der übliche Umgang mit Menschen, die für die kapitalistische Verwertung überflüssig geworden sind, für die sogenannte „Überbevölkerung". Auf dem ganzen Globus werden Menschen überflüssig gemacht, die der kapitalistischen Verwertung entgegenstehen und mit einer Subsistenzwirtschaft nichts weiter als ihr karges Dasein fristen, mit dem kein Staat zu machen ist. Die Staaten wollen stattdessen profitable Produktionen einrichten, was in sogenannten Entwicklungs- oder Dritte-Welt-Ländern z. B. dazu führt, dass Monokulturen in riesigen Plantagen für den Export aus dem Boden gestampft werden, denen Subsistenzbauern im Weg sind, die daher vertrieben werden. Über den Export der Erträgnisse dieser Plantagen sollen Devisen erwirtschaftet werden, um die Technologien für eine rentable Produktion einkaufen zu können, vor allem aber zunächst die Waffen, die zur Einrichtung dieser dem Staat dienenden Verhältnisse notwendig sind. Das überflüssig gemachte Volk kann dann sehen, wo es bleibt, und landet immer häufiger als Wirtschaftsflüchtling in den reichen Aufsichtsmächten der Weltwirtschaftsordnung, deren Reichtum jedoch keineswegs für die Versorgung von Hungerleidern, sondern für die weitere kapitalistischen Entwicklung vorgesehen ist. Auch hier gelten diese als Wirtschaftsflüchtlinge bezeichneten Menschen als vielleicht bedauernswerte, deswegen aber noch lange nicht der Aufnahme, Versorgung und Betreuung würdige Personen. Daran soll sich auch durch die Willkommenskultur nichts ändern, zunächst werden solche Menschen jedoch angesichts der Massen einmal aufgenommen, um anhand einer späteren Überprüfung zu beurteilen, ob sie aus den staatlich anerkannten, weil erwünschten Ursachen geflohen sind. Sind es also vielleicht diese Ursachen, weswegen sich derzeit zumindest syrische Flüchtlinge einer Willkommenskultur in Deutschland und Österreich erfreuen dürfen?

Nachdem vor allem für syrische Flüchtlinge diese bevorzugte Behandlung vorgesehen ist, handelt es sich hier möglicherweise insofern um eine nach imperialistischen Kriterien zulässige Flucht, als diese gegen den Machthaber Assad sprechen soll. Dieser besitzt ja die Frechheit, den Rücktritt zu verweigern, für den die maßgeblichen westlichen Staaten die Aufstände gegen sein „Regime" geschürt und bestellt haben. Zu allem Übel hat sich mit dem IS nun auch eine Gruppe als dessen Gegner entpuppt, deren Unterstützung sich schlecht in der Öffentlichkeit rechtfertigen lässt, auch wenn man damit Assad doch noch loswerden könnte. Nachdem aber die paar Alibi-Angriffe der US-Bomber auf den IS dazu geführt haben, dass sich Russland als Verbündeter Syriens nicht länger veralbern lässt und Assad direkt mit militärischen Mitteln unterstützt, musste in letzter Zeit die Hoffnung auf dessen Untergang zumindest vorläufig begraben werden. Will man das Assad-Regime aber vielleicht wenigstens künftig schwächen, indem man dafür sorgt, dass Syrer es vorziehen, als Asylanten in Deutschland zu leben, anstatt nach Syrien zurückzukehren und am Wiederaufbau des Landes mitzuwirken? Vielleicht wird die Syrienkrise von Deutschland aber auch dafür genutzt, sich noch mehr als führende Macht in der EU zu etablieren, die anderen Mitgliedsstaaten sogar Vorgaben bezüglich der Aufnahme von Migranten machen darf, was einen fundamentalen Eingriff in die Souveränität einer Staatsgewalt darstellt.

Wie dem auch sei, Deutschlands Regierungschefin Angela Merkel sieht in der Attraktivität Deutschlands als Zufluchtsort ein Zeichen des nationalen Erfolgs und wirbt bei den davon betroffenen Untertanen dafür, darauf stolz zu sein. Diese sind davon teilweise sogar unmittelbar betroffen, wenn sie gemeinnützige Einrichtungen räumen müssen, die ihnen bisher mit günstiger Miete als Unterkunft gedient haben, weil diese nun für die Unterbringung von Flüchtlingen benötigt werden. Darüber hinaus sind sie natürlich irritiert darüber, dass der Staat plötzlich Geld für fremde Menschen zur Verfügung hat, das es vor kurzem noch alternativlos einzusparen galt. Anstatt dies zum Anlass zu nehmen, ihre Bereitschaft zur Hinnahme dieser angeblichen Alternativlosigkeit einmal grundsätzlich in Frage zu stellen, sind sie bloß entsetzt darüber, dass diese Alternativlosigkeit für hereinströmende Migranten außer Kraft gesetzt wird. Das ist andererseits auch nationalistisch konsequent gedacht und damit hat die deutsche Bundesregierung daher auch ihre Schwierigkeiten, die sich in Demonstrationen gegen die Asylpolitik, aber auch in Akten der Gewalt gegen Asylantenheime manifestieren. Opfer für Flüchtlinge erscheinen nämlich nicht nur ohne jeglichen Nutzen für die Nation, sondern sogar als deren Schädigung, auch wenn Angela Merkel noch so sehr den langfristigen Nutzen beschwört, den jede Zuwanderung einer Nation angeblich noch gebracht habe. Es ist ja auch wirklich erstaunlich, was da alles an finanziellen und materiellen Ressourcen für Asylwerber plötzlich zur Verfügung gestellt werden kann, wofür Deutsche weiterhin rund um die Uhr arbeiten und jetzt auch noch kostengünstige Quartiere räumen müssen. Ja, Deutschland ist ein reiches Land, heißt es dann immer, aber dieser Reichtum war nie zur Versorgung der Bürger bestimmt, sondern dient der Obrigkeit für ihre nationalen Ambitionen. Nun stellt es sich für genau diese Bürger so dar, als seien die an ihnen vollzogenen Einsparungen keine Notwendigkeiten für nationales kapitalistisches Wachstum, sondern solche zu Gunsten der Migranten. Da sie gegen nationale Notwendigkeiten leider niemals etwas einzuwenden hätten, versucht die deutsche Regierung nun, die Zuwanderung als nationale Notwendigkeit begreiflich zu machen, die der Eingemeindung der DDR im Jahre 1991 gleichkomme und ebensolche Opfer verlange. Diese Rechtfertigungsstrategien erklären aber noch immer nicht, worin die nationale Notwendigkeit dieser Massenzuwanderung bestehen soll. Es wird wohl kaum die Demonstration deutscher Leistungsfähigkeit auch in der Bewältigung von Flüchtlingswellen sein, wofür Angela Merkel die Parole ausgegeben hat: „Wir schaffen das!"

Will Deutschland sich zur Großmacht bei der Bewältigung von Massenmigrationen herrichten, die im Zuge von Kriegen und anderen Krisen sich immer häufiger einstellen? Ist es das, was zu schaffen ist, damit sich die Flüchtlingsströme dann nicht negativ bemerkbar machen, die durch Kriege losgetreten werden? Immerhin hätte der imperialistische Westen dann Handlungsfreiheit bei seinen kriegsträchtigen Regimewechseln im Nahen Osten und genau dafür will Deutschland wohl auch die „Solidarität" der anderen EU-Mitgliedsstaaten in die Pflicht nehmen. Dafür lässt sich offensichtlich auch das Gutmenschentum mobilisieren, das sich in freiwilliger Arbeit für die Bewältigung des Massenandrangs an Asylwerbern aufopfert. Deren Willkommenskultur scheinen die vielen alleinstehenden jungen Männer, die ja den Großteil dieser Migranten ausmachen, ein wenig missverstanden zu haben, wie vor allem die Damen zum Jahreswechsel 2015/16 schmerzhaft erfahren mussten, die massiven Nachstellungen und Belästigungen bis hin zu Vergewaltigungen durch Zusammenrottungen arabischer Migranten ausgeliefert waren. Ich warte ja nur noch darauf – und vermutlich ist das auch schon passiert und nur nicht öffentlich bekannt –, dass eine Frau als Rassistin beschimpft wird, weil sie die großzügigen Angebote dieser Männer zum Beischlaf zurückweist. Auch hier ist die Bevölkerung in der Konfrontation mit rassistischen muslimischen Männern, die unverschleierte, unbegleitete europäische Frauen als Schlampen und Freiwild betrachten, unmittelbar von den Anforderungen dieser Willkommenskultur betroffen. Die Abwiegler haben sich hier zwar auch bereits eingestellt, die solche Feststellungen als Angst- und Panikmache diffamieren, aber angesichts der jüngsten Ereignisse scheinen mir Vorsicht und Misstrauen die bessere Medizin, denn ein wenig mehr davon hätte vielleicht zumindest eine bessere Vorbereitung zur Abwehr solcher Täter bewirkt.

Der Rassismus dieser Männer ist die Kehrseite des hierzulande gepflegten Rassismus, dass die Hierarchie der Nationen kein Resultat der imperialistischen Weltordnung und ihrer Gewalt sei, sondern die natürliche Leistungsfähigkeit verschiedener Nationalcharaktere widerspiegeln würde. (Vgl. den Artikel „Ausländer".) Auch muslimische Männer begreifen ihren Schaden nicht als Resultat einer kapitalistischen und daher imperialistischen Weltordnung, sondern als Folge mangelnder religiöser Moral, zu deren Abhilfe sie die Einführung der Scharia empfehlen. Ihre Frauen sehen das vermutlich im Prinzip ähnlich, haben dort aber bekanntlich ohnehin kaum etwas zu melden, weswegen sie seltener in Erscheinung treten. Wo ihre Stimmen trotzdem einmal hinter Schleiern zu vernehmen sind, bestätigen sie diese Auffassung jedoch und fragen etwa unverschleierte Frauen, wen sie denn verführten wollten, oder erklären ihnen, dass sie auf sie mangels Vollverschleierung so wirken, als wären sie nackt. Unverschleierte hellhäutige Frauen sind für Menschen dieser fundamentalen muslimischen Gesinnung ein Ausdruck westlicher Unmoral und bekommen nach ihren Rechtsvorstellungen daher genau das, was sie verdient haben. Die Feststellung dieses Sachverhalts als rassistisches Urteil abzustempeln, stellt sich auf den Standpunkt, dass nicht sein kann, was nicht sein darf. Irgendwie haben Menschen aus dem Nahen Osten mitbekommen, dass die Weltordnungsmächte auf ihre Anliegen keine Rücksicht nehmen. Die Schlüsse, die sie daraus gezogen haben, sind leider ebenso falsch wie ihre soeben erwähnten Handlungen.

Zum Abschluss dieser Überlegungen möchte ich noch auf eine Bemerkung in meinem Buch über den Faschismus[93] eingehen. Angesichts der sogenannten Überbevölkerung frage ich dort, ob es denn wirklich so rühmlich sei, wenn Menschen in der heutigen Staatenwelt nicht mehr in Konzentrationslagern vernichtet, sondern in die Wüste geschickt und dort sich selbst überlassen werden. Damit wollte ich nicht den Eindruck erwecken, dass es nur eine Frage des guten Willens wäre, diese für die herrschende Gesellschaftsordnung überflüssigen Menschen zu versorgen. Es wäre vielmehr die Abschaffung der kapitalistischen Gesellschaft notwendig, damit Menschen nicht mehr überflüssig werden. Genauso ist es eine Konsequenz der kapitalistischen Rationalität, wenn Nationen ihre Grenzen gegen unerwünschte Zuwanderung dicht machen. Darin sind die Rechten nur konsequent, während sich die Linken hier einen Kapitalismus mit menschlichem Antlitz vormachen wollen. Weil aber seit der Toträstung der Sowjetunion Kritik am Kapitalismus als Unding gilt, wollen die Linken die Konsequenzen dieses Systems nicht wahrhaben, während die Rechten diese ohne Rücksicht auf Verluste durchsetzen. Frau Merkel gehört in der Regel Letzteren an und behauptet die Alternativlosigkeit von Notwendigkeiten, die das nur deswegen sind, weil hier Kapitalismus herrscht, die es jenseits dieser Herrschaft aber keineswegs wären. In der Flüchtlingspolitik tritt Merkel plötzlich als Humanistin in Erscheinung, die aufruft zu schaffen, was sonst unmöglich zu schaffen und daher alternativlos hinzunehmen sei, nämlich die Versorgung von Menschen, nach denen keiner verlangt oder gefragt hat. Es handelt sich bei diesem scheinbaren Humanismus jedoch um eine nationale Strategie für den nachhaltigen Erfolg der Nation, für den deren Bürger genauso in die Pflicht genommen werden wie für die bewährten Erfolgswege vergangener Zeiten, auch wenn dabei mittlerweile vor allem die Damen mit unerfreulichen Erfahrungen ihren Beitrag leisten müssen.

Wenn Rechte dafür plädieren, keine Migranten mehr aufzunehmen und die Grenzen dichtzumachen, so ziehen sie nur die Konsequenzen einer kapitalistischen Weltordnung, welche zu ignorieren anscheinend derzeit als links gilt. Man könnte zu dem Schluss kommen, dass die Rechten leider recht haben und dass dies das Schlimme an dieser Weltordnung nur noch deutlicher macht. Die Zuwanderung entspricht einem Kriegsakt, da sich hier Menschenmassen gegen den Willen des Staates Zutritt auf dessen Territorium zu verschaffen suchen, auch wenn sie

---

[93] Von Nutzen und Nachteil des Faschismus für die Demokratie, Wien 2013

dabei bisher nur mit untergeordneten Waffen wie Steinen, Messern und Schlagstöcken ausgerüstet sind. Um diesem Vorgehen Einhalt zu gebieten, würden dem Staat schon ein paar Wasserwerfer reichen, die doch nahezu bei jeder Demonstration bereits gang und gäbe sind. Besonders lächerlich wirken hier Linke, die von der Ohnmacht der Staatsgewalt – die ja nicht zufällig so heißt – faseln, ihre Grenzen zu sichern, wo doch vor gar nicht so langer Zeit noch der Eiserne Vorhang dies zum allgemeinen Ärgernis fertiggebracht hat, obwohl dieser ein Produkt des angeblich zu nichts fähigen realen Sozialismus gewesen ist. Und da die Welt anscheinend wieder einmal am deutschen Wesen genesen soll, indem sie diesmal zu den Deutschen kommt anstatt umgekehrt, um endlich mit den Segnungen deutscher Werte beglückt zu werden, wird auch das Grundgesetz für die Aufrechterhaltung linker Wunsch- und Wahnvorstellungen beschworen. Das Grundgesetz kenne nämlich keine Obergrenze für Asylwerber, darüber hinaus sei das Recht auf Asyl ohnehin ein Menschenrecht, das keine Obergrenzen dulde. Der Standpunkt lautet also: *Fiat iustitia, et pereat mundus* – Es herrsche Gerechtigkeit, selbst wenn die Welt daran zugrunde gehe! Man könnte auch sagen: Das Recht gelte, geht auch die Welt daran zugrunde!

Religion

Es soll Leute geben, die so zartbesaitet sind, dass sie von Zweifeln an ihrem Urteilsvermögen geplagt werden, wenn ihnen ein Irrtum oder ein Fehlurteil nachgewiesen wird. Man könnte auch sagen, sie sind derartig von ihrer geistigen Größe überzeugt, dass sie es als Beleidigung betrachten, einen Fehler in ihrer Argumentation auch nur in Erwägung zu ziehen. Üblicherweise spricht dies jedoch nicht für diese Leute, sondern es wird ihnen der Vorwurf gemacht, dass sie nicht mit Kritik umgehen könnten. Ganz anders scheint das zu sein, wenn jemand wegen der Kritik an seinen religiösen Überzeugungen beleidigt ist. Hier scheint die Meinungsfreiheit an ihre Grenzen zu stoßen, da die Herabwürdigung religiöser Lehren verboten ist, auch wenn natürlich nicht von vornherein klar ist, was als Herabwürdigung gilt. Während kommunistische Urteile auf jede nur erdenkliche Art der Lächerlichkeit preisgegeben werden dürfen, werden religiöse Überzeugungen unter staatlichen Schutz gestellt. Es muss also an diesen Überzeugungen etwas sein, das der Staat schätzt und deshalb schützt. Die berühmte Aussage von Karl Marx, dass Religion das Opium des Volkes[94] ist, würde heutzutage wohl als Herabwürdigung der Religion gelten, da sie diese mit einer Suchterkrankung gleichsetzt.

Opium *des* Volks und nicht Opium *für das* Volk, wie oft falsch behauptet wird, nannte also Marx die Religion. Einfach so hingesagt, ohne Argumentation, wäre diese Aussage nichts weiter als eine kühne Denunziation. Versuchen wir also nun, einige Überlegungen vorzustellen, die dieses Urteil begründen. Dass Religion Opium *des* Volks und nicht *für das* Volk ist, sagt Marx deshalb, weil sie nicht erst von außen auf ein zunächst glasklares Bewusstsein einwirkt und dieses benebelt. Religion ist nicht ein Instrument, das zur Trübung des Bewusstseins geschaffen wird, sie entspringt vielmehr selbst einem benebelten Bewusstsein, ist diesem ein Bedürfnis und stellt eines seiner wesentlichen Merkmale dar. Zunächst sind religiöse Vorstellungen ja ein Zeichen von Ohnmacht und Unwissen gewesen. Die Menschen sahen sich Naturgewalten ausgeliefert, deren Wirkungsweise ihnen nicht bekannt war und gegen die sie des Schutzes bedurften, man denke hier nur an Phänomene wie Sturm und Gewitter. Es wurden daher Gottheiten verehrt, die als Urheber unbegriffener Naturgewalten galten, da man auf diese Weise hoffte, einen Einfluss auf diese Naturgewalten zu erlangen. Im Zuge des wissenschaftlichen Fortschritts wurden solche religiöse Vorstellungen überflüssig und es ist keineswegs zufällig gerade das 19. Jahrhundert, in dem Marx lebte, aufgrund dieser Entwicklung von Religionskritik geprägt. Der wissenschaftliche Fortschritt kam jedoch vor allem den herrschenden Mächten zugute, wem auch sonst, das Leben des diesen Mächten dienenden Volkes war davon nicht nur positiv betroffen, sondern man erfuhr technischen Fortschritt auch als Intensivierung der Arbeit und als Verelendung überflüssig gemachter Arbeiter. Armut und Elend, wenn auch nicht von Naturgewalten hervorgerufen, sind also in hohem Ausmaß vorhanden und die davon betroffenen Menschen suchen Zuflucht im Trost der Religion, wodurch sie sich so betäuben wie mit Opium – so lautet die Aussage von Marx.

---

[94] Marx: Zur Kritik der Hegelschen Rechtsphilosophie. Einleitung, in: MEW, Bd. 1, S. 378: „Die Religion ist der Seufzer der bedrängten Kreatur, das Gemüt einer herzlosen Welt, wie sie der Geist geistloser Zustände ist. Sie ist das Opium des Volks."

Seinen Trost lässt sich nicht gerne rauben, wer ohne diesen nur den Schaden hat, und mit diesem Trost lässt sich dieser Schaden anscheinend besser ertragen, mit diesem Trost fügt man sich in seinen Schaden und begehrt nicht dagegen auf; das mag wohl ein Grund dafür sein, dass der Staat religiöse Überzeugungen für schützenswert erachtet. Wenn sich die Menschen in ihrem materiellen Leben Entbehrungen gefallen lassen, weil es ihnen ohnehin als oberflächlich gilt und das wahre Menschsein jenseits davon im spirituellen Leben bestehe, so ist dies einem Staat willkommen, dem es auf diensteifrige Untertanen ankommt, die bei ihrem Einsatz nicht nach ihrem Nutzen fragen, sondern diesen vielleicht sogar noch als Gottesdienst betrachten. Der Herabsetzung des materiellen Lebens als gottlos, weil nur auf schnöde Befriedigung ausgerichtet, entspricht umgekehrt die Gottesfurcht, die das Ausbleiben dieser Befriedigung als gerechte Strafe für solche Sündhaftigkeit vorstellt, der man nur in der Hingabe an Gott den Herrn und seine Gebote beikommen könne. Gefolgschaft, wie sie Gott gebietet, beansprucht auch der Staat, ohne sich deswegen auf einen Gottesdienst festlegen zu lassen. Wenn sich Gläubige den Geboten Gottes unterwerfen, sieht er darin ihren diensteifrigen Geist, der sich auch seinen Gesetzen nicht verweigern wird. Solange die weltliche Herrschaft genauso fraglos wie die göttliche Allmacht anerkannt und vielleicht sogar als deren weltliches Dasein betrachtet wird, solange die Macht Gottes daher nicht in Konkurrenz zu jener des Staates tritt, würdigt dieser die Leistungen der Religion. Deswegen verbietet der bürgerliche Staat die Herabwürdigung religiöser Lehren und wertet diese als Beleidigung religiöser Gefühle, ebenso wie er die Herabwürdigung staatlicher Symbole und Institutionen verbietet. Ärgerlich ist es für ihn allerdings, wenn sich die religiös artikulierte Geringschätzung materiellen Lebens nicht als bescheidene Einfügung in die herrschenden Verhältnisse betätigt, sondern zur Kampfansage an diese führt, die dann nicht mehr nur als gottlose Welt verachtet, sondern nicht mehr geduldet werden. Wenn Gott als Herr nicht dem staatlichen Souverän zur Seite, sondern über ihn gestellt wird, pocht der Staat bei aller Wertschätzung der Religion auf ihre Schranken gegenüber seiner Souveränität und auf die Trennung von Staat und Kirche. Diese Erhebung der Religion über den Staat zeigt sich derzeit immer wieder im Islam, dessen Repräsentanten ja manchmal auch die unislamische, „westliche" Lebensart weiblicher Mitglieder bereits als Beleidigung betrachten und mittels „Ehrenmord" rächen. Hier erfreuen sich die beleidigten religiösen Gefühle dann doch nicht der sonst üblichen Wertschätzung.

Wir halten also fest, dass religiöse Überzeugungen staatlichen Schutz genießen, sofern sie der Integration in die herrschenden Verhältnisse dienen, indem sie die passende Moral dafür beisteuern. Läuft diese Moral jedoch aus dem Ruder und macht sich als Störung bemerkbar, so wird aus der Affirmation der herrschenden Verhältnisse die Anmaßung, diese gemäß Allahs Geboten zu bestimmen. Angefangen von Ehrenmorden an „missratenen" Töchtern und Schwestern bis hin zu Anschlägen gegen Gottlose und Ungläubige, verspielen diese religiösen Überzeugungen dann ihren staatlichen Kredit. Vom „minoritären Dünkel moralischer Überlegenheit"[95] bis zur gewaltsamen Absage an die verachtete gottlose Gesellschaft ist es aber oft nur ein kleiner Schritt, weswegen in diesem Zusammenhang oft von „plötzlicher Radikalisierung" gesprochen wird. Da man sich jedoch die kapitalistische Welt weiterhin mit Gottes unerforschlichen Wegen, die nur die kleinen Menschlein nicht begreifen würden, schönlügen darf und soll, da auch weiterhin Allahs Größe zu bescheidenem Dienst veranlassen soll, kann nach wie vor die Kritik solchen Selbstbetrugs als Herabwürdigung zur Anzeige gebracht werden. Hier gilt keineswegs gleiches Recht für andere „sensible" Seelen, die sich einfach nicht vorstellen können, dass ihr „geliebter Führer" solche Grausamkeiten wie den Massenmord an den Juden, noch dazu in ganzen Vernichtungslagern, befohlen hat. Diese Lüge erfreut sich nicht staatlichen Schutzes, sondern unterliegt staatlicher Verfolgung, da können deren Repräsentanten so beleidigt sein, wie sie wollen, es wird ihnen in diesem Fall nichts nützen.

Linke, die am Kapitalismus vor allem dessen Krisen stören und die daher für alles zu haben sind, was der Krisenbewältigung dient, würdigen mittlerweile auch die Religion für ihre Stabilisierung der bürgerlichen Gesellschaft. Auch wenn Marxens Bestimmung der Religion als „Opium des Volkes" und „Geist geistloser Zustände" an Deutlichkeit nichts zu wünschen übrig lässt, können sie sich für die hohe Leidensfähigkeit begeistern, zu der dieses Opium verhilft, und sehen in diesem Leiden sogar „Sehnsuchts- und Protestimpulse".[96] Worauf Sehnsucht und Protest abzielen, scheint keiner Rede mehr Wert zu sein, obwohl es auch

[95] Der Staat des Islamischen Kalifats (IS). Ein Störfall für die imperialistische Weltordnung und seine ordnungsgemäße Verarbeitung, in: Peter Decker (verantwortlicher Redakteur): Gegenstandpunkt 1-16, München 2016, S. 74

[96] Jens Rehmann, zit. n. der Kritik dieser Position in: Johannes Schillo (Hrsg.): Zurück zum Original. Zur Aktualität der Marxschen Theorie, Hamburg 2015, S. 136

Leute geben soll, die sich nach der Nazizeit zurücksehnen, deswegen aber – noch(?) – nicht von den Linken eingemeindet werden.

Schule

Häufig ist die Klage zu vernehmen, dass die Schule die Kreativität der Kinder einenge, indem sie diese einem starren Korsett unterwerfe. Kaum jemand fragt sich, ob ihnen damit vielleicht jene Disziplin auferlegt werden soll, die für ein Dasein als Lohnarbeiter notwendig ist. Kein Mensch scheint sich daher auch daran zu stoßen, dass Lohnarbeit die Menschen auf einseitige Tätigkeiten festlegt, sie Tag für Tag ins Hamsterrad spannt und ihnen Schwierigkeiten bereitet, dabei nicht allen Lebensmut zu verlieren, wovon der hohe Konsum von Psychopharmaka Zeugnis ablegt. Weswegen sollte allerdings nun ausgerechnet eine Schule, die den Nachwuchs auf diese Existenzweise vorbereiten soll, grundlegend anders aussehen?

Eine Antwort auf diese Frage lautet, dass eine solche Schule vielleicht für das Zeitalter der Industrie erforderlich gewesen sei, wegen der Automatisierung grundlegender Herstellungsweisen nun aber immer weniger gebraucht werde. Derzeit gelte es vielmehr, Kreativität und Entschlussfreudigkeit zu fördern, also Fähigkeiten, welchen die Fixierung auf diesen überholten Schultyp im Wege stehe. Wer vor jeder Handlung immer erst Wissen erwerben und nachdenken wolle, der bringe den Mut zum Handeln nicht auf, daher würden erfolgreiche Unternehmer auch nicht aus der Wissenschaft stammen. In ihrer Gewohnheit, mittels Wissen ihr Handeln zu steuern und abzusichern, würden diese nämlich das Risiko unternehmerischen Handelns scheuen. Gerne werden zur Bekräftigung dieses Urteils erfolgreiche Unternehmer präsentiert, etwa Steve Jobs, der Apple erfolgreich gemanagt hat, oder Mark Zuckerberg, der Gründer von Facebook. Das Amüsante an solchen Belegen ist jedoch, dass natürlich nur die erfolgreichen Unternehmungen bekannt sind, die gescheiterten jedoch entweder schnell in Vergessenheit geraten oder gar nicht öffentlich bekannt werden. Diese haben vielleicht Auswirkungen auf die Statistik von Alkohol- und Drogensucht oder von Suiziden, machen sich aber sonst nicht weiter bemerkbar. Da im Grunde nur der unternehmerische Erfolg öffentliche Aufmerksamkeit genießt, erscheint es nun beinahe so, als würde dieser mit ein wenig Wagemut und Entschlossenheit zu erreichen sein. Aufgrund dieses Fehlschlusses kommt es zum Lob von Risikobereitschaft und Unternehmungsgeist, die ganz im Sinne Nietzsches der Trägheit des Wissenserwerbs und der Zaghaftigkeit eines besonnenen Handelns entgegengesetzt werden.

Diese „Kritik" an der Schule, die diese als Behinderung eines wohlverstandenen Erfolgsstrebens betrachtet, berücksichtigt nicht den Umstand, dass Erfolg kein Gut für sich darstellt, sondern es davon abhängt, wobei man erfolgreich ist. Erfolgreichen Raub wissen dessen Opfer in der Regel daher nicht zu schätzen und auch erfolgreiche Profikiller erfreuen sich nur innerhalb ganz bestimmter Kreise einer Wertschätzung. In der Schule kommt es hingegen auf einen Erfolg an, dem auch die allseits bewunderten Lichtgestalten des Unternehmerglücks durchaus huldigen, die ja auch eine schulische Ausbildung aufzuweisen haben, auch wenn sie diese wegen ihrer unternehmerischen Ambitionen nicht abgeschlossen haben. Der Erfolg in der Schule verlangt die Durchsetzung im Leistungsvergleich, um zu ermitteln, bei welchen Schülern sich eine höhere Ausbildung lohnt, weil diese sich durch Motivation und Disziplin bei der Entwicklung von Fähigkeiten hervortun. Umgekehrt sollen jene Schüler, die in diesem Vergleich unterliegen, nicht mehr Ausbildung erhalten, als für die untergeordneten und schlecht bezahlten Tätigkeiten erforderlich ist, für die ja auch Personal benötigt wird.

Der Staat strebt auf diese Weise also eine möglichst effiziente Sichtung und Rekrutierung seines Nachwuchses an, den er entsprechend seiner Leistungsbereitschaft und -fähigkeit in der beruflichen Hierarchie verteilt wissen will. Das hat auch den schönen Nebeneffekt, dass auf diese Weise diese Hierarchie gerechtfertigt wird, da sie ja nur die unterschiedliche Leistungsfähigkeit von Menschen widerspiegle, die nun einmal nicht in jeder Hinsicht gleich sind. Jeder erhalte daher den Lohn, der ihm gemäß seinen Leistungen zustehe, und es sei ihm auch prinzipiell möglich, seinen Erfolg durch Steigerung seiner Leistungen zu erhöhen. Es können sich die Menschen allgemein aber noch so anstrengen, dies wird dennoch nichts an dem Anliegen ändern, diese auf die entsprechenden Positionen der gesellschaftlichen Hierarchie zu verteilen. Die Gemeinheit besteht nun darin, dass jedem mitgeteilt wird, er hätte ja die Möglichkeit (gehabt), durch seine eigene Leistung eine bessere Stellung zu erringen, während zugleich feststeht, dass sich aus dem schulischen Leistungsvergleich eine solche Hierarchie zu ergeben hat. (vgl. dazu auch den Artikel „Chancengleichheit"). Das wäre auch nicht unbedingt schlimm, wenn damit nicht ganz bestimmte Lebensbedingungen verbunden wären, die vor allem für die Menschen auf den unteren Rängen dieser Hierarchie in Armut und Elend bestehen.

Angesichts dieses gesellschaftlichen Zwecks der Schule muss man sich nicht darüber wundern, dass bei den Kindern der Lerneifer schnell schwindet, ist das Lernen hier doch das Material für einen Leistungsvergleich. Das Schulwesen wird man jedoch kaum sinnvoll verändern können, wenn man nicht auch die gesellschaftlichen Verhältnisse ändern will, für die es eingerichtet ist. Deswegen ist es leider verfehlt, immerzu allein der Schule anzulasten, wofür die bürgerliche Gesellschaft verantwortlich ist. Genauso ist es inkonsequent, die Freudlosigkeit in der Schule anzuprangern, während die Freudlosigkeit der Lohnarbeit als Selbstverständlichkeit erscheint.

Die Argumente, die ich hier in möglichst knapper Form vorzustellen versucht habe, liegen in einer ausführlichen und an vielen konkreten Beispielen veranschaulichten Fassung bereits als Buch vor, das 2016 neu aufgelegt wird und dessen Lektüre hiermit empfohlen sei: Freerk Huisken: Erziehung im Kapitalismus. Von den Grundlügen der Pädagogik und dem unbestreitbaren Nutzen der bürgerlichen Lehranstalten, Hamburg 2016.

Schummeln

Unter Schummeln versteht man die Vortäuschung einer Leistung, also einen Betrug. Dieses Verfahren ist vor allem im Zusammenhang mit Prüfungen bekannt, die im Ausbildungswesen durchgeführt werden. Jeder kennt sie aus seiner Schulzeit, kaum jemand ist damit nicht konfrontiert gewesen, seinen Lernerfolg der Prüfung und der Beurteilung seines Lehrers auszusetzen. Nun könnte man meinen, dass es durchaus vernünftig ist, die Leistungsfähigkeit zu erproben, die zur Bewältigung bestimmter Aufgaben erforderlich ist. Wer ein Auto bauen will, muss entsprechende Kenntnisse und Fertigkeiten ebenso vorweisen wie ein Arzt, der einen Menschen heilen will. Es ist also sinnvoll, die dafür erforderlichen Fähigkeiten zu testen und so herauszufinden, auf welchem Stand man ist, was man bereits beherrscht und wo noch Verbesserungsbedarf besteht. Weshalb sollte man bei diesem Test also schummeln, sich also selbst betrügen und dann nicht richtig vorbereitet sein, wenn es darauf ankommt?

Sehen wir uns zur Beantwortung dieser Frage einmal an, wie das Schummeln in der Schule funktioniert. Für gewöhnlich kommt hier ein Schummelzettel zum Einsatz, auf dem wesentliche Erkenntnisse vermerkt sind, deren Aneignung einer Überprüfung unterzogen wird. Oft wird so ein Zettel nur als Rückversicherung erstellt, um im Notfall darauf zurückgreifen zu können, und dessen Abfassung verhilft zu einer Aneignung der erforderlichen Kenntnisse, die seinen Gebrauch schließlich überflüssig macht. Für manche mag dieser Schummelzettel aber tatsächlich unentbehrlich sein, sodass sie lediglich abgeschrieben oder abgelesen haben, was sie sich eigentlich geistig angeeignet haben sollten. Was aber sollte ihnen das bringen, wenn sie sich dadurch nur in die Verlegenheit bringen, Leistungen erbringen zu müssen, zu welchen sie nicht imstande sind, weil sie die dafür erforderlichen Fähigkeiten nur mittels dieses Betrugs vorgetäuscht haben? Worin besteht also der Sinn des Schummelns, wenn man sich dadurch in Situationen brächte, die man lieber vermeiden würde? Was soll es bringen, wenn man die Pläne für einen Hausbau entwerfen soll, die dafür nötigen Kenntnisse jedoch nicht besitzt, weil man sie nur vorgetäuscht hat? Weshalb kommt man also auf diese unsinnige Idee, Leistungen durch Schummeln vorzutäuschen?

Die Antwort kann nur sein, dass es auf diese Leistungen in der Wirklichkeit nicht ankommt. Es werden nicht Fähigkeiten und Fertigkeiten einer Prüfung unterzogen, die tatsächlich für bestimmte praktische Anliegen benötigt werden. Daher muss es sich bei den Prüfungen in der Schule um Barrieren handeln, die dem Zugang zu den höheren Positionen in der gesellschaftlichen Hierarchie der Berufe entgegenstehen. Nur wer diese Barrieren überwindet, indem er seine Konkurrenten im schulischen Wettbewerb besiegt, darf sich darauf Hoffnungen machen, zu den Gewinnern dieser Gesellschaft zu gehören, die anderen Menschen die Lebensbedingungen diktieren und ihr Leben gemäß ihren Bedürfnissen gestalten können. Nur ein solcher Gewinner in der schulischen Konkurrenz kann es in die Chefetage bringen und von dort das Fußvolk kommandieren, das sich als weniger durchsetzungsfähig erwiesen hat. Und da es auf Durchsetzungsfähigkeit vor allem ankommt, ist auch Schummeln ein geeignetes Mittel in diesem Konkurrenzkampf, ebenso die Bildung von Netzwerken, auf die nach Nietzsche vor allem die Mittelmäßigen zurückgreifen, um sich gegen die einsamen Starken durchzusetzen, die sich ihre Konkurrenzniederlage gerne als Indiz ihrer Außergewöhnlichkeit zurechtlegen.

Wir halten fest: Schummeln ist deshalb ein Mittel bei Prüfungen in der Schule, weil diese Prüfungen nicht tatsächlich für das Berufsleben erforderliche Fähigkeiten testen, sondern Zugangsbarrieren zu den wenigen erstrebenswerten Positionen in der beruflichen Hierarchie darstellen. Die Resultate bei der Bewältigung dieser Barrieren werden dann ideologisch als Widerspiegelung der unterschiedlichen Leistungsfähigkeit beurteilt, die leistungsgerecht für die hierarchische Verteilung der Menschen in der bürgerlichen Gesellschaft sorge. Weil dem keineswegs so ist, stellt der Betrug durch Schummeln nach wie vor ein Verfahren der Durchsetzung in der Konkurrenz um die ersehnten Posten in den Chefetagen von Staat und Gesellschaft dar. (Vgl. dazu auch die Artikel „Chancengleichheit" und „Schule".)

Snowden

Edward Snowden ist für seine Aufdeckung der umfassenden Überwachungsmaßnahmen der führenden Weltmächte bekannt geworden. Sein Ideal bürgerlicher Freiheit war mit diesen Kontrollmechanismen des Überwachungsstaates nicht vereinbar, der doch damit nichts anderes bezweckt, als die Aufrechterhaltung dieser Freiheit zu überwachen und sicherzustellen. Andere Freiheitsfreunde hatten damit weniger Probleme, obwohl diese Offenbarungen schon einen Gegensatz zu den Ideologien darstellten, mit denen ich z. B. aufgewachsen bin.

Da wurde uns George Orwells Roman „1984" von meinem Deutschlehrer im Gymnasium als Beispiel eines Überwachungsstaates präsentiert, wie er zur damaligen Zeit der 1970er und 1980er Jahre wohl nur für den kommunistischen Totalitarismus typisch sein könne. Unser Deutschlehrer war ja überhaupt ein Experte auf diesem Gebiet, daher hat er uns eines Tages mit einem Zitat seines Lieblingsschriftstellers Heimito von Doderer beglückt, weil darin das dichterische Genie intuitiv in einem Satz die „Wahrheit" des Kommunismus aussprach, dass mit diesem wirklich alles gleich verteilt wäre, da dann jeder Mensch alles, nämlich nichts haben würde. Auch war es unter meinen Schulkameraden sehr beliebt, jede Argumentation mit einem Vergleich zu den sogenannten „Ostblockstaaten" zu beginnen, weshalb unsere Englischlehrerin sich einmal nicht die Bemerkung verkneifen konnte, was für ein Glück wir doch mit diesen Ostblockstaaten hätten und was wir nur ohne diese täten. Diese Staaten galten als das personifizierte Böse und deswegen war es auch klar, dass solche Freiheitsfeinde ihre Untertanen überwachten, da sie ja ohnehin mit Widerstand gegen ihre tyrannische Herrschaft rechnen müssten. Demokratische Staaten hingegen seien der Ausdruck des Volkswillens, daher gar keine wirkliche Herrschaft, sondern eine vernünftige Ordnung, gegen die es kaum Widerstand geben könne und die deswegen auch keiner Überwachung ihrer Bürger bedurften.

Der „Verrat" Edward Snowdens war für Leute mit solchen Überzeugungen ein Schlag ins Gesicht, manche haben diese Enthüllungen tatsächlich schwer verkraftet, andere hingegen erwiesen sich wenigstens in dieser Hinsicht als sehr lernfähig, da ihre Parteinahme für die bürgerliche Gesellschaft so unerschütterlich ist, als hätten sie die faschistische Parole „Unsere Ehre heißt Treue" zu ihrer Maxime erhoben. Diesen Menschen war daher schnell klar, dass diese Überwachungsmaßnahmen nicht für eine „menschenverachtende" Herrschaft stehen, sondern eine Notwendigkeit zur Bekämpfung von Freiheitsfeinden darstellen, deren Herrschaftsambitionen immer wieder abgewehrt werden müssen. So einfach kann man sich die Welt zurechtlegen, wenn man sich darin unbedingt behütet und geschützt fühlen will. Umgekehrt wüsste ich allerdings auch nicht, weshalb man sofort seinen Frieden mit dieser kriegsträchtigen Welt machen sollte, wenn diese sich nur solcher Überwachungsmethoden enthielte.

Inzwischen wurde das neue Lernziel erfolgreich umgesetzt, dass umfassende Spionage und Überwachungsmaßnahmen bei „Diktaturen" zwar ein Kennzeichen des „Bösen" sind, die „Guten" aber deswegen noch lange nicht diskreditieren, sondern deren gutes Recht darstellen, das den „Bösen" keineswegs zusteht. Vielleicht erleben wir es ja auch noch anlässlich der Panama Papers, dass das Kapital nicht nur das scheue Reh ist, das vor dem Leviathan des Steuerdrucks flieht, sondern auch eine zartbesaitete, pazifistische schöne Seele, die mit ihrer Steuerflucht nur vermeiden will, die Weltordnungskriege der imperialistischen Nationen zu finanzieren ...

Sozialstaat

Die bürgerliche Gesellschaft beruht auf der Freiheit des Eigentums. Der Bürger darf und soll sich um sein Eigentum kümmern, es pflegen und vermehren, sofern und solange er sich dabei gemäß den staatlichen Regeln verhält. Er darf sich also des Eigentums anderer nicht gewaltsam bemächtigen, aber er darf es käuflich erwerben. Wie der Bürger mit seinem Eigentum zurechtkommt, wie ihm dieses zu einem Leben in Wohlstand verhilft oder auch nicht, wie er es also für sich zu nutzen versteht, das geht den Staat zunächst einmal nichts an und ist ihm auch gleichgültig. Wenn jedoch die gesellschaftliche Reproduktion gefährdet ist, weil Eigentum vernichtet wird oder keinerlei Vermehrung desselben stattfindet, ist die Tauglichkeit des Eigentums als Basis des nationalen Reichtums beschädigt und der Staat sieht sich zu Maßnahmen für die Wiederherstellung eines geschäftsdienlichen Eigentums genötigt. Die Klasse der sogenannten kleinen Männer (und Damen), deren Eigentum sich auf die Verfügung über ihre Person beschränkt, bedarf einer fortwährenden staatlichen Betreuung, da ihre Reproduktion ohne diese nicht gegeben wäre. Dafür hat der bürgerliche Staat sich – vermittelt durch die Kämpfe dieser Klasse – zum Sozialstaat entwickelt, der deswegen sogar den Ehrentitel Wohlfahrtsstaat erhielt. Nun gibt es also Einrichtungen dafür, dass sich diese Klasse auch in den Fällen von Krankheit und Arbeitslosigkeit erhalten kann, damit eine Reservearmee von jederzeit einsetzbaren Ersatzarbeitskräften zur Verfügung steht und die kapitalistischen Eigentümer sich nicht etwa nach den Vorstellungen derer richten müssen, die keineswegs zufällig „abhängig" Beschäftigte heißen. Sogar eine Altersversorgung für ausrangierte und in der Regel ausgezehrte Kräfte hat der Staat seinen Bürgern spendiert, um die unschöne Erscheinung bettelnder Greise zu vermeiden, die ihr greisenhaftes Aussehen weniger von ihrem fortgeschrittenen Alter als vom zügigen Verschleiß ihrer Gesundheit haben. Dass die Pensionen häufig nicht zum Heizen reichen, macht sich glücklicherweise nicht unbedingt negativ im Erscheinungsbild der Städte bemerkbar.
Immer schon herrscht gegenüber den Menschen, die diese Sozialeinrichtungen nutzen, der Verdacht, sie würden diese zweckentfremden und zu ihrem eigenen Wohl einsetzen. Sie würden „krankfeiern", wo ihnen überhaupt nichts fehlte als die Arbeitsmoral, und der Mangel an dieser Arbeitsmoral mache ihnen auch die Arbeitslosenunterstützung

attraktiv, weil man hier schließlich Geld ohne Gegenleistung erhalte. Nicht viel anders verhält es sich beim Asylrecht. Auch dort besteht der Verdacht, hier würden Menschen die Bedrohung ihrer nackten Existenz durch die politische Herrschaft in ihrer Heimat nur vortäuschen, um Zugang zu den sozialen Betreuungseinrichtungen ihrer Zufluchtsorte zu erhalten. Für das ganz gewöhnliche Elend des Hungers überflüssig gemachter, weil für den kapitalistischen Bedarf nicht ertragreicher Menschenmassen sind diese Einrichtungen jedoch nicht vorgesehen. Sie wären auch mit der Versorgung solcher „Wirtschaftsflüchtlinge" schnell überfordert, da deren Anzahl ziemlich hoch wäre, nachdem angeblich jährlich weltweit mehrere Millionen Menschen an den Folgen von Hunger und Unterernährung sterben. Auch wenn unklar ist, wer hier genau nachzählt, ist es schon bemerkenswert, mit welcher Selbstverständlichkeit dieses Elend im Begriff des „Wirtschaftsflüchtlings" zur Kenntnis genommen wird. Angesichts solcher Verhältnisse ist schon die Versorgung mit dem Notwendigsten mittlerweile anscheinend genügend Anreiz für eine Massenmigration nach Europa, das aber für ungebetene Gäste in der Regel kaum mehr übrig hat als für bereits heimische Elendsgestalten – auch wenn sich angesichts medial verfolgter Menschenmassen plötzlich Gutmenschen einfinden, die sich in der Zurschaustellung ihrer Wohltätigkeit gefallen. (Vgl. auch den Artikel „Refugees Wellcome!".)

Die Bezeichnung von Staaten mit sozialen Betreuungseinrichtungen als Wohlfahrtsstaaten ist ein Hinweis darauf, dass diese Institutionen trotz ihrer Notwendigkeit für die Bereitstellung der nützlichen Dienste arbeitenden Volks auch als Abweichung von den Prinzipien der bürgerlichen Gesellschaft gelten. Hier wird der gesellschaftliche Zusammenhang schließlich nicht von freien Eigentümern selbständig gestiftet, sondern vom Staat hergestellt. Nachdem die freie Verfügung über ihr Eigentum den Bürgern in großem Ausmaß kein Auskommen ermöglicht, springt der Staat zu ihrer Versorgung ein, damit ihm nicht großflächig die Ressourcen an Arbeitskräften abhandenkommen, auf deren Dienste das Kapital je nach Bedarf zugreift und sich dieser sowie ihrer Lohnansprüche auch wieder entledigen will. Damit die Existenz dieser Menschen für eventuellen späteren Bedarf erhalten bleibt, hat der Staat entsprechende Versorgungseinrichtungen geschaffen, die ihn zum Sozial- und Wohlfahrtsstaat machen. Dabei ist dem Staat jedoch daran gelegen, dass nicht sein Reichtum geschmälert wird. Deswegen hat er die Unterstützung brachliegender, aber weiterhin verfügbar zu haltender Arbeitskraft so geregelt, dass die Klassenbrüder mittels gesetzlich vorgeschriebener Lohnabzüge zur Versorgung ihrer arbeitslosen Schicksalsgenossen gezwungen sind. Das gefällt diesen keineswegs und sie werden daher von dem Verdacht geplagt, dass Leute, für die kaum anderes als Arbeitslosigkeit über weite Strecken ihres Erwerbslebens vorgesehen ist, dieses Dasein vielleicht einem anstrengenden Arbeitsalltag vorziehen. Wenn sie schon mittels staatlicher Lohnabzüge zur „Klassensolidarität" gezwungen werden, so sollen sich auch die Arbeitslosen solidarisch in ihrem Dasein plagen und mühen. Spätestens dann, wenn das Heer der Arbeitslosen die Erfordernisse einer Reservearmee von Ersatzarbeitskräften übertrifft, sorgt der Staat mit den deshalb notwendigen Kürzungen der Unterstützungsleistungen ohnehin dafür, dass sich wenigstens dieser Arbeiterwunsch verwirklicht.

Bereits diesen wenigen Anmerkungen zum Sozialstaat ist zu entnehmen, dass es sich bei diesem keineswegs um eine so gemütliche Einrichtung handelt, wie häufig angenommen wird. Deswegen ist es auch nicht erstaunlich, dass niemand ein Sozialfall sein will, obwohl sich der Sozialstaat einer so großen Wertschätzung erfreut, dass er wie bereits erwähnt auch als Wohlfahrtsstaat bezeichnet wird. Die „Wohlfahrt" ist eben nichts, was durch das alltägliche kapitalistische Geschehen hervorgebracht wird, ganz im Gegenteil, dieses ist für die Existenz zahlreicher Bürger derart bedrohlich und gefährlich, dass die lebenserhaltenden Maßnahmen des Sozialstaats sogar als Wohlfahrtseinrichtungen betrachtet werden. Angesichts der kapitalistischen Normalität gilt offensichtlich schnell etwas als Wohlfahrt, nur weil es dieser Normalität nicht zu entsprechen scheint. Man könnte auch sagen, dass die Normalität eines Gemeinwesens wohl nicht im Wohlergehen seiner Bürger bestehen wird, wenn es sogenannte Wohlfahrtseinrichtungen benötigt. Als scheinbare Abweichung von bürgerlicher Normalität sind die Wohlfahrtsstaaten inzwischen jedoch zu einer überholten Erscheinung des als „sozialdemokratisch" bezeichneten 20. Jahrhunderts erklärt worden. Man will offensichtlich dem Missverständnis vorbeugen, dass die sozialstaatlichen Betreuungseinrichtungen einer wie auch immer gearteten Wohlfahrt dienen könnten. Andererseits will sich ein Staat gerne für die Leistungen loben, die er seinen Bürgern zu bieten habe. Die Realität des Sozialstaats wird vermutlich schon für die Vermeidung von Missverständnissen sorgen. Der Verdacht einer zu üppigen sozialen Betreuung wird sich davon jedoch kaum erschüttern lassen, nachdem die Löhne bereits in vielen Bereichen ein Niveau erreicht haben, das von sozialstaatlichen Unterstützungsgeldern kaum noch unterschritten werden kann. Teilweise sind ja sogar Zuschüsse zu Löhnen notwendig, weil man von diesen allein nicht mehr leben könnte. Solche Maßnahmen werden wohl demnächst zum aktuell gültigen „Standard" der Wohlfahrt erklärt werden …

Toleranz

Meine Eltern hatten in Diskussionen in meiner Jugend, in denen ich ihnen mit unbequemen Argumenten zu Leibe rückte, sehr schnell den Vorwurf parat, dass ich intolerant sei. Das ist insofern ziemlich witzig, als ich mich ja in der Regel gegen ihre Intoleranz zu behaupten versuchte, gegen ihre Unduldsamkeit gegen mein äußeres Erscheinungsbild etwa, das so gar nicht jenem eines Vorzeigesohns entsprechen wollte. Vielleicht hat mir diese Ungereimtheit aber dazu verholfen, mich gedanklich mit dem Begriff „Toleranz" ein wenig mehr zu beschäftigen, anstatt ihn wie allgemein üblich als Leerformel für ein Kritikverbot weiterzuverwenden.

Nach meiner Erinnerung kam die Rede von der Toleranz zunächst im Zusammenhang mit Äußerlichkeiten auf. In den 1960-Jahren waren die Beatles mit ihren Pilzkopffrisuren Vorreiter, die doch zu tolerieren seien, obwohl sie der Vorstellung eines arbeits- und strebsamen jungen Mannes nicht entsprachen. Es waren also Äußerlichkeiten und Nebensächlichkeiten wie Haarschnitte, an denen der Streit um Toleranz entbrannte. Und nachdem die Beatles ja kommerziell sehr erfolgreich waren, also bürgerlichen Erfolgskriterien entsprachen, kam man zu dem Schluss, dass bürgerlicher Erfolg nicht an einen bestimmten Haarschnitt gebunden und dessen individuelle Ausgestaltung daher tolerabel sei. Dieser Schluss wurde jedoch in den 1970er-Jahren auf eine harte Probe gestellt, als die Punks nicht nur in ihrem äußeren Erscheinungsbild, sondern in ihrem gesamten Auftreten und in ihren Aussagen sich bürgerlichen Erfolgskriterien verweigerten. Dass diese für sich Toleranz gefordert hätten, ist mir jedoch nicht bekannt, eine solche Forderung haben ja selbst die Beatles niemals erhoben, sondern ihnen wurde Duldung gönnerhaft gewährt. Aber auch der Punk wurde schließlich als Modeerscheinung akzeptiert, erschöpfte sich sein Widerstand gegen die bürgerlichen Zwänge schließlich auch nur in symbolischen Äußerlichkeiten. So konnte man zum von den Television Personalities besungenen „Part Time Punk" werden, für den der Besuch von Punk-Konzerten das neue Opium wurde, wodurch er sein proletarisches Dasein zu einer rebellischen Existenzform stilisierte.

Unabhängig von solchen Entstehungsgeschichten erfreut sich der Begriff der Toleranz weiterhin einer großen Beliebtheit und gilt als eine Tugend, deren man sich zu befleißigen habe, um ein friedliches Zusammenleben zu erreichen. Schließlich hat man ja auch die freie Meinung eines jeden zu tolerieren, und sollte diese auch noch so fragwürdig und der Kritik wert sein. Das alles halte ich nicht für tolerabel. Meines Erachtens ist Toleranz ohnehin nur Heuchelei, da mit der Forderung der Toleranz der Anspruch erhoben wird, ein Urteil oder eine Handlung hinzunehmen, obwohl man keinerlei Argumente dafür anzugeben wüsste. Man sollte also einen Standpunkt ohne Begründung „tolerieren". Es ist aber gar kein Akt der Gewalt, wenn ich gegen ein Urteil oder eine Handlung Argumente vorbringe, obwohl das gerne mit einem Redeverbot oder diktatorischen Allüren verwechselt wird. Wer für sich Argumente vorzubringen weiß, der hat es gar nicht nötig, den Schutz der Toleranz für seine Urteile in Anspruch zu nehmen. Kann er für deren Geltung hingegen sich auf nichts als eine ihm vermeintlich gebührende prinzipielle Toleranz berufen, so sind diese offensichtlich von geringem Wert. Von Toleranz zu sprechen, läuft also von vornherein darauf hinaus, die argumentative Auseinandersetzung oder den Streit der Argumente zu beenden. Man kann es also drehen und wenden, wie man will, man wird immer zu dem Schluss kommen, dass Toleranz zu nichts Vernünftigem zu gebrauchen ist. Entweder habe ich Argumente, dann brauche ich keine Toleranz, oder es sind keine Argumente für eine Sache vorzubringen, dann ist auch nicht einzusehen, weshalb man für diese sein oder sie akzeptieren sollte.

Für jeden Unsinn kann man Partei ergreifen, wenn man sich auf Toleranz beruft. Muslime fordern in diesem Sinne z. B. auch Toleranz zunächst für die Verhüllung ihrer Frauen und später für ihr Anliegen, prinzipiell alle Frauen mit diesem Schutz vor andernfalls drohenden sexuellen Nachstellungen zu „beglücken", der seinen Höhepunkt schließlich darin hat, dass man ohne Erlaubnis oder Begleitung von Männern als Frau nicht mehr aus dem Haus gehen darf. Sobald es also darum geht, für eine bestimmte Sache einzutreten, kommt man ohnehin nicht ums Argumentieren herum, Toleranz ist hier nicht zu gebrauchen, da man sonst ohnehin alles tolerieren müsste. Es wäre daher höchste Zeit, den Begriff der Toleranz aus dem Verkehr zu ziehen.

Oder sollte man es etwa hinnehmen, wenn Rassisten für ihre Haltung Toleranz einfordern oder Islamisten jede Kritik an ihrer Religion und ihrem Propheten als Inbegriff von Intoleranz diffamieren, um mangels Argumenten an ihren schlechten Gewohnheiten festzuhalten?

Für Scheinheiligkeit ist Toleranz jedoch gut zu gebrauchen. Wenn man z. B. keine Argumente gegen ein Urteil vorzubringen weiß, so kann man die Anerkennung dieses Urteils als Zeichen großzügiger Toleranz zur Schau stellen, obwohl man es nur mangels Gegenargumenten gelten lässt. Für den eigenen Standpunkt wird dann ein ebensolches Entgegenkommen gefordert, um über den Mangel an Argumenten für diesen hinwegzutäuschen. Festgehalten wird jedoch trotz mangelnder Argumente daran, weil man sich so schön an seine Urteile gewöhnt und regelrecht in sie eingehaust hat. Sehr beliebt ist in diesem Zusammenhang daher die Zurückweisung von Kritik nicht nur als „intolerant", sondern als „einseitig". Schließlich lässt ja Kritik das Falsche nicht gelten und verhält sich in seiner Negation gegen dieses einseitig. In diesem Sinne ist Wahrheit einseitig gegen Unwahrheit und Lüge, denn diese werden von ihr nicht toleriert. Wer mit der Forderung der Toleranz für die argumentlose Anerkennung von allem und jedem ist, der dürfte jedoch auch bei Unwahrheit und Lüge nicht plötzlich seiner Toleranz Grenzen setzen. Spätestens hier erweist sich der Begriff der Toleranz allerdings endgültig als haltlos.

Verhetzung

Bei Diktatoren weiß der bürgerliche Sachverstand Bescheid und kennt daher keinen Spaß. Wer es wagt, gegen die Kriege zur Beseitigung eines sogenannten diktatorischen Regimes zu argumentieren, wird daher zurechtgewiesen, dass er die Verharmlosung von Diktaturen unterlassen solle. Das muss sich z. B. anhören, wer den Krieg gegen das Assad-Regime in Syrien kritisiert und dafür unter anderem auch die Leistungen herausstreicht, die dieser Staat in Bereichen wie Schulbildung und Gesundheitswesen vorzuweisen hatte. Hier wird die Zurückweisung von Kriegshetze als Verharmlosung des Kriegsgegners denunziert.

Wenn Menschen muslimischen Glaubens alle „Ungläubigen" verachten und diese deswegen als Untermenschen betrachten, die für Raub und

Vergewaltigung freigegeben sind, dann wird gemeinhin vor Pauschalisierungen gewarnt, und kein Mensch kommt auf die Idee, hierin eine Verharmlosung zu sehen. Dabei gehen die Pauschalisierungen doch von jenen muslimischen oder islamistischen Organisationen aus, die solches Gedankengut verbreiten. Zwar gibt es auch unter Muslimen verschiedene Überzeugungen und gemäßigte Muslime verbinden ihre eigene Wertschätzung vielleicht nicht mit der Verachtung „Ungläubiger", aber zumindest jene Gruppen, die von solchen Überzeugungen beherrscht sind, gehen entsprechend vor und sind daher genauso pauschal zu beurteilen, wie sie an ihren Pauschalurteilen festhalten.

Derartiges auszusprechen ist heutzutage nicht ganz ohne Risiko, da man sich mit solchen Aussagen dem sehr leichtfertig und wohlfeil geäußerten Verdacht aussetzt, man sei ein Rassist und betreibe eine entsprechende rassistische Hetze. Es wird dabei überhaupt nicht darauf geachtet, dass hier eine klar begründete Kritik an kollektiven Überzeugungen geübt wird, die dadurch auch nicht besser werden, dass sie eine kollektive Identität stiften oder sich einer weiten Verbreitung in einem bestimmten Kollektiv erfreuen. Der Umstand, dass hier ein ganzes Kollektiv wegen seiner Urteile und Überzeugungen aufs Korn genommen wird, soll vielmehr gegen diese Kritik sprechen, die dann auch nur noch als Vorwand gilt, um gegen Angehörige dieses Kollektivs zu hetzen. Es wird sozusagen durchgestrichen, weswegen die Kritik erfolgt, und nur noch festgehalten, dass diese sich gegen eine bestimmte Gruppe richtet. Komischerweise fällt es allerdings niemandem ein, die Kritik an Faschisten als ebensolche Hetze zu betrachten, weil diese sich doch auch gegen ein bestimmtes Kollektiv richtet.

Ich halte es daher für falsch, überall sofort argwöhnisch Verhetzung zu vermuten, wo sich eine Kritik gegen bestimmte Menschengruppen wegen der dort herrschenden Überzeugungen richtet. Es geht auch nicht darum, jeden Einzelnen, der dieser Gruppe zugerechnet wird, als jemanden zu betrachten, der die kritisierten Überzeugungen teilt. Dennoch gilt es festzuhalten, dass dies in den meisten Fällen so sein wird, nachdem diese Überzeugungen ja auch den Zusammenhang und den Zusammenhalt dieser Gruppe bilden. Bei einem Salafisten ist daher zu erwarten, dass er die Scharia aufgrund seiner religiösen Überzeugung für eine gute Sache hält, gegen deren Einführung daher überhaupt nichts spreche. Ebenso wird er die Steinigung als Ausdruck der Religionsfreiheit verteidigen und erklären, dass man dieses Verfahren Leuten nicht verbieten dürfe, denen dies ihre religiöse Überzeugung gebiete. Nach dieser Logik könnte man zwar auch erklären, dass man den Nazis die Ermordung der Juden nicht verbieten könne, wenn ihnen dies ihre politische Überzeugung gebiete, aber anscheinend fällt einem der Wahnsinn einer solchen Argumentation dann nicht auf, wenn er sich nur ja auf Religionsfreiheit oder religiöse Überzeugung berufen kann! Spätestens hier könnte einem auffallen, dass Religionsfreiheit nicht das hohe Gut ist, als das sie immer gewürdigt werden will. Im Gegenteil, auf seine religiöse Überzeugung muss immer der pochen, der keine Argumente für seinen Standpunkt vorzuweisen hat. Jeden Wahn- und Schwachsinn soll man nun akzeptieren, weil er ja ganz harmlos als „freie religiöse Überzeugung" daherkommt, mit der man überdies niemand anderen behelligen würde. Zwar sind mit diesen religiösen Überzeugungen immer auch bestimmte Vorstellungen darüber verbunden, wie der Einzelne sein Leben gestalten und wie das gesellschaftliche Leben aussehen soll, aber sich diesen entgegenzustellen, weil man sie nicht billigt, soll natürlich nur eine diktatorische Unterdrückung religiöser Freiheit sein. So billig kann man das heute haben und die wenigsten Menschen kommen auf die Idee, dass dies vielleicht dagegen sprechen könnte, der Religionsfreiheit eine solche Bedeutung zuzugestehen, wodurch sie jede Kritik außer Kraft zu setzen und vielleicht darüber hinaus auch noch als Verhetzung anzuprangern vermag.

Heutzutage ist die Beliebigkeit des Urteilens, wie es in der sogenannten freien Meinungsbildung praktiziert wird, leider schon so weit gediehen, dass kaum jemand noch den Unterschied zwischen Kritik und Hetze zu erkennen vermag. Das hat umgekehrt das Praktische, dass man nun auch Kritik als Verhetzung anprangern kann. Es ist aber ein Unterschied, ob man jemanden beschimpft oder die Fehler in seinen Urteilen aufzeigt und diese entsprechend kritisiert. Wenn man z. B. Personen kritisieren will, die man für Rassisten hält, frage ich mich schon, was man damit zu erreichen glaubt, dass man diese als Pack beschimpft und als Untermenschen darstellt, die sich prinzipiell vor allem fürchten würden, was ihnen fremd ist. Sollen diese einfach durch die mittlerweile berüchtigten „Shitstorms" eingeschüchtert werden? In der Regel endet das damit, dass sich diese ihrerseits zu entsprechenden Hasstiraden berechtigt fühlen und das Niveau der Auseinandersetzung bisher ungeahnte Höhen oder vielmehr Tiefen erreicht, wo dann wirklich nur noch Hetze auf beiden Seiten herrscht. Mission erfüllt?

Wahlen

Über Wahlen wurde bereits in dem Artikel über die Demokratie Wesentliches festgehalten. Was auch immer sich die Bürger als Nutzen ihrer Wahlentscheidungen zurechtlegen und später als gebrochenes Versprechen beklagen mögen, sind Wahlen in Wirklichkeit dafür vorgesehen, die Personen für genau festgelegte Führungsaufgaben zu bestimmen. So wird dafür Sorge getragen, dass niemals diese Führungsaufgaben, sondern immer nur die mit diesen betrauten Personen angefeindet und bei der nächsten Wahl abgesetzt und ersetzt werden. Zugleich stellt dieses Verfahren sicher, dass der Staat nicht zum Privateigentum seiner Führungspersönlichkeiten wird. Der Staat soll ja nicht das Mittel ausgewählter oder privilegierter Privateigentümer sein, sondern das Privateigentum als gesellschaftliches Verhältnis, als Mittel des gesellschaftlichen Verkehrs hegen und pflegen. Dadurch kann er sich auch der Privateigentümer für seinen nationalen Reichtum bedienen, die für jeden Geschäftsauftrag dankbar sind, mit dem er dank seiner Geldhoheit ihre Leistungen in Anspruch nehmen kann.

Dieser Zweck der Wahlen als Beglaubigung bereits feststehender staatlicher Führungsaufgaben scheint noch nicht allen Bürgern bewusst zu sein. Statt sich auf die formelle Ermächtigung zur Ausübung der politischen Herrschaft zu beschränken, begehren Bürger Volksentscheide über konkrete politische Vorhaben. Dieses Begehren wird auch von Parteien für ihre Absichten genutzt und so hat in den Niederlanden im April 2016 ein Volksentscheid zu dem der politischen Elite unangenehmen Ergebnis geführt, dass das Assoziierungsabkommen der EU mit der Ukraine abgelehnt wurde. Daraus wurde von dieser Elite der Schluss gezogen, dass hier eine Zweckentfremdung des demokratischen Legitimierungsverfahrens vorliege, die künftig zu unterbinden sei. So forderte die EU-Fraktionschefin der Grünen, die Deutsche Rebecca Harms, ein Verbot von Abstimmungen auf nationaler Ebene über Maßnahmen der EU. Diese seien nämlich dafür nicht geeignet und „können die EU in ihrem Bestand gefährden".[97] Dieser Dame pflichtete sofort der EU-Abgeordnete der ÖVP, Othmar Karas, bei.

---

[97] Rebecca Harms, Online-Ausgabe der Kronen Zeitung, 8. 4. 2016, aufgerufen am 15. 4. 2016:
http://www.krone.at/Welt/EU-Gruene_wollen_Verbot_von_Volksabstimmungen-Zu_Europa-Themen-Story-504556

„Nationale Referenden über EU-Beschlüsse sind eine Flucht aus der Verantwortung, ein Zeichen von Schwäche",[98] lautete seine Auskunft. Das sind allein insofern bemerkenswerte Stellungnahmen, als man Derartiges aus dem Munde kommunistischer Führer in der guten alten Zeit der realsozialistischen Staaten sofort als Kennzeichen menschenverachtender Niedertracht genommen hätte. Hätte damals jemand gesagt, Volksentscheide gefährden den Bestand des Sozialismus und sind ein Zeichen von Schwäche, so hätten die politischen Eliten des Westens sie gerade deswegen frohlockend gefordert.

Weit mehr Reife im richtigen Einsatz von Volksentscheiden scheint das seltsamerweise aber gerade dafür angefeindete syrische Staatsoberhaupt Assad zu besitzen. Zufälligerweise fanden nämlich kurz nach diesem unerwünschten Volksentscheid der Niederlande in Syrien Wahlen statt, über deren „Farce" sich die Haus- und Hofberichterstattung der westlichen Medien am 13. 4. 2016 gar nicht genug empören konnte. Er hatte nämlich mit diesen Wahlen für die Legitimierung seiner Herrschaft gesorgt, wofür sie ja auch hierzulande nach Auffassung der hiesigen politischen Elite gedacht sind. Einen Unterschied gibt es allerdings zwischen Wahlen in fortgeschrittenen kapitalistischen Staaten und in solchen, die keine entsprechende kapitalistische Entwicklung vorweisen können. In Letzteren gibt es kein Kapital von ausreichender Größe, um sich große Investitionen geschäftlich zunutze machen zu können. Was in solchen Staaten an wirtschaftlichen Impulsen zu setzen ist, kann sich daher nicht auf Steueranreize oder Forschungsförderung beschränken, sondern der Staat selbst muss hier als Unternehmer auftreten. Es besteht hier nicht die in den führenden kapitalistischen Staaten übliche Trennung zwischen ökonomischer und politischer Macht, sondern wer in diesen Staaten über politische Macht verfügt, hat auch die ökonomische Macht inne. Und umgekehrt ist ohne diese ökonomische Macht die politische in weiter Ferne, denn mit dieser allein wäre dort ja auch nichts anzufangen. Die politische Macht zur Disposition zu stellen, ist daher in diesen Staaten mit einem weit größeren Risiko verbunden, da in diesem Fall nicht nur ein Wechsel der führenden Personen in den bestehenden Herrschaftsverhältnissen erfolgen würde, sondern ein Umsturz dieser Herrschaftsverhältnisse. Verliert man in Staaten wie Syrien oder Gaddafis Libyen die politische Macht und damit auch die ökonomische, so ist man dauerhaft entmachtet, daher wird man diese auch nicht in Wahlen zur Disposition stellen. Entsprechend werden

---

[98] Ebd.

daher auch die Wahlsysteme ausgestaltet sein, die westliche Journalisten dann ganz zielsicher als die „Farce" entlarven, die sie bei hiesigen Wahlen niemals entdecken könnten, die ja nur einer bestimmten Klasse, nicht aber einer bestimmten Person oder Gruppe dienen.

Auch in Staaten wie Syrien versucht man mit Wahlen die Staatsräson zu behaupten, die dort an eine bestimmte Person oder einen Clan gebunden ist. Die Gefolgsleute werden schon wissen, wem sie ihre Stimme geben müssen, hat ihre Führung ihnen doch nichts zu bieten, wenn sie nicht mehr an der Macht und daher außerstande ist, ihre Günstlinge mit der Durchführung staatlicher Investitionsprojekte zu betrauen und an deren Erträgen zu beteiligen. Das verhält sich in entwickelten kapitalistischen Demokratien schon anders, in denen sich ja auch immer wieder Kapitalisten politisch engagieren, die aber mit einer politischen Niederlage nicht den Verlust ihrer ökonomischen Stellung oder ihres gesellschaftlichen Status riskieren.

Das sei allen jenen ins Stammbuch geschrieben, die Leute wie Assad für einen unerträglichen Diktator halten und allen Ernstes der Auffassung sind, dass ihn die westliche „Wertegemeinschaft" deswegen bekämpfe, während diese keinerlei Problem dabei hat, sich mit Regimen wie Saudi-Arabien politisch zu verbünden. Der Grund für die Feindseligkeit gegen Assad besteht nicht in dessen politischer Herrschaft, sondern in seinen außenpolitischen Zielen, für die er sich mit Staaten wie Russland verbündet und damit den Ordnungsvorstellungen der führenden Nationen im Wege steht.

Wahrheit und Vernunft

Mit Wahrheitsansprüchen kann man es sich in unseren Tagen recht leicht machen und diese leichtfertig vom Tisch wischen. Spätestens seit Karl Popper meint nämlich jeder zu wissen, dass diese ein Kennzeichen von Dogmatismus und Kulturimperialismus seien. Deswegen ist auch Kritik, zumal an Vorstellungen aus „fremden" Kulturen, verpönt und gilt als Hinweis auf Rassismus, dem die eigene Kultur Ausdruck einer höheren und überlegenen Natur sei. Lange Zeit setzte man die bunte Vielfalt einer multikulturellen Gesellschaft auch der „kommunis-

tischen Gleichmacherei" entgegen, vor allem nach der großen histori-
schen „Wende", als die realsozialistischen Staaten ihre Staatsräson über
Bord geworfen hatten. In der bürgerlichen Gesellschaft darf schließlich
jeder nach seiner Art sein Glück verfolgen, jeder soll und darf seinen
Vorteil suchen, sofern er dabei nicht gegen die vom Staat aufgestellten
Regeln verstößt.

Seit jedoch vor allem in islamisch geprägten Gemeinden die Forderung
aufkommt, diese Regeln nach islamischen Gesichtspunkten zu ändern,
ist es mit diesem Kulturrelativismus vorbei. Stattdessen wird die Anerkennung einer „Leitkultur" gefordert, die vor einiger Zeit noch als Kulturimperialismus gebrandmarkt wurde. Auf eine Leitkultur muss
schließlich auch pochen, wer nicht Wahrheit und Vernunft für sich in
Anspruch nehmen kann. Wer für eine Leitkultur Partei ergreift, der
verlangt schließlich nur die Fügsamkeit gegenüber der politischen
Herrschaft. Diese leitet die Gesellschaft, indem sie die Gesetze bestimmt, nach denen sich alle zu richten haben. Die Überzeugungskraft
seiner rechtsetzenden Gewalt ist es daher, auf die ein Staat pocht, wenn
er seinen Bürgern eine Leitkultur verpasst. Die Staatsgewalt will sich
schließlich nicht vor Wahrheit und Vernunft rechtfertigen oder ihre
Herrschaft davon abhängig machen, dass sie Wahrheit und Vernunft
dient. Ein Staat dient nämlich nur sich selbst, auch wenn er sich gerne
so darstellt, als wäre er nur Wahrheit und Vernunft verpflichtet.

Für Wahrheit und Vernunft haben auch andere Freigeister wenig übrig,
weil sie diese als Korsett für ihre immense Kreativität betrachten. Sie
würden sich am liebsten täglich neu erfinden und daher ihrer Selbst-
verwirklichung Gewalt antun, wenn sie diese auf die sklavischen Bemühungen in Wissenschaft und Forschung einengen würden. Da ist es
doch wirklich sehr praktisch, wenn man wissenschaftliche Bemühungen als leeren Wahn belächeln kann, der von kindlicher Naivität zeuge.
Stattdessen begeistert man sich für beliebige und unverbindliche Le-
bensentwürfe und lebt in Patchwork-Gemeinschaften, sofern man sich
dies leisten kann, weswegen solche Vorstellungen auch eher in Bobo-
Bezirken[99] anzutreffen sind. Wer solchen Personen mit Wahrheitsansprüchen kommt und auf deren Basis vielleicht sogar eine Kritik an

---

[99] Bobos sind Selbstdarsteller, die sich in provokantes Auftritten gerne inszenieren,
die sie sich aufgrund ihrer ökonomischen und sozialen Stellung erlauben können.
Manchmal besteht ihre soziale Stellung auch gerade in dieser Selbstvermarktung,
weswegen vor allem Journalisten und Schauspieler, eben Menschen des öffentlichen
Lebens und der Medien zu den Bobos gehören.

ihnen wagt, dem werden natürlich sofort Intoleranz und Zwanghaftigkeit vorgeworfen, während sie selbst doch für die Freiheit eintreten würden, zu leben und leben zu lassen. Dem Kritiker wird solche Freiheit jedoch nicht zugestanden, da er sich des Sündenfalls gegen dieses Prinzip des *Laissez faire!* schuldig macht. Dass gerade dieser Beliebigkeit ein haltloser Widerstreit entspringen könnte, kommt solchen „Lebenskünstlern" nicht in den Sinn. Jeder Kritik legen sie vielmehr zur Last, eine Negation darzustellen und Ausdruck persönlicher Negativität zu sein, der mit einer positiven Lebenseinstellung beizukommen sei – zumindest wenn sie selbst zum Ziel dieser Kritik werden, denn einer Kritik am Faschismus hat bisher noch niemand entgegengehalten, sie wäre „zu sehr" oder „bloß" dem Negativen verhaftet. Ganz unabhängig von seinen politischen Zielen wird der Faschismus vielmehr zum Monument eines „totalitären" Wahrheitsanspruchs erklärt und dem in diesem Sinne als ebenso „totalitär" präsentierten Kommunismus gleichgestellt. Und beiden gemeinsam sei natürlich wieder „Lebensfeindlichkeit" und „Negativität".

Häufig wird mit Vernunft die Unterwerfung unter die herrschende Gesellschaftsordnung verbunden, die sich als Herrschaft der – mittlerweile „pluralistisch" und somit „antitotalitär" aufgefassten – Vernunft versteht. Deswegen erfreut sich nun umgekehrt jede demonstrative Unvernunft der Würdigung als Merkmal rebellischen Verhaltens. Genauso wie die herrschaftlich behauptete Vernunft jedoch nur eine scheinbare ist, ist auch diese Rebellion nur eine scheinbare. Unbequemer ist da schon „störrische" Kritik, deren Anspruch auf Wahrheit die „pluralistische" bürgerliche Öffentlichkeit als dogmatisch und totalitär – sehr beliebt ist hier auch das Adjektiv „einseitig" – brandmarkt, weil es ihr an Gegenargumenten mangelt. Statt einer Diskussion um Inhalte sucht man eine um abstrakte Prinzipien zu führen, die der Haltlosigkeit preisgegeben ist, wenn man sich darauf einlässt. Wenn etwa Argumente nicht widerlegt werden, sondern stattdessen gefragt wird, wie man zu diesen komme, so führt die Diskussion von der Beschäftigung mit einer bestimmten Sache weg. Stattdessen wird dann um eine von der sachlichen Begründung unabhängige Geltung von Wahrheit gestritten, die inhaltliche Auseinandersetzung weicht damit der Spiegelfechterei. Bei allem heuchlerischen Bekenntnis zur Relativität aller Urteile pochen solche Menschen darauf, dass ihre Urteile zu gelten haben, dies aber jenseits kritischer Prüfung. Großzügig gewähren sie dann jenen, die sich der Mühe einer sachlichen Auseinandersetzung unterzogen haben, eine gleichermaßen relative Gültigkeit ihres Urteils. Kein Wunder ist es daher, dass solche Menschen vor Schreck erstarren, wenn es heißt: „Der Wahrheit eine Gasse!" Sie fürchten nämlich um ihren Platz auf dieser Gasse, weswegen ihnen Kritik zumindest eine Vorstufe von Gewalt, wenn nicht ohnehin mit dieser identisch ist. (Vgl. dazu auch die Artikel „Freiheit", „Meinungsfreiheit", „Karl Popper" und „Toleranz".)

Wittgenstein

„Wovon man nicht sprechen kann, darüber muss man schweigen." „Ja, was wäre denn anderes überhaupt möglich?", fragt man sich hier unwillkürlich, nicht so jedoch die Geistesgrößen der zeitgenössischen Philosophie. Diese Feststellung Wittgensteins in seinem *Tractatus logico-philosophicus* kennt daher auch nahezu jeder, der sich mit Philosophie beschäftigt hat, auch wenn er sonst nichts über Wittgenstein weiß. Ob es sich lohnt, sich mit Wittgenstein näher auseinanderzusetzen, sei hier dahingestellt. Die Verehrung, die er genießt, ist jedoch anzuzweifeln, denn bereits diese berühmte Aussage ist keineswegs die überwältigende Einsicht, als die sie gerne präsentiert wird. Es drängt sich hier vielmehr der Einwand auf, weshalb es des Verbotes einer Handlung bedarf, zu der man gar nicht fähig sein soll. Wenn man von bestimmten Sachverhalten nicht sprechen *kann*, so erübrigt sich auch die Forderung, dass man dies nicht tun *soll*. Eine solche Forderung aufzustellen, käme dem Befehl gleich, man solle sich kein drittes Bein wachsen lassen.

Plausibel wird das von Wittgenstein aufgestellte Sprechverbot, wenn man es mit dem Wunsch vergleicht, wie ein Vogel fliegen zu können, also ohne Hilfsmittel wie Paragleitschirme. Hier diese Unfähigkeit zu ignorieren, würde zu einer Bruchlandung und zu Selbstschädigung führen. Bei der Sprache aber fragt man sich, wie man diese zu Höhenflügen einsetzen sollte, auf die nur eine Bruchlandung folgen könnte. Schließlich gibt es keine Sprache, die sich sozusagen selbst überschreiten und plötzlich mehr leisten könnte, als dem Denken Ausdrucksformen zur Verfügung zu stellen. Der Versuch einer solchen Selbstüberschreitung könnte nur unverständliches Stammeln hervorbringen und würde damit ein weiteres Mal bezeugen, dass eine solche Sprache gar nicht möglich, ihr Verbot daher überflüssig ist. Von einer Sprache zu sprechen, die zugleich mehr als nur eine Sprache sein und daher von Undenkbarem sprechen könne, damit man sie dann verbieten muss, ist daher ein Unding.

Wessen Geistestätigkeit beeinträchtigt ist, dessen sprachliche Äußerungen zeigen ja ohnehin, dass er gemäß seiner geistigen Zerrüttung nicht richtig sprechen, sondern bestenfalls stammeln kann, ebenso wie in der Regel auch die körperliche Koordination in Form von Haltung und Bewegung darunter leidet. Hier ist also keinerlei Verbot notwendig, sondern vielmehr die Beeinträchtigung des geistigen Zustandes aufzuheben. Vielleicht hat Wittgenstein mit diesem Schweigegebot einer solchen geistigen Zerrüttung Einhalt gebieten wollen, dann war dies aber unklar ausgedrückt und darüber hinaus auch wirkungslos. Vielleicht ist es ihm tatsächlich nur darum gegangen, für die wissenschaftliche Erklärung einer gegebenen Welt einzutreten und sich dagegen auszusprechen, die Gegebenheit dieser Welt selbst aus dem Nichts herleiten zu wollen. Dann wäre es allerdings wünschenswert gewesen, dies ganz schlicht mitzuteilen. So aber hat er sich lieber kryptisch gegeben, um den Zuspruch der Philosophen-Zunft zu erhalten, dass es sich bei ihm um einen geheimnisvollen und tiefsinnigen Geist handeln müsse.

Würde

In der Erzählung „Die unwürdige Greisin"[100] schildert Bertolt Brecht die Lebensgeschichte einer Frau, die sich jahrzehntelang als Hausfrau und Mutter von fünf Kindern der Familie widmet. Nach dem Tod ihres Mannes besucht sie jedoch plötzlich Kinos und Gasthöfe, anstatt auch für ihre Enkelkinder die gewohnten Dienste zu leisten. Da sie die gesellschaftlichen Erwartungen durchkreuzt, wird sie als unwürdig bezeichnet.

Ist die alte Dame, die schließlich im Alter von 74 Jahren stirbt, tatsächlich „unwürdig"? Nein, sagen die einen, wieso soll jemand nicht einmal auch seinen Bedürfnissen gemäß leben, anstatt sich im Dienst an ande-

---

[100] Bertolt Brecht: Die unwürdige Greisin, in: Ders.: Kalendergeschichten. Text und Kommentar, a. a. O., S. 114–120

ren Menschen aufzuopfern. Ja, sagen die anderen, denn durch ihre Eigennützigkeit verwirkt sie die Anerkennung, die nur einer solchen Person zusteht, die hilfsbereit ist und der das Wohl ihrer Mitmenschen mehr am Herzen liegt als das eigene. Man könnte daher auch schlussfolgern: Ja, die alte Dame ist unwürdig, aber das spricht nicht gegen sie, sondern gegen die Würde. Diesen Ehrentitel, eine würdige oder würdevolle Person zu sein, erhält man nämlich dafür, dass man einem Anspruch auf Dienstbereitschaft gehorcht. Einen solchen Anspruch stellt aber nur jemand, der es gewohnt ist, dass seine Bedürfnisse bevorzugt behandelt werden, dass also sein Wunsch den anderen Befehl ist. In diesem Sinne kann man umgekehrt die Sorge um das eigene Wohlergehen auch sehr gut als Vorwurf gegen den Eigennutz der anderen Menschen vortragen. „Das Lob des Selbstlosen, Aufopfernden, Tugendhaften (…) ist jedenfalls nicht aus dem Geiste der Selbstlosigkeit entsprungen. Der ‚Nächste‘ lobt die Selbstlosigkeit, weil *er durch sie Vorteile hat!*",[101] stellt Nietzsche daher fest.

Ein würdiger Mensch ist also jemand, der einer Aufgabe gerecht wird und seine Dienstbereitschaft über sein Wohlergehen stellt, der dieses Wohlergehen bis zur letzten Konsequenz, also auch sein Leben zu opfern bereit ist. Nirgendwo würden sich Größe und Würde des Menschen deutlicher unter Beweis stellen als dort, wo es erforderlich ist, das Vernünftige und Richtige zu tun, obwohl dies nicht dem eigenen Nutzen dient, behaupten Immanuel Kant und Jean-Paul Sartre. Für Letzteren waren daher die Menschen in Frankreich niemals freier als unter den Bedingungen der deutschen Besatzung. Während es leicht falle, unter angenehmen Lebensbedingungen sein Leben zu führen, ist unter widrigen Bedingungen der Entschluss hierzu wahrlich gefordert und erst so erweist sich für Sartre ein Mensch seines Lebens würdig.[102] Auch für Kant ist man niemals mehr Mensch als dann, wenn man trotz Qualen an seinem Leben festhält.

Einwände gegen die Menschenwürde sind nicht weit verbreitet und erfreuen sich auch keiner Beliebtheit, wenn man sie äußert. Ähnlich wie bei der Kritik der Menschenrechte wird man auch hier ungläubige, viel-

---

[101] Friedrich Nietzsche: Menschliches, Allzumenschliches II, Zweite Abteilung: Der Wanderer und sein Schatten, in: Ders.: Sämtliche Werke, bearbeitet von Siegfried König, Kindle E-Book 2013, Position 20809
[102] http://www.nzz.ch/aktuell/startseite/articleCVLAS-1.151214, zuletzt abgerufen am 11. 2. 2016; vgl. auch mein Buch: Ewig lockt die Bestie. Eine Kritik der Moralphilosophie, a. a. O., S. 145

leicht sogar entsetzte Blicke ernten. Es stellt sich daher die Frage, weswegen der Begriff der Menschenwürde sich einer relativ unangefochtenen Beliebtheit erfreut. Liegt es vielleicht daran, dass man diesen Begriff schnell als Berufungstitel zur Hand hat, wenn man ein Anliegen unangreifbar machen und diesem zum Durchbruch verhelfen will? Gegen die Würde des Menschen vermag üblicherweise kaum jemand etwas einzuwenden, deswegen würde es ein Anliegen ehren, wenn es der Menschwürde diente. Wenn man z. B. für die Einführung eines staatlich festgesetzten Mindestlohns eintreten will, kann man dafür mit der Behauptung werben, dass ein Mindestlohn der Würde eines Menschen angemessen wäre, weil er diesem die Mittel für ein menschenwürdiges Dasein verschaffen würde. Ein solches Dasein soll hier vermutlich darin bestehen, dass man nicht nur die nackte Existenz mit diesem Lohn aufrechterhalten könnte, sondern dadurch auch Mittel verfügbar wären, um spezifisch menschliche Bedürfnisse zu befriedigen, z. B. Kommunikation und Kultur, Erhaltung und Entwicklung beruflicher Fähigkeiten etc. Gerade hier zeigen sich aber bereits die Grenzen der Menschenwürde, sie will nicht mehr erreichen als die Reproduktion eines Menschen in dem Maße, wie es für die Fortführung seiner Dienste erforderlich ist. Weil dafür die nackte tierische Existenz nicht genügt, fordert man mit einer menschenwürdigen Existenz nicht mehr als eine den spezifischen Anforderungen der bürgerlichen Gesellschaft entsprechende Form der Reproduktion. Deswegen lässt sich so praktisch mit der Menschenwürde dafür werben, hat diese Werbung aber auch hierin ihre Grenzen. Die Menschen sollen imstande sein, die ihnen auferlegten Aufgaben zu leisten, sich dieser Aufgaben würdig zu erweisen, mehr wird nicht verlangt, wenn man sich für die Menschenwürde stark macht. Das ist ein unterwürfiger Standpunkt und deswegen halte ich es für fragwürdig, sich für die Menschenwürde einzusetzen. Schließlich müsste man dann auch Kriegsdienstverweigerer als unwürdige Menschen betrachten, weil sie sich nicht der Kriegsdienste würdig erweisen, sondern nur ihr nacktes Leben zu retten trachten würden. Das bedeutet natürlich umgekehrt nicht, sich für ein unwürdiges menschliches Dasein auszusprechen, vielmehr halte ich es für angebracht, nicht in Kategorien von Würde und Unwürde zu denken.

Wenn man von menschenwürdigem Dasein spricht, denkt man auch an ein Leben, das sich von jenem der Tiere unterscheidet. Eine Behausung, die einem Tier angemessen wäre, ist dies noch lange nicht für einen Menschen, allein deswegen, weil dieser in der Regel mehr Schutz gegen Kälte benötigt und ein Bedürfnis nach geistiger Betätigung hat.

Wie wir bereits am Beispiel des Mindestlohns gesehen haben, sind mit diesem „menschenwürdigen Dasein" auch die Notwendigkeiten gemeint, denen man als privates Subjekt in der bürgerlichen Gesellschaft gehorchen soll. Auf diese Selbständigkeit der Person kommt es dem bürgerlichen Rechtsempfinden besonders an, darin besteht die Vorstellung von der Rechtmäßigkeit der bürgerlichen Gesellschaft. So sehr man auch in der beruflichen Hierarchie zu einem bloßen Befehlsempfänger werden mag, ist es daher dennoch wichtig, diese Selbständigkeit formell anzuerkennen und Befehle nicht nur als Anordnungen zu formulieren, sondern mit einer höflichen Bitte zu versehen. Genau darauf zielt Kant ab, wenn er fordert: „*Handle so, daß du die Menschheit, sowohl in deiner Person, als in der Person eines jeden andern, jederzeit zugleich als Zweck, niemals bloß als Mittel brauchest.*"[103] Wofür man als Mittel benutzt wird und in welchem Maße, ist zweitrangig, sofern dies nur von der formellen Anerkennung des Willens und des Einverständnisses desjenigen begleitet ist, dessen Dienste in Anspruch genommen werden sollen – mag diese Person dazu auch noch so sehr vom „stummen Zwang der Verhältnisse" (Marx) genötigt sein. So wird man der „Würde des Menschen" recht billig in der Heuchelei gerecht, indem man das formelle Recht einer Person zur Verweigerung eines Dienstes anerkennt, zu der diese in Wirklichkeit nicht die Macht hat.

---

[103] Kant: Grundlegung zur Metaphysik der Sitten, in: Kant-Werke, Bd. 7, S. 61

Bibliographie:

Améry, Jean: Wissen ist GULAG. Über André Glucksmanns Kritik deutscher Meisterdenker, in: Ders.: Aufsätze zur Philosophie (hrsg. von Gerhard Scheit), Werke (hrsg. von Irene Heidelberger-Leonard), Bd. 6, Stuttgart 2004
Auinger, Herbert: Haider. Nachrede auf einen bürgerlichen Politiker, Wien 2000

Brecht, Bertolt: Kalendergeschichten, Berlin 2013

Creydt, Meinhard: Der bürgerliche Materialismus und seine Gegenspieler. Interessenpolitik, Autonomie und linke Denkfallen, Hamburg 2015

Digitale Bibliothek: Philosophie von Platon bis Nietzsche
Digitale Bibliothek: Max Weber – Gesammelte Werke
Dillmann, Renate: China. Ein Lehrstück über alten und neuen Imperialismus, Hamburg 2009
Djilas, Milovan: Die neue Klasse. Eine Analyse des kommunistischen Systems, München 1963

Gegenstandpunkt 2-12, München 2012
Gegenstandpunkt 1-16, München 2016
Gorz, André: Wege ins Paradies, Berlin 1984

Haug, Wolfgang Fritz: Gorbatschow. Versuch über den Zusammenhang seiner Gedanken, Hamburg 1989
Haug, Wolfgang Fritz: Muß man den Stalinismus von Marx her denken?, in: Ders.: Determinanten der postkommunistischen Situation, Hamburg 1993
Hecker, Konrad: Der Faschismus und seine demokratische Bewältigung, München 1996
Hegel, Georg Wilhelm Friedrich: Phänomenologie des Geistes, Frankfurt am Main 1973
Heider, Ulrike: Vögeln ist schön. Die Sexualrevolte von 1968 und was von ihr bleibt, Berlin 2014
Held, Karl (Hrsg.): Das Lebenswerk des Michail Gorbatschow. Von der Reform des ‚realen Sozialismus' zur Zerstörung der Sowjetunion, München 1992

Höffe, Otfried: Lesebuch zur Ethik. Philosophische Texte von der Antike bis zur Gegenwart, München 1999[2]

Höffe, Otfried: Gerechtigkeit. Eine philosophische Einführung, München 2010[4]

Höffe, Otfried: Ethik. Eine Einführung, München 2013

Horkheimer, Max: Materialismus und Moral. In: Otfried Höffe: Lesebuch zur Ethik. Philosophische Texte von der Antike bis zur Gegenwart, München 1999[2]

Huisken, Freerk: Die Wissenschaft von der Erziehung. Einführung in die Grundlügen der Pädagogik, Hamburg 1991

Huisken, Freerk: Abgehauen. eingelagert aufgefischt durchsortiert abgewehrt eingebaut – Neue deutsche Flüchtlingspolitik. Eine Flugschrift, Hamburg 2016

Kant, Immanuel: Grundlegung zur Metaphysik der Sitten, in: Kant-Werke, Bd. 7, herausgegeben von Wilhelm Weischedel, Frankfurt am Main 1977

Kant, Immanuel: Die Metaphysik der Sitten, in: Kant-Werke, Bd. 8

Kant, Immanuel: Zum ewigen Frieden. Ein philosophischer Entwurf, in: Kant-Werke, Bd. 11

König, Siegfried: Philosophie der Gegenwart. Hauptwerke der letzten drei Jahrzehnte, Nürnberg 2014

Krölls, Albert: Kapitalismus – Rechtsstaat – Menschenrechte, Hamburg 2013

Loidolt, Georg: Ewig lockt die Bestie. Eine Kritik der Moralphilosophie, Wien 2015

Loidolt, Georg: Von Nutzen und Nachteil des Faschismus für die Demokratie, Wien 2013

Marx, Karl: Zur Judenfrage, in: Marx/Engels-Werke (MEW), Bd. 1

Marx, Karl: Zur Kritik der Hegelschen Rechtsphilosophie. Einleitung, in: MEW, Bd. 1

Marx, Karl/Engels, Friedrich: Die heilige Familie oder Kritik der kritischen Kritik, in: MEW, Bd. 2

Marx, Karl/Engels, Friedrich: Die deutsche Ideologie, in: MEW, Bd. 3,

Marx, Karl/Engels, Friedrich: Manifest der kommunistischen Partei, in: MEW, Bd. 4

Marx, Karl: Lohn, Preis, Profit, in: MEW, Bd. 16

Marx, Karl: Das Kapital, in: MEW, Bd. 23

Marx, Karl: Das Kapital, Bd. 3, in: MEW, Bd. 25

Miliband, Ralph: Der Staat in der kapitalistischen Gesellschaft, Frankfurt am Main 1975

Misik, Robert: Erklär mir die Finanzkrise! Wie wir da reingerieten und wie wir wieder rauskommen, Wien 2013

Muhr, Karlheinz/Sonnleitner, Walter: Wie funktioniert Wirtschaft wirklich. Ein Sachbuch für mehr Durchblick, Wien 2004

Nietzsche, Friedrich: Menschliches, Allzumenschliches II, Zweite Abteilung: Der Wanderer und sein Schatten, in: Ders.: Sämtliche Werke, bearbeitet von Siegfried König, Kindle E-Book 2013

Pasolini, Pier Paolo: Chaos gegen den Terror, Berlin 1981

Pispers, Volker: Volkerkunde, Düsseldorf 2008[4]

Sachslehner, Johannes: Der Tod ist ein Meister aus Wien. Leben und Taten des Amon Leopold Göth, Wien 2008

Schillo, Johannes (Hrsg.): Zurück zum Original. Zur Aktualität der Marxschen Theorie, Hamburg 2015

Schopenhauer, Arthur: Über die Freiheit des menschlichen Willens. Über die Grundlage der Moral, herausgegeben von Philipp Theisohn, Stuttgart 2013

Weber, Max: Politik als Beruf, in: Max Weber: Gesammelte politische Schriften. Hrsg. von Johannes Winckelmann. 5. Auflage, Tübingen: J. C. B. Mohr (Paul Siebeck), 1988 (1. Auflage 1921)

Weischedel, Wilhelm: Skeptische Ethik, Frankfurt am Main 1980

Internetquellen:

Gewalt:

Diskussion von Rudi Dutschke mit Günther Nenning:
https://www.youtube.com/watch?v=XdfGiDpHzGU, zuletzt aufgerufen am 7. 4. 2016

Hakenkreuzmaler Hans Weigel:

Hans Weigel: Wenn ich Kommunist wäre: http://www.aufpoli-
zei.at/forum/?bid=352&cHash=feb313189932cb546aefebe84eb51b20, zuletzt aufgerufen am 24. 4. 2016

Holocaust:

Schülerfahrt nach Auschwitz:

http://derstandard.at/1241622687753/KZ-Besuch-Eklat-bei-Schuelerfahrt-nach-Auschwitz, aufgerufen am 6. 8. 2015

Meinungsfreiheit:

Ihr tut Putin unrecht, Profil, 24. 3. 2014,
http://www.profil.at/ausland/ukraine-ihr-putin-373669

Menschenrechte:

https://www.ris.bka.gv.at/Dokument.wxe?Abfrage=Bundesnormen&Dokumentnummer=NOR12016942; abgerufen am 10. 2. 2016
http://quellen.geschichte-schweiz.ch/allgemeine-erklarung-menschenrechte-uno-1948.html, Resolution der Generalversammlung, UNO-Resolution 217 A (III) vom 10. Dezember 1948, zuletzt aufgerufen am 9. 3. 2016
http://www.echr.coe.int/Documents/Convention_DEU.pdf, Europäische Konvention zum Schutz der Menschenrechte und Grundfreiheiten, 4. 11. 1950, zuletzt aufgerufen am 9. 3. 2016

Wahlen:

EU-Grüne wollen Verbot von Volksabstimmungen: Online-Ausgabe der Kronen Zeitung, 8. 4. 2016, aufgerufen am 15. 4. 2016;
http://www.krone.at/Welt/EU-Gruene_wollen_Verbot_von_Volksabstimmungen-Zu_Europa-Themen-Story-504556

Würde:

Sartre über die Freiheit unter deutscher Besatzung:
http://www.nzz.ch/aktuell/startseite/articleCVLAS-1.151214, zuletzt abgerufen am 11. 2. 2016

Über den Autor

Georg Loidolt, geboren 1964, Doktor der Philosophie; nach dem Studium verschiedene „Brotjobs", derzeit freiberuflicher Verlagslektor.

Auch die Philosophie bietet – von wenigen Ausnahmen abgesehen – keine Aufschlüsse über die sonderbaren Urteile zu Staat und Gesellschaft, sie erweist sich vielmehr als deren Bestandteil und leistet damit einen fundamentalen Beitrag zu ihrer Produktion und Verbreitung. Für ihren Dienst als Legitimationswissenschaft erhält sie staatliche Alimentierung und Wertschätzung.

Weitere Bücher:
Von Nutzen und Nachteil des Faschismus für die Demokratie, Wien 2013
Ewig lockt die Bestie. Eine Kritik der Moralphilosophie, Wien 2015

Zum Nachschlagen einzelner Arbeitsschritte war mir dieses Mal auch meine eigene Dokumentation von Nutzen:
Createspace – den Buch auf Papier. Ein Erfahrungsbericht.
Kindle E-Book 2015

Für weitere Informationen besuchen Sie bitte meine Autorenseite bei amazon.de. oder meine Homepage: www.lektoratsprofi.com